マルクスと21世紀社会

社会主義理論学会 編

本の泉社

《目　次》

はじめに（西川伸一）……………………………………………………………… 4

第一部　マルクスと現代資本主義 ……………………………………… 13

第一章　『資本論』の株式会社論
―― 社会的所有への過渡といえるか ――
（鎌倉孝夫）……………………………………………………… 14

第二章　非物質的代謝による生産＝情報財の生産について
―― マルクスを現代に、現代を社会主義につなぐ一助に ――
（平松民平）……………………………………………………… 38

第三章　マルクス主義と民族理論・民族政策
（紅林　進）……………………………………………………… 70

第四章　「成熟社会論」に関する諸論点
（大西　広）……………………………………………………… 93

第五章　子どもが安心してインターネットを使える
　　　　　社会としての民権型社会主義
――インターネット上の少女タレント・春名風花とその周辺の観察から――
（平岡　厚）……………………………………………………… 106

第六章　原子力発電が内包する不経済と不道徳
（森本高央）……………………………………………………… 131

第二部　現実社会主義の諸問題 ……………………… 165

第七章　経済システムのトリアーデと社会主義
（岩田昌征）………………………………………………… 166

第八章　ネップ（NEP）、ノップ（NOP）、
　　　　　ネオネップ（NEONEP）
―― 中国のマルクス主義学者・余斌氏の講演を聞いて ――
（聽濤　弘）………………………………………………… 173

第九章　中国経済と国有企業試論
―― 社会主義理論研究の観点から ――
（瀬戸　宏）………………………………………………… 191

第十章　現実社会主義をめぐる対話
（田上孝一）………………………………………………… 215

おわりに ……………………………………………………… 238
入会の呼びかけ ……………………………………………… 240
社会主義理論学会会則 ……………………………………… 241
社会主義理論学会論文集既刊 ……………………………… 243
研究会の歩み（2012年7月～2016年10月）……………… 247
執筆者略歴 …………………………………………………… 254

はじめに

　カール・マルクスが生を享け、没したのは19世紀のことである。そして、戦争と革命の世紀である20世紀を経て、時代は生態系とテロリズムの危機に満ちた21世紀を進んでいる。果たして人類は22世紀を明るい展望をもって迎えることができるのか。

　本書は社会主義理論学会が編集する5冊目の単行本である。書名が示唆するように、マルクスの視点から21世紀社会の構造的特徴はどう理解できるのか、あるいはできないか――本書に収められているいずれの論文も強弱の差はあれ、その点を意識している。それに関して、第一部には理論的考察を主としたものを集め、第二部には社会主義を自称した（している）国々の臨床的観察とみなしうるものを入れた。

　当学会が編集した4冊目の『資本主義の限界と社会主義』の刊行は、2012年であった。この間にインターネットの発達に伴うソーシャル・メディアの普及はめざましく、もはや社会インフラとなった感さえある。本書にはそれらについて扱った論文も収められている。また、21世紀は中国の世紀となるかもしれない。当学会は中国のマルクス主義研究者と定期的な交流をもっている。その交流に触発された論文もある。

　本書が21世紀社会固有の諸問題を剔抉する一助になることを願っている。

　以下、各章の要約を掲げる。要約の長さはそれぞれ各章の分量に応じている。本書を読み進める上での指針になれば幸いである。

●第一章　『資本論』の株式会社論〔鎌倉孝夫〕
「マルクス『資本論』における株式会社・株式資本のとらえ方を整理し、問題点を明らかにする」と、著者は本稿の目的を冒頭に明記している。
　『資本論』では株式会社は「結合資本」と規定されている。出資者が「個」から多数になることで、企業の性格も「私的」なものから「社会的」な

ものに転じるのか。そして、「私企業」が「社会企業」になることで、「企業経営の目的が「私的」利潤追求から、「社会的」・"公的"なものに変わった」とみなせるのか。

　結論からいえば、資本家が多数になったところで、利己的私的利潤追求という事業目的に変わりはない。むしろ資本規模が拡大することで、利己的私的利潤追求もそれに比例することになる。資本家同士の「共同」は確かに「社会的」ではあるが、だからといって事業目的が「社会性」を帯びるわけではない。株式会社においても、労働力が商品化されている限り、そこでの生産物は労働者の「社会的所有」となることはない。「労働力商品化とその廃絶が明確にされなければならない」と著者は指摘する。

　これに対して、生産手段の「社会的所有」が実現すれば、労働・生産は「社会性」を帯び、その成果は「協働した全労働者の取得」となる。そこでは、生産手段を労働者が自由に使用できるため、彼らの労働権が保障される。著者はこの点を明確に把握すべきだと説く。翻って、現実の労働者はどうか。「生きた人間から切り離されない労働力を、労働者自らが主体的に使えない」状態に置かれている。その無理が社会的に蔓延している。労働者が生産手段の主体となることが求められる所以である。

●第二章　非物質的財の生産について〔平松民平〕
　21世紀社会では、マルクスが分析対象とはし得なかった情報が、生産活動の巨大な部分を占めている。2020年になると世界中の情報流通量は、40ゼタバイト（10の21乗バイト）に達すると予測されるほどである。これは地球上の一人ひとりがDVD1,000枚を持つ情報量であることを意味する。
　資本主義では生産手段は私有され、それを所有する大資本が労働者を空間的に集中させることによって物質的財が生産される。一方、非物質

的財である情報にはその必要はない。たとえば、ワードやエクセルは情報を生産する上での生産手段ではある。しかし、それらの所有に要する「資本」は、物質的財を生産するための工場や機械設備に比べればほぼゼロに近い。インターネットも同様である。しかも、情報は「使っても、分けても、減らない」のであり、そのコピーはワンクリックで容易に際限なく可能である。所有・使用についてゼロサムの物質的財とは性格が根本的に異なる。

そこで著者は言う。「情報財の生産は資本主義と適合的でない、資本主義を必要としないことになる」。従って、生産手段の所有主体をめぐる議論は意味をもたなくなる。それは共同占有されるほかなく、生産手段の所有主体が牛耳る社会とは構造を異にする社会、すなわち「権力的中心を持たないアソシエーション的共同体」が成立する。

言論空間においても影響は大きい。これまでは、巨大な放送設備や印刷・配送設備といった物質的基盤の所有者が、言論を実質的には支配してきた。彼らの発する見解が公的言説になっていた。ところが、ソーシャル・メディアの爆発的普及は、物質的基盤に依拠した公的言説をまったく無力化した。言論の空間には物質的制約はもはや作用せず、私的言説が「炎上」する事態にまで至っている。

これらの特徴をもつ情報など非物質的財の生産活動に、著者はマルクスの「人間社会の前史は終わる」を想起して、その「本史」の端緒を見出そうとする。より踏み込んで言えば、「社会主義の芽、片鱗」「資本主義から次の社会への転換の起点」を探し当てるのである。マルクスが想像もしなかった技術の進歩が、マルクスが十分に描きえなかった「本史」社会を、21世紀において彫琢しつつある。

● 第三章　マルクス主義と民族理論・民族政策〔紅林進〕

マルクス主義者は民族問題をどう考えてきたのか。

まず、マルクス、エンゲルスには民族問題を把握する視点がなかった。

階級対立の消滅によって民族対立は消滅するとみていたからだ。カウツキーは民族を「言語共同体」と位置づけた。やがて英語が世界語となり、世界は一つの民族へと束ねられると構想した。ポーランド人のローザ・ルクセンブルクは、当時消滅していたポーランドの独立を求めなかった。「民族意識を正しく認識していなかった」。

レーニンは『帝国主義論』執筆を契機に民族問題への考察を深め、民族自決権を主張するに至る。革命後は、連邦制を採用する。とはいえ、1920年に赤軍をポーランドに進攻させるなど、ロシア人の支配民族意識を払拭できなかった。グルジア人のスターリンも大ロシア主義的政策を強行した。1937年以降には「適性」民族の強制移住政策さえ実施した。一方、トロツキーは大ロシア主義的思考に無自覚ではあったが、EUばりの「ヨーロッパ合衆国」を提唱した。

オットー・バウアーらオーストロ・マルクス主義者は「文化的自治」を掲げた。多民族が混在、混住している地域で領域的自治をおこなえば、民族浄化につながる。バウアーは居住地域を問わず民族文化や言語教育を保障する自治を説いた。

台湾独立さえ示唆していた毛沢東だが、政権獲得後は連邦制を採らなかった。周恩来が反対したのだ。

著者は「文化的自治」を高く評価する。また、領有権争いではなく、資源の共同利用の発想をもてと訴える。

●第四章　「成熟社会論」に関する諸論点〔大西広〕

21世紀社会はゼロ成長を不可避とする社会である。それは成熟社会と言い換えられる。こうした事態をマルクス主義の文脈ではどう理解したらいいのか。著者によれば成熟社会だからこそ、左右の政治対立、すなわち「階級対抗」は激しいものになる。たとえば、ゼロ成長ゆえに企業は業績を向上させ得ず、そのツケを労働者・農民の生活基盤を侵食することで清算しようとするからだ。

これに対して、著者が掲げるスローガンは「反帝反独占」である。今日の日本が直面するあらゆる問題は、とどのつまりは「アメリカ帝国主義と日本独占資本の支配の問題」だとまとめられる。「反新自由主義」など思想に反対するよりも、だれが支配しているかを暴くことが重要なのだ。

●第五章　子どもが安心してインターネットを使える社会としての民権的社会主義〔平岡厚〕

　春名風花という2001年生まれの少女タレントが、「はるかぜちゃん」というハンドルネームを用いてツイッター上で発言を続けている。フォロワーは2016年6月時点で15万8,000人というからすごい。その発言内容をめぐって、好意的な評価が多数を占めるものの、「死ね」と書き込むなど激しい憎悪を抱く者も少数ながらいる。とはいえ、そこまで極端な反応を引き起こす原因は彼女の発言内容にあるわけではない。人が「変節する」ことでそれに強い反感をもってしまうのだと著者は推定する。

　ここでいう「変節する」とは「「自分を含むすべての人間は、常に一定の尊厳をもって取り扱われるべき存在である」という信念を堅持できていない状態になること」を指す。

　彼女の目標は「子どもが安心してインターネットを使える社会にすること」である。そのためには、すべての人が「変節」せず、人々の内面に巣くう利己心を利他心が抑止しうることがポイントになる。政治的には主権在民が真に確保され、経済的には資本・生産手段が共有・公有されている民権的社会主義への体制転換こそが、そうした条件を整える。その社会のしくみは、「変節」した人々が「変節」前の状態を取り戻すことを可能にする。そして、「多くの人間集団の文化的遺伝子が、好ましい方向に突然変異するであろう」。

　著者によれば、インターネットの発達は、人間社会が民権的社会主義へと進化することを強く後押しする。それは本質的に反資本主義的であ

り、価値法則の支配を弱める性質を備えている。だからこそ、春名風花の上述の目標は的を射ているのである。

● 第六章　原子力発電が内包する不経済と不道徳〔森本高央〕

　若い社員を過労自殺に追い込んで、電通はすっかりブラック企業として有名になった。その電通は、テレビ新聞広告の5割を押さえ、原子力発電に関しては8割の広告を牛耳っている。「電通経由の広告で成り立っているメディア側は電通の意向に逆らえない」。人々を被曝へと追いやる「食べて応援しよう」運動は、農水省から電通が請け負った広告事業である。原発をめぐる「不道徳」のほんの一例にすぎない。

　福島第一原発事故の初期収束作業には、延べで約48万人が携わったと考えられる。最悪の汚染地帯では未登録の労働者が「使い捨ての労働力」として「強制労働」させられた。10次下請けの作業員ともなれば、中抜きにより日当は7,000円でしかない。彼らのリクルートには組織暴力団が介在する。電力会社と暴力団の不道徳なつながりは長くそして深い。

　一方、原発の不経済を示す端的な数字は次のとおりである。1キロワット当たりの発電費用は補助金などを算入すれば、原発は12.23円、水力7.26円、火力9.9円になる。しかし「原子力は安い発電方法」との神話を護持するために、安全性を無視した設計・運用がなされてきた。そのツケが「福一」の過酷事故である。

　紹介されている東海村の村上達也村長の証言には背筋が凍る。「海辺に6.1m防護壁を1日半前に完成していました。70cmの差で津波を防ぐことができて2台の非常用電源が動き出しました」。これがなければ「福一」同様に東海第二原発も爆発し、関東地方には人が住めなくなったのではないか。究極の不経済だ。

　著者は言う。「長い年月で見れば、過酷事故の発生確率は100％に極めて近く（略）広島長崎原爆は核戦争の始まりだったのであり（略）福

島原発事故の発生はその通過点に過ぎない」。

　核開発の歴史はそれを隠蔽し統制するウソに満ちた歴史である。たとえば、「原子力の平和利用」の裏で多くの人命が奪われてきた。原発増設は二酸化炭素削減に寄与するというのもウソだ。ウランの採掘・運搬・濃縮に多大なエネルギーを要する。原発からの温排水は海水から二酸化炭素を蒸発させる。

　原発がウソで動いていることを、これでもかと思い知らされた。

●第七章　経済システムのトリアーデと社会主義〔岩田昌征〕

　経済社会の需給調整は市場メカニズムに任せておくのが、経済厚生にとって最適なのか。その考えが隆盛をきわめる 21 世紀社会において、著者は説得的に異を唱えている。経済合理性に従えば、それでは必然的に「超富者が社会経済政治的主権者」となってしまう。だからこそ、市場に加えて、「社会主義性」を包含した計画・協議のトリアーデが追究されなければならない。

●第八章　ネップ（NEP）、ノップ（NOP）、ネオネップ（NEONEP）〔聽濤弘〕

　中国は資本主義にあらず「社会主義の初級段階にある」とするのが、同国の公式見解である。レーニンはネップを採用し、中国の改革開放路線の「元祖」はネップだった。しかし、現在の中国はそれとは著しい懸隔がある。その理由を探るために、著者はネップ論争に立ち返る。

　論争での用語として、ネップに対するノップとネオネップがある。ノップは反ネップ派の用語で「プロレタリアート新欺瞞」政策を意味する。ネオネップは「新・新経済政策」である。ブハーリンは「富農」にさえ「豊かになろう」と呼びかけた。このブハーリンのネオネップに対して、トロツキーらは強く反発し大論争が展開される。

　中国の「先富論」は生産力の発展を最優先する点で、ネオネップと親

和的である。中国のマルクス主義学者はブハーリンを持ち上げている。「しかしブハーリンにしろ中国にしろ限度というものがあろう」。しかも、中国はネオネップとは異なり外資導入を図ったため、資本のもつ本性からもはや逃れられない。中国の今後を論じるには、グラムシがスターリンを書簡で直接いさめたように、傍観しない態度が求められる。

●第九章　中国経済と国有企業試論〔瀬戸宏〕

　中国がいまだに社会主義を自称している大きな根拠は、国有企業が中国経済の中心と位置づけられていることである。ならば、中国の国有企業と社会主義の関係は考察するに値する。著者はこの観点から、中華人民共和国の成立から21世紀までの中国経済を概観する。

　1950年代前半には、主要生産手段の国有化が進められた。そして「1956年以降国営企業は中国経済の支配的形態となった」。やがてそれは官僚主義に毒され、労働者は勤労意欲を失い慢性的な物不足を引き起こした。

　文化大革命を経た1978年には生産力向上が目指され、改革開放政策へと路線転換が図られていく。1982年憲法に「個人経済」が明記され、1992年10月の第14回党大会では社会主義市場経済が提起された。それまでの「国有企業」は「国営企業」と言い換えられた。中国版所有と経営の分離の公認である。ただし、その大会報告では「国有企業が経済上主要な地位を占める」と確認された。これがいまも社会主義中国の論拠となっている。

　加えて、国有株式会社が存在する「不正常」な株式市場がこの論拠を補強している。これにより、共産党＝労働者階級権力がいつでも株式市場に介入できるとの論法が成り立つ。

　21世紀に入って国有企業が工業生産額に占める割合は低下を続けている。それでも基幹産業は国有企業が押さえている。著者は「中国は現在も基本的には社会主義社会だと考えている」という。ただ「理想的な社会主義だとも考えない」とつけ加える。

●第十章　現実社会主義をめぐる対話〔田上孝一〕

架空の対話形式で著者の考えがわかりやすく示される。

ソ連はノーメンクラツーラの既得権益の維持を目的とする資本主義だったとみなしても「大過ない」。少なくとも、それが社会主義ではなかったことは「マルクスの理論によって確証される」。しかしフルシチョフは、レーニンは正しく、スターリンを批判することで、共産党の支配を正当化した。一方、中国では建国前後で毛沢東を分割し、「建国後を断罪することによって建国前を放免」する論法で、共産党の権威を保持している。

建国前の革命根拠地では身の毛もよだつ拷問によって、多くの犠牲者を出した。その人命軽視ぶりはカルト的な集団ヒステリーといってよい。だが、建国後の非道この上なかった文化大革命について、中国共産党は四人組に罪を負わせ、毛沢東の責任を希釈化している。支配政党としてのアイデンティティにかかわるからだ。

現実社会主義国でみられた限りない暴力の発動は、マルクスのプロレタリアート独裁概念の転倒が論理的根拠となった。同じ独裁でもプロレタリアートが担うのであれば許容される。暴力や粛清も「革命的」という限りで肯定される。これに対して著者は「物事を粉飾なく文字通りに受け止める」ことを強調する。目的はどうあれ暴力は暴力なのだ。

こうした視点からの現実社会主義の批判的分析は、社会主義的オルタナティヴを構想する上でも、マルクス研究を誤解なく進める上でも不可欠である。

西川伸一

第一部
マルクスと現代資本主義

第一章

『資本論』の株式会社論
—— 社会的所有への過渡といえるか ——

鎌倉孝夫

はじめに

　マルクス『資本論』における株式会社・株式資本のとらえ方を整理し、問題点を明らかにする。

　マルクスの経済学研究は、唯物史観（生産力の発展と生産関係の照応・矛盾の把握による人間社会の歴史観）の資本主義解明への適用という方法から、資本主義経済の現実の主体である資本の論理の展開へという方法への転換を示している。後者の論理が『資本論』の論理として確立されていくのであるが、しかし前者の方法による資本主義の歴史性の指摘がなお脱却しきれていない。唯物史観による生産力と生産関係の対応・矛盾という把握を、資本主義経済を根拠に成立した概念（私的所有概念など）によって解明しようとしている。

　株式会社・株式資本論の問題点は、この点に起因するものと考えられる。資本の論理の純化・確立が課題である。

1　「結合」した資本としての株式会社

　『資本論』における株式会社の規定は「結合した資本」（Capital direkt associierter Individuen）——「諸個人」の資本が一つの資本として結

合した資本である。この規定は『資本論』の各所にみられる。しかし、内容上は重大な問題があった。

「結合資本」というのは、個々人の資本が一つの企業に「結合」される——資本家が一人から複数になる——ことであるが、それを「社会」（Gesellschaftlich）資本と規定し、「私的」（Privat）資本の性格が変わったかのようにとらえるのである。諸個人が「個」から多数になる（共同出資）ことによって、企業の性格が変わる（「私的」から「社会」的に）のか。

さらに道路、鉄道、運河など大規模で、多額の資本を要する事業は、従来政府（あるいは共同体）によって"公共的事業"としておこなわれてきたが、株式会社によってこれらの事業が「私企業」によって可能になった。株式会社によって、これらの事業が「私企業」（Privatunternehmung）から「社会企業」（Gesellschafts）となるという。この「私」とか「社会」とかいうのはどういう意味であろうか。企業経営の目的が「私的」利潤追求から、「社会的」・"公的"性格のものに変わった、ということであろうか。

第3巻第27章「Ⅲ　株式会社の形成」の叙述のなかで、これらの問題を検討するが、その前に第1巻などでも株式会社が扱われているので、それを見ておこう。

（1）「集中」の手段としての株式会社（第1巻第23章第2節）

『資本論』は、第1巻第23章「資本主義的蓄積の一般的法則」の第2節「蓄積とそれに伴う集積との進行途上での可変資本の相対的減少」（有機的構成高度化を伴う蓄積）で、蓄積（剰余価値の資本への転化）による「集積」（Konzentration）、すなわち個別資本（individuelle）の規模拡大とともに、「集中」（Zentralization）を扱っている。「集中」は「すでに形成されている諸資本の集積〔これは内容的には「集中」である〕であり、それらの個別的独立の解消であり、資本家による資本家からの収奪であ

り、少数のより大きな資本への多数のより小さい資本の転化である」（岡崎訳国民文庫版③210ページ）という。

　しかしこの「集中」への傾向が一面的に進展するとはいっていない。「多数の個別資本への社会的総資本の分裂、またはその諸部分の相互の反発に対しては、この諸部分の吸引が反対に作用する」として、「吸引」（集中）だけでなく「反発」（個別資本への分裂）が生じていることを指摘している。

　この指摘に続いて、「このような諸資本の集中または資本による資本の吸引の法則をここで展開することはできない。事実を簡単に示唆しておくだけで十分である」として、信用制度の形成・発展が、社会的に分散している「貨幣手段」（資金）を個別資本家や「結合資本家」の手に引き入れることによって競争戦の武器となり、「ついには諸資本の集中のための一つの巨大な社会機構に転化する」という（同、211ページ）。蓄積の進展が集中されうる素材としての個別資本を増加させるとともに、新しい「社会的欲望」と「集中がなければ実現されないような巨大な産業企業の技術的手段をつくり出す」――したがって、諸個別資本の「集中」への傾向は「今日では」強まる、という。

　「集中は、蓄積の仕事を補う」。というのはそれによって産業資本家たちは自分の活動の規模を広げることができるからである。この規模拡大が蓄積の結果であろうと、集中の結果であろうと、集中が合併という手荒なやり方〔収奪〕で行われようと……、または多くの既成または形成中の資本の融合が株式会社の設立という比較的円滑な方法によって行われようと、経済的結果はいつでも同じである」（同、212ページ）という文章で明らかなように、集積、集中――株式会社によって「円滑」におこなわれる集中を含めての効果は、資本（家）の活動の「規模拡大」であるから、資本の本質――利己的利潤獲得の運動――は変わらない。だから従来政府企業としておこなわれた鉄道事業などが株式会社によっておこなわれるようになれば、それは"公"的企業の私企業化、利潤目的の企業への転化ととらえなければならない。

なおこの節の展開に関わって、次の2点を指摘しておく。

第一に、集中——株式会社による集中を含めて——による資本規模拡大——「産業施設の規模の拡大」——は、「多数人の総労働を一層包括的に組織するための、その物質的推進力をいっそう広く発展させるための、すなわち個々ばらばらに習慣に従って営まれる生産過程を、社会的に結合され（gesellschaftlich kombinierte）科学的に処理される生産過程にますます転化させていくための、出発点になる」（同、212〜213ページ）という指摘である。資本の蓄積拡大の進展による労働の社会化、科学的技術を利用した社会的生産の発展——要するに社会主義への「物質的」根拠の形成、ということである。この指摘は、第1巻第24章第7節資本主義的蓄積の歴史的傾向においても、第3巻第27章においても強調されている。これを基礎に「社会的所有」論が説かれることになる。

第二に、集中の極限の指摘である。「かりにある一つの事業部門で集中がその極限に達することがあるとすれば、それはその部門に投下されている資本が単一の資本（Einzel Kapital）に融合する場合であろう。与えられた一つの社会では、この限界は、全社会の資本が一人の資本家なり、唯一の（einzig）資本家会社なりの手に、合一された瞬間に、はじめて到達されるであろう」（同、212ページ）とマルクスは指摘する。エンゲルスはこれに注（第4版で）をつけて、「イギリスやアメリカの〈トラスト〉はすでにこの目標に向って進んでいる」としている。

しかし果たして社会の全資本がただ一人の資本家のものに、あるいは唯一の資本家会社になるか。マルクスのこの指摘は仮定としてその「極限」（Grenze）をいっているので、現実に到達すると考えていたかどうか不明である。むしろ上述したように、マルクスは集中化の傾向とともに、分裂・分散化の傾向をも指摘しているので、現実に到達すると考えていたとはいえないと思う。

ところがカウツキーは『超帝国主義論』（1917年）でこの「極限」が（「純経済的に見れば」という限定つきであったが）現実に達成されるように

説いた。レーニンは『帝国主義論』でこれを批判しているが、その批判は現実に示されている独占資本間の競争戦という事実によるもので、理論的な批判ではなかった。論理的批判、資本の本質——私的・利己的利潤追求という本質——を根拠に、資本は一生産部門とともに、全社会の生産部門を唯一の会社によって支配することはありえない（この「極限」では市場経済自体廃止されることになる）ことを、明らかにしなければならない。

（2）利潤率低下に反対に作用する要因として

『資本論』第3巻第3篇は「利潤率の傾向的低下の法則」を論じている。これは、資本蓄積の進展のなかで、生産手段（不変資本）部分が労働力に投下された資本（可変資本）より相対的に増大（有機的構成の高度化）することによって生じる。しかしこれは景気循環を通した歴史的傾向として生じることを明らかにした。その第14章「反対に作用する諸要因」の一つとして「株式資本の増加」を扱っている（国民文庫版⑥393〜394ページ）。

株式資本への投資（鉄道などを例として）は、直接には「ただ大なり小なりの利子、いわゆる配当をあげるだけ」であり、「これらの資本は一般的利潤率の平均化には加わらない」ということから、利潤率の低下に「反対に作用する要因」として取上げるのである。この指摘は、第3巻27章Ⅲのなかで再提起されている（同⑦222ページ）。株式会社においては「利潤は純粋に利子という形態をとるのだから、このような企業は、それが単なる利子だけしかあげないような場合にもなお可能である」から「不変資本が可変資本に対して非常に大きな割合をなしているこれらの企業は、必ずしも一般的利潤率の平均化には参加しないからである」、と説明している。

株式会社企業は、企業収益が投下資本に対して利子にしかならなくても経営維持ができるから、そこに投下した資本は利潤率平均化に加わら

ない、というのであるが、これは株式所有者の立場に立ってとらえたものと考えられる。現実の株式会社企業としては（つまり現実資本としては）、つねに最大限の利潤をめざして経営している。経営不振の場合には利潤率が利子率水準以下に低下したり、あるいは配当が支払われなくなる場合もあるが、恒常的には利子率（株価に対して利子率なみの配当）を超えた最大限の利潤をめざしているのだから、企業としては利潤率平均化過程から除外されるとはいえない。

　しかし株主としては、その所有に対する配当の利回りが、利子率なみであることが一般的である。これが、株式会社における現実の払込資本（現実資本）よりも、より高い株価（擬制資本としての）を可能にする。利子率は一般には利潤率より低いからである。利潤を形成する現実資本に対し、その利潤を利子とみなして形成される擬制資本としての株価をもつ株式に投資された資本、その資本としては一般に利子率なみの利益（配当）がえられればよい。この擬制資本としての株価（株価総額）と、現実資本（払込資本）の価格の差に相応する資本額は、現実資本＝利潤生み資本には含まれない。この払込資本を超える擬制資本としての株式に投資された資金は、明らかに利潤率平均化に加わらない。

　株式市場が発展し、投機的に株価が上昇すれば、それによる利得獲得を目的とした投資は、利潤率平均化機構に入らない──明確にいえば、本来の価値形成に（富＝使用価値形成にも）関わらない。水野和夫氏（またピケティ氏）[1]のいう資本利益率は、株主にとって株価を基準にした利得であり、それは当然利子率を基準とするものである。しかしその利子率に相応する利得の根拠は、現実資本の利潤形成にあることを明確にしなければならない。

　なお、生産期間が長く大量の資金を必要とする「道路や運河」とともに、家屋建築への投資に関し、第2巻第12章（労働期間）に次のような指摘がある。──資本主義が発展し、個々人の手の中に大量の資本が蓄積され、また個別資本と並んで「結合資本家（株式会社）」が現われ、

同時に信用制度も発達」すると、「資本家的建築業者は個々の私人の注文ではもはや例外的にしか建設しない。彼は立ち並ぶ家屋や市区を市場目当てに建設することを商売にする。それは、ちょうど個々の資本家が請負業者として鉄道を建設することを商売にするようなものである」(同、④378ページ)。家屋建築は「市場目当て」の「思惑建築」となる、と。ここでは家屋など不動産の証券化まではなお指摘されてはいないが、擬制資本価格を基準として投機の対象となっていることが、明らかにされている。

このような株価の形成、あるいは鉄道、家屋などの不動産の価格形成を理論的に明らかにしなければならないが、それは第3巻第27章とともに第29章で明らかにされている（後述）。

2 「社会的所有」の意味内容

第3巻第27章「資本主義的生産における信用の役割」は、Ⅰ利潤率の均等化の媒介、Ⅱ流通費の節減、Ⅲ株式会社の形成、Ⅳ（表題なし、内容は信用の発展と収奪、労働者たち自身の協同組合工場）から成っている。

ここで強調されているのは、株式会社の形成によって、「社会的所有」が形成されること、それは「私的所有としての資本の廃止」であること（「資本主義的生産様式の限界内」という限定の上で）、さらにこれは、「結合された生産者たち」の「直接的な社会的所有に再転化するための必然的通過点」だ、ということである。しかし内容は、論理的には難解、というより論理的には無理があり、ほとんど唯物史観による見方——資本主義批判とその歴史的役割をふまえた社会主義の必然性の指摘——であった。これは、『資本論』第1巻第24章第7節「資本主義的蓄積の歴史的傾向」に集約される（なおこの節の問題点に関しては、本稿の最後に「補論」として検討する）。

第一章　『資本論』の株式会社論

（1）「社会的」企業、「社会的」所有とは

　第3巻第27章「Ⅲ株式会社の形成」は、第一に、「従来は政府企業だったような諸企業が「社会的」企業（会社企業）になること、第二に、ここで「資本が直接に私的資本に対立する社会資本〔会社資本〕（直接に結合した〈associierter〉諸個人の資本）の形態を与えられており、資本の諸企業が私企業（Privatunternehmungen）に対立する社会企業〔会社企業〕として現われる」、だからこれは「資本主義的生産様式そのものの限界の内部での、私的所有としての資本の止揚である」、としている。

　ここでいう「社会的」企業、「私的資本」に対立する「社会」資本とは、どういう意味であろうか。

　上述のように、道路、運河、鉄道などの産業インフラは、多くの企業（資本家的企業）が共通に必要とする事業（その意味で"公"的事業）であるが、大きな資本を必要とするので「私」企業では経営できなかったが、株式会社企業によってこれが可能になる。それによって事業の内容は変わらないが、国が経営する場合は直接は利潤目的ではないのに対し、株式会社企業が経営すると、利潤目的の資本家的企業になる。事業内容は多くの資本（同時に市民）に広く必要だという点で変わらないが、経営目的は、非営利から営利（私的利潤目的）への転換である。その意味でこれら事業をおこなう「株式会社」は「私的」（利己的）であって、それ自体「社会」的性格をもつものではない。

「所有」についてはどうか。株式会社は、多数の株主の出資によって成立する。「個人」資本に対して「直接に結合した諸個人の資本」になる。企業の所有者（投資家）は「個」その意味で「私」から多数者の共同となる。その意味で「社会」的となったということはできる。しかしそれは、現実には「社会的」総資本としての結合には至らない（一つの会社にならない）し、労働者・勤労者を包括した「社会」性をもつものではない（あくまで無産者大衆に対する資本家たちの共同にすぎない）。

　決定的に重要なのは、資本家が「個」人から多数になっても、事業経

営の目的は利己的利潤追求であり、「私」企業と全く変わらない。この事業経営目的こそ「資本家」的企業の「私」的本質を示すのであって、資本家的株式会社は大規模な資本家の「共同」によって利己的利潤追求目的を大々的に展開するものなのである。だから株式会社は、「資本主義的生産株式」の限界内の存在であり、それが「私的所有としての資本の上場」というのは、「私」を「個」とした上で、資本家同士の「共同」を「社会」的ととらえただけのことであって、そのことによって事業目的が「私」的利己的利潤追求目的から、社会共同の利益という意味での「社会」性をもったものになる、ということはできない。

　実際マルクス自身、本章Ⅳで資本家の取得は「資本主義体制そのものの中では……少数者が社会的所有〔これは「結合した生産者の所有」という内容である──後述〕を取得すること（収奪）として現れる。そして、信用はこれらの少数者にますます純粋な山師的性格を与える。所有はここでは株式の形で存在するのだから、その運動や移転はまったくただ取引所投機の結果になるのであって、そこでは小魚は鮫に呑み込まれ、羊は取引所狼に呑み込まれてしまうのである。……株式という形態への転化は、それ自身まだ、資本主義的な枠の中にとらわれている。それゆえ、それは、社会的富と私的な富という富の性格の間の対立を克服するのではなく、ただこの対立を新たな姿でつくり上げるだけなのである」（同、⑦226ページ）と指摘しているのである。

（２）「所有」と「経営」の分離

　株式会社の形成によって「現実に機能している資本家が他人の資本の単なる支配人（manager）〔エンゲルスは「管理人」を加えている〕に転化し、資本所有者は単なる所有者、単なる貨幣資本家に転化する」（同、221ページ）という。資本所有者〔株主〕の受取る配当が「総利潤」（利子と企業者利得）に等しい場合でも、この「総利潤」は「利子の形態」──すなわち資本所有の単なる報酬となる。そして「この資本所有が

現実の再生産過程での機能から分離されることは、（マネージャーの）機能が資本所有から分離されるのと全く同様である」（同上）と。──株式会社における「所有」と「経営」（機能）の分離という指摘である（これは後にバーナムの『経営者革命論』に受継がれることになる）。しかし、このマルクスの指摘には問題があった。

①資本所有者（「貨幣資本家」）と機能資本家の分離は、第５篇冒頭第21章の利子付資本規定ですでに想定されていた。この「貨幣資本家」と（自己資本を持たない）「機能資本家」の分離の想定は、現実には遊休資金を預金として集中し、これを基礎に資金を貸付ける銀行と、借り手（産業資本・商業資本）との資金貸借関係を抽象して想定した関係（ととらえるほかない）であるが、抽象した関係をそのまま現実の関係ととらえると、自己資本を持ちながらなぜそれを利潤獲得に運用しないのか、無所有の者が資金を借りて資本家として機能することがありうるのかなど、疑問が当然生じる。

②しかもここで株式会社が、この抽象的に想定した「貨幣資本家」と、「機能資本家」とを、現実具体化したように説かれているが、これでは株式会社の資本の理解に関し重大な問題が生じる。マルクスが指摘しているように「総利潤」がここでは「利子の形態」をとるというのは、擬制資本としての株式価格に対し、利潤（配当）は利子とみなされるということ、株式所有者は現実の貨幣所有者ではなく、擬制資本としての株式（それは一定の価格を持つ商品である）所有者であること、が理解できなくなる。「株式」は、それ自体としては貨幣ではない。

③これに対応して「経営」の機能をおこなう支配人・管理人は「資本所有」から分離される、というのであるが、これも①で指摘した貨幣資本家と機能資本家の想定が、株式会社によって現実具体化したというとらえ方による、と思われる。ここから、あたかも「資本所有」、したがって資本としての利潤拡大目的が、現実の事業経営から遊離して経営を支配しない──事業経営は、資本所有、したがって資本としての要

求から遊離して、経営機能を担当するマネージャーの報酬（労働賃金形態）を求めるもの、ととらえられることになってしまう。支配人・管理人の「資本」家としての機能が明らかにならないことになる。

現実に株式会社の形成についてマルクスが明らかにしようとしたのは、自己資本による蓄積の上に、株式発行によって社会的資金を集中し自己資本量を増大し現実資本の資本機能を大規模に展開する、ということであった。この現実資本の資本としての利己的利潤拡大目的の実現こそ、現実資本経営者の機能である。多くの小株主はたんに利子なみの配当獲得（あるいは売却益）を求めるだけであろうが、会社の支配権、実権を握る支配株主は、経営者（支配人）を利潤拡大目的に従わせる（これを実行しなければ即切捨てられる）。この現実資本の価値増殖の実現が株式価格の根拠なのである。——しかしなぜマルクスは、株式会社における「所有」と「経営」（機能）の分離を強調し、後者の前者からの遊離を強調したのであろうか。

（3）「結合された生産者」による「社会所有」へ

「株式会社では、機能と資本所有とが分離されている。したがって労働と生産手段および剰余労働の所有が、まったく分離されている。資本主義的生産が最高に発展してもたらしたこの結果こそは、資本が生産者たちの所有に、といってももはや個々別々の生産者たちの私有としての所有ではなく、結合された生産者としての彼らによる所有としての所有に、直接的社会所有としての所有に、再転化（Rückverwandlung）するための必然的な通過点である。それは他面では、資本所有と結びついた再生産過程上の一切の機能の、たんなる結合生産者たちの機能への転化、社会的機能への転化への（通過点）である」（同、222ページ）。さらに資本の「収奪」による「集中」の進展をふまえて、「これらの生産手段は、社会的生産の発展につれて、私的生産の手段でも私的生産の生産物でもなくなるのであって、それは、それが結合生産者たちの社会的生

第一章　『資本論』の株式会社論

産物であるのと同様に、彼らの手にある（in der Hand der associierten produzenten）生産手段、したがって彼らの社会的所有にほかならない」（同、226ページ）という。

　ここで「資本が生産者たちの所有に」というときの「資本」は、労働生産物である「生産手段」と「剰余労働」の所有（権）という意味であろう。資本所有（資本家）は、株式会社の発展を通して経営機能＝生産過程の活動と関わりのない、たんなる「生産手段と剰余労働」の所有（者）に、明確にいえば、労働者の共同労働の生産物（剰余労働による剰余生産物）の"収奪"（者）でしかないもの、となった。経営機能、生産過程の活動は「結合生産者たち」の「社会的機能」になっている。生産物は「結合生産者たちの社会的生産物」であり、生産手段は「結合生産者」の「手にある」もの、つまり彼らが直接使用するものとなっている。──だから「結合生産者」たちの社会的労働の産物である生産物は、「結合生産者」＝社会的労働をおこなう労働者たちの「社会的所有」である、と。しかし、株式会社が資本主義的生産の蓄積の発展の下で形成・発展する限り、生産過程が実質的に「結合生産者」の労働によっておこなわれるものとなっているとしても、その生産過程は、その"株式"所有者の、「株式の形で存在する」所有の下にある。彼らは、経営＝労働機能をおこなわないばかりでなく、所詮「少数者」（結合生産者を排除している）でしかない。その「少数者」が「社会的所有」（結合生産者自身の生産物）を「取得」（収奪）している。だからその下で「独占の出現、国家の干渉」が呼び起こされ、「新しい金融貴族、企画屋、発起人、名目だけの投資の姿をとった新しい種類の寄生虫を再生産し、会社の創立や株式発行についての思惑と搾取との全制度を再生産する」──だから「それは、私的所有を制御できない（ohne die controlle des privateigeutum）私的生産である」（同、2,244ページ）という。

　株式所有者（実際は支配株主）は「社会的所有」となっている（はずの）「結合生産者」の「社会的生産物」をなお取得している──それは

明らかに「収奪」というべきだ。だから「所有」は「結合された生産者」としての彼らによる所有としての所有に、直接的な社会的所有としての所有に、「再転化」されなければならない、というのである。

　ここで「再転化」といっていることの意味をとらえなければならない。その意味は、「労働」する者が、その「労働」による生産物を取得するという、「労働」＝所有論である。資本主義的生産は、「労働」をおこなわない、その機能と遊離した「所有」者＝資本家が、「労働」の生産物、しかも社会化されている「結合生産者」である労働者の「社会的労働」の生産物を、取得（収奪）している。それを本来の「労働」による所有に「再転化」させなければならない、ということであった。

　この「労働」＝所有関係の資本による「他人労働」（直接は「不払労働」）の取得（収奪）による資本家的領有への転化は、第１巻第22章第１節で再提起され、同第24章第７節「資本主義的蓄積の歴史的傾向」で「事実上すでに社会的生産経営に基づいている資本主義的所有から社会的所有への転化」の根拠として展開されることになる。直接生産者の生産物、生産手段の「収奪」から始まった資本家所有は、社会的労働の担い手となった結合労働者によって再「収奪」されなければならない。その再「収奪」の物質的根拠は、資本家的所有の発展（株式会社はそのなかに位置づけられる）の下での社会的共同労働の発展によって準備されている、というのが、この提起の内容であった。

　しかし、なぜ自分では全く労働しない、労働・生産（経営）活動にも関わらない少数の資本家が、社会的共同労働を、その成果としての生産物を、取得しうるのか。「所有」と「労働」がなぜ分離し、貨幣「所有」者が、「労働」者を支配し、その生産物を「収奪」しうるのか。これを不当である、あってはならないこと、というだけではイデオロギッシュな批判にすぎない（初期社会主義者の主張と同じレベルでしかない）。『資本論』は、貨幣「所有」者たる資本家が、生産の主体である労働者を、そしてその「労働」そのものを、支配する根本条件が労働力の商品化に

あることを明らかにした。資本は、労働者の労働力に対しその再生産（生活の再生産）に必要な資金（貨幣）を支払い、労働力の使用権（一定時間の「労働」をおこなわせる権利）を買う（資本家の所有にする）。だから資本が雇った労働者を労働させて生産される生産物は、市場の交換原理にのっとって、「資本家の合法的な所有物になる」（第1巻第22章第1節で、マルクス自身がフランス語版以降補足した文章でこれが明記された）。

　商品経済の交換原理に即していえば、資本の生産過程においてどれだけ労働の社会化、結合生産者による生産が発展しても、その生産物は、労働者、生産者の「社会的所有」にならない。労働力が商品化され、その使用が資本の下でおこなわれる限り、その使用の成果は、労働力を使用（労働）する労働者の所有にならない。それは株式会社の形態の下でおこなわれても、株主という資本所有者総体（実質的には支配株主）の支配の下でおこなわれる現実資本としての株式会社の所有としかならない。労働力商品化とその廃絶が明確にされなければならないのである。

3　労働権保証としての「社会的所有」

　私的所有ということが何を意味するか、いかに成立するか、それに対し「労働」＝所有は何を意味するものなのか。それは「所有」論でとらえられるものなのか。

　私的所有――それはある者（人間）が所持（(Besitz)）する、そして自由に使いうる対象を、一定の代価（貨幣）を支払って買うことによって成立する。売り手、買い手にとって売買の対象となるものが商品である。そして商品の交換を通して（代金を支払って）取得することが私有（排他的使用、処分権）の直接の根拠である。労働力と生産手段を、商品として（代価を払って）買えば、その使用による成果、労働生産物は、代価を支払って買った者＝資本家の所有（私有）である。

これに対し「労働」＝所有、というのは何を意味するのか。マルクスはどういう意味でこれをとらえたのであろうか。

　労働が社会化され、生産は「結合生産者」によっておこなわれる、そして生産手段は、「結合生産者」の「手にある生産手段」として「結合生産者」＝労働者自身が共同して使用している——だからそれによって生産される生産物は、「結合生産者」たちの所有＝「社会所有」である、とマルクスはいう。同様に、小経営（自己労働による自己所有）に関して、「労働者が自分の取り扱う労働条件の自由な私有者である場合、すなわち農民は自分が耕す畑の、手工業者が彼が老練な腕で使いこなす用具の、自由な私有者である場合」に、その労働の成果は労働者（農民、手工業者）の「所有」となる、という（③435ページ）。この「所有」は、商品交換を通して獲得した「物」の所有（私有）ではない。内容は、労働・生産をおこなう主体としての労働者が、自らの労働力を使って、そして労働に不可欠な生産手段の「自由」な使用によって生産した生産物の、全労働者による取得、ということである。労働・生産が社会化されていれば、その生産物は協働した全労働者の取得として、必要に応じて個々の労働者（さらに自立途上の者、すでに十分労働した、しかしいまは労働していない者を含めて）によって（分配され）使用される。

　スミス、ロックなどの労働所有論は、「労働」とそれによる「生産物」の生産を、あたかも交換関係のようにとらえた（「労働は本源的購買貨幣」であるとして）が故に、「労働」による取得を交換原理による「私有」としてとらえた。これに対し、マルクスの「労働」——所有論は、交換を通して成立する排他的私有ではない。労働生産物は、労働する主体自体が、個人であればそれを生産した者の使用に、労働の主体が社会化された「結合」労働者であれば、その「結合」労働者全体の使用に委ねられるということ、それらの労働者が労働する上に不可欠な生産手段を、それらの労働者が自由に使用しうる限り、これが実現される、ということであった。生産手段の自由な使用、それはそれを「所有」することに

意味があるのではなく、労働者、結合生産者の主体的労働、勤労権を保証するという意味でとらえなければならない。労働・生産過程の主体である労働者の主体的労働（自主、創造、共同労働）を保証する——それが生産手段の「社会的所有」の意味であった。それを、商品経済的「私有」論の次元と明確に区別せずにむしろこれを根拠にして形成される概念によって展開したところから、『資本論』の問題点が生じたのであった。物権・財産権としての私有ではなく、労働・勤労（さらに生活）の権利保証としての「社会所有」（社会的主体による自由な使用）を明確にしなければならない。

　その点との関係で、いま明確にとらえなければならないのは、労働力商品化の"無理"ということの認識である。たしかに労働力の商品化によって資本家的私有関係が社会的に成立した。労働力の使用権を代価を支払って買う——買った対象としての労働力は買い手＝資本家の排他的使用・処分権の下に委ねられる。生きている人間自身の人間としての能力自体が、物権化され私有される。それは人間自体を売買するのではないから、奴隷とは異なる。しかし生きた人間から切り離されない労働力を、労働者自らが主体的に使えないという社会的条件の下で、労働者は労働力を売らざるをえない。その商品化は労働者自身の生存に直結する。そればかりかその使用（労働、労働時間）自体労働者の生存に関わる。それは人間にとって使用しうる第三者的対象の売買・私有とは異なるのであり、本来売買の対象、私有権（財産権）の対象とはなりえない本質を持つ。

　大量失業、生活を維持しえない低賃金と劣悪きわまる労働条件によって労働力商品化の無理が社会的に露呈しているとき、労働力の使用を労働者自身のものに、主体的に使用しうるものに「再転化」させよう、生産手段を主体としての労働者が自ら主体的に自由に使用しうるものにしようということを、明確に提起すべきではないか、と思う。

第一部　マルクスと現代資本主義

〔補論〕

『資本論』第1巻第7篇第24章第7節「資本主義的蓄積の歴史的傾向」について、検討しておく。

　この節は、従来『資本論』におけるマルクスの提起が総括されたところととらえられてきた。『資本論』は、資本主義の生成・発展・没落の必然性を説いた、その結論がこの節で集約されている、という理解である。

　たしかに唯物史観の方法を資本主義の解明に適用し、その歴史性をとらえようとする意図は、マルクスには一貫してあった。そして人間社会の存立根拠を人間社会の生活の再生産ととらえ、それを支える物質的根拠を「労働」としてとらえる——労働生産力の発展が人間社会発展の根拠である、という把握である。資本主義社会解明も、この根拠に基づいてとらえなければならないし、とらえうる、と。実際、古典経済学の成果を批判的に受けとめたマルクスは、社会存立の根拠ととらえた「労働」「生産」から、商品経済の形成・発展をとらえようという論理の展開を考え、試みた。1857〜58年のノート『経済学批判要綱』は、資本主義的商品経済の理論的解明の出発点を「労働・生産」としている。しかし論理（商品経済的諸要素の概念的把握）を現実に形成、展開していくなかで、マルクス自身、商品、商品交換、貨幣による交換の媒介・拡大は、直接には労働・生産に関わらない、交換・流通領域の関係であること、だれがどのように生産したのかは、商品交換（それを通した「私有」）には関わらないことを、要するに商品・その交換・貨幣を媒介にした商品流通は、生産過程に関わらない流通関係であるという理解を明確にしていく。しかし「労働」「生産」がその発展の根拠だ、という唯物史観の方法は一貫してマルクスの思考の根底にあった。

　唯物史観で根拠としてとらえる労働・生産（生産力）は、特定の生産関係とは、したがって資本主義的商品経済の関係とも、直接関わるもの（それによって規制、規定されるもの）ではない。それは、社会の"実

体"としてある。この実体としての労働・生産は、商品経済的形態を根拠にしてとらえた概念（「私有」はその典型である）ではとらえられない。しかしマルクスは、古典経済学の成果（商品経済的概念の形成）を生かしながら、自らの唯物史観の方法に基づく社会の把握を、概念的にとらえよう、と試みたのである。

　古典経済学は、「労働」・所有論を提起した。労働者の「労働」による生産物の生産を、スミスは「労働」という「本源的購買貨幣」を支払って「生産物」を買う、というように、「労働」と「生産物」の交換、それを通した「労働」した者による「生産物」の私有という関係として、形態的関係ととらえた。労働・生産という実体的関係を「労働」という代価を支払って「生産物」を取得＝私有する関係として、形態的関係ととらえた。

　これに対しマルクスは、「私有」（所有）概念を用いながら、「労働」・所有の関係は、「私有」の意味ではなく、生産過程の主体として労働者が「労働」して生産した生産物は、その労働者が使用・利用しうるもの、当然多くの労働者の協働（協働労働）による生産物は、協働労働者全体によって使用・利用するものとして、実体的関連をとらえたものであった。「労働」する主体が、当然自ら（協働した仲間とともに）生産した生産物をも主体的に使用する、という内容であった。若干具体的にとらえておこう。第一に、土地「私有」に関して。「労働」・所有論では説明できない土地（生産手段として）の「私有」——それは商品経済的関係からいえば、代価（土地「価格」）を支払って土地を買うことによって成立する。ここでは「私有」の根拠は「労働」ではなく、代価の支払いによる（商品交換による）ものである。「私有」とは商品経済的関係によって成立する人間間の特定の（物を媒介する）関係で成立する。マルクスはこのような「私有」をとらえていたのではない。「労働者が自分の生産手段を私有している」という「小経営」の説明——それが「十分な典型的形態を獲得するのは、ただ、労働者が自分の取り扱う労働条

件の自由な私有者である場合、すなわち農民は自分が耕す畑の、手工業者が彼の考練な腕で使いこなす用具の、自由な私有者である場合である」という。ここでいう「私有」あるいは「私有者」は、例えば「自分が耕す畑」を農民が代価を支払って買って「私有」していることが問題なのではない。耕作者＝労働者が、それに必要な土地を自ら主体的に使う——自ら主体的に生産手段を使って作った生産物も当然生産者に属するもの、という内容である。

　だから、協働（共同）労働によって生産がおこなわれることになれば、生産手段（土地を含めて）は共同労働者が自由に主体的に使うことになる——資本主義が確立した「それから先の労働の社会化も、それから先の土地やその他の生産手段の社会的に利用された生産手段すなわち共同的生産手段への転化も……多くの労働者を搾取する資本家に対する収奪」による、という。

「労働」によって生産されない「土地」の「共同的生産手段」への転化——その内容は明らかに「共同」（協働）労働者が主体的に「利用」する、ということであって、商品経済的「私有」あるいは資本家的共同出資者の「私有」（「私有」の枠内での「社会的所有」としても表現される）ではない。

「否定の否定」として形成される「個人的所有」を「協業と土地の共同占有と、労働そのものによって生産される生産手段の共同占有とを基礎とする個人的所有」とマルクスはいう。これは「私有の再建」ではない、といいながら、概念としては「所有」概念を用いて説明している。内容は、「協業」労働（共同労働＝協働）をおこなう労働者が主体として生産手段を共同して利用して生産物を生産する——それは協働労働者全体が使用しうるものであるということである（だから「個体的所有」という訳文によって個々人の主体的所有権源を明示すべきである、という解釈もおこなわれる——典型は平田清明氏——のであるが、「所有」——物の所有権にとらわれていては、マルクスの真意はとらえられない）。

第二に、「労働」・所有論からは、資本主義的「私有」は全く説明しえないということである。資本主義的「私有」は何ら「労働」に基づくものではない。「他人の労働ではあるが形式的には自由な労働の搾取に基づく資本主義的私有」と説明しているが、内容は「自己労働に基づく個人的な私有」の（第一の）「否定」である。マルクスは、この資本主義的「私有」関係の下で、「生産手段の集中」「労働の社会化」が、現実では「共同労働」をおこなう労働者が生産過程の主体にならなければ成立しえないような「科学の意識的な技術的応用、土地の計画的利用」がすでに発展している、ととらえる。だからそこでは「事実上すでに社会的生産経営に基づいている資本主義的所有」ということになる。――それなのに、何ら自ら「労働」をおこなわない資本が、この「社会的生産経営」を支配し、領有している。

「労働」・所有論からいえば、このような資本主義的私有はあってはならない、いわば不当な私有である。しかしなぜそれが可能なのか。「他人の労働ではあるが形式的には自由な労働の搾取に基づく」「私有」――これがこの節の説明である。このいわば原型ととらえうる第7篇第22章第1節の説明は、「所有は、今では、資本家の側では他人の不払労働または生産物を取得する権利として現われ、労働者の側では彼自身の生産物を取得することの不可能として現われる」としている。「所有と労働との分離」である。

　この「所有と労働との分離」――資本主義的私有こそが、実は概念としての「私有」の内容を示すものであった。なぜ資本主義的私有、「他人の労働」の取得が可能なのか。それは、まさに労働力の商品化――労働力に対し一定の代価を払って、買い、その労働力を使用（労働）する権利を「私有」する、それによって資本主義的搾取・取得が可能となる。代価を支払って買ったものは「私有」したものであり、その使用権（労働させる権利）は、買った者の権利（自由）である。明らかに「労働」に基づく取得ではない。しかしこの商品交換関係が、「私有」の特徴な

のである。

　『資本論』は、資本による労働・生産過程の包摂による社会関係支配の根本的条件が「労働力の商品化」にあることを明らかにしてきた。この第24章第7節も当然この論理をふまえて展開されている。しかし、ここで強調される「労働」・所有論——内実は労働・生産過程の主体としての労働者の立場に立った生産物・生産手段利用の明確化——の展開では、この商品経済的、資本主義的「私有」——労働力の商品化を通した生産過程の「私有」——は、むしろ否定されなければならない関係としてとらえられ、その点で労働力の商品化よりも、搾取（実際は収奪）を通した資本家の（不当な）取得の側面がとらえられることになった、と考えられる。

　第7篇第22章第1節の、商品生産と流通に基づく取得または私有法則の、資本主義的領有、私有法則への転回では、「この法則自身の不可避的な弁証法によって」おこなわれる——等価交換の法則は「外観」でしかなくなり、資本家は等価の支払いなしに他人の労働の一部を取得、私有することになる、といっていた。しかし第24章第7節では、第24章の第1〜6節で暴力による直接生産者からの生産手段・土地の収奪を現実をふまえて叙述したことを受けて「民衆の大群からの土地や生活手段や労働用具の収奪、この恐ろしい重苦しい民衆収奪こそは、資本の前史をなしている。それには多くの暴力的な方法が含まれている」ことが強調されるのである。

　また資本主義的私有から「社会的所有」への転化は「資本主義的生産そのものの内在的諸法則の作用」とされながら、強調されるのは「諸資本の集中」であり、大資本による小資本の「収奪」となっている。「収奪」——それは等価交換の法則によるものではない。しかも多かれ少なかれ暴力が介在する。資本の蓄積法則（第23章第3節）では、恐慌の法則として現われる蓄積法則が展開され、景気循環を通して労働力についても価値法則が貫徹することが説かれていた。資本の「集中」化の傾向

に関しても、競争と分散化の傾向が働くことも指摘されていた。それらの叙述が、ここでは収奪論に解消されている。

　第三に、この第7節でマルクスが強調しようとしたのは、明らかに資本主義の没落の必然性である。しかしそれは論理的な説明というより、歴史観——社会主義者マルクスの主張そのものであった。

　この節の最後にマルクスは注（252）をつけ、そこで『共産党宣言』の文章——「ブルジョアジーをその無意志、無抵抗な担い手とする産業の進歩は、競争による労働者の孤立化の代りに、結社による労働者の革命的団結をもたらす。だから、大工業が発展するにつれて、ブルジョアジーが生産を行ない生産物を取得する基礎そのものが、ブルジョアジーの足もとから取り去られるのである。ブルジョアジーはなによりもまず自分自身の墓堀り人を生産する。ブルジョアジーの没落とプロレタリアートの勝利とは、どちらも避けられない」——を引用する。

　第7節本文は、この『共産党宣言』の結論を再確認する。資本主義の発展、その生産力・労働の社会化の発展のなかで、一方では「貧困、抑圧、隷属、堕落、搾取される大衆（マツセ）はますます増大してゆく」としながら「しかしまた……資本主義的生産過程そのものの機構によって訓練され結合され組織される労働者階級の反抗もまた増大してゆく」とする。この組織された労働者階級の「資本独占」に対する収奪によって、「資本主義的私有の最期を告げる鐘が鳴る」とし資本主義の没落の必然性を明らかにした。

　しかしこの『共産党宣言』の結論の再確認は、すでに『資本論』によって、資本を現実の主体とした論理が展開されてきているなかで、直接には労働力の商品化によって労働者がおこなう労働は——そのなかでいかに共同労働が発展しても——資本の生産過程として、資本が主体となり、その運動に包摂、支配されたものとなっていることが明らかにされたことによって、重大な問題を生むものとなっている。

　生産力の発展——生産手段の集中と労働の社会化は、資本に支配さ

れている(労働力の商品化によって)資本の生産過程で生じている。資本が主体になっていることから、その生産力は剰余価値拡大目的によって規制される。労働者は、資本の命令に従い、資本の都合に従って配置され、労働をおこなわなければならない。労働者の生産過程における編成も、資本による剰余価値生産拡大を目的としておこなわれる——それは第1巻第13章においてマルクス自身が明確に論じたのである——。このような資本を現実の主体とする生産過程で、剰余価値生産目的によって労働させられる労働者は、決して生産過程の主体であることを全面的に奪われたわけではないけれども、しかし資本の下での生産力の発展自体から労働者の労働主体意識が必然的に形成されるとはいえない。『共産党宣言』は、労働力の商品化を通した労働者の労働の、資本による包摂・支配を十分明らかにしていない。この第7節のその再確認は、資本の生産過程における労働の社会化の発展を根拠にして労働者の主体的意識が形成されるものとして『共産党宣言』の結論を受け継いだ。

　決定的な問題は、労働力の商品化に関する労働者の批判的意識がいかに形成されるか、にある。自らのものである、自分の一身から切り離されない労働力を、自分自身で使えず、他人＝資本家に売る。労働力を売る——雇用されなければ労働者は賃金・貨幣を獲得できず、生活・生存しえない。資本に雇用されなければ労働者は生きられない——この関係を止むをえないこと、さらに当たり前のこと(事実関係を認めざるをえないから)と思えば、資本に従わなければ労働者は生きられないという感覚、それを当然視する意識が形成される。雇われる——資本の命令に従って労働する——それに何ら疑問も生じなければ、労働者は自らが生産過程の、人間社会を支える根拠の、主体的担い手だという意識は形成されない。

　資本の生産過程における生産力の発展——労働の社会化、それは資本主義の下では資本を現実の主体とするなかで、労働力が資本に従属し物化＝客体的対象とされるなかで展開されているのだから、そこから必

然的に労働者（その共同）こそ主体だという意識は形成されない。唯物史観の観点を導入し労働＝主体論としてこの事態を読み込むことによって、革命の必然性が導かれたのである。ここから生産力という物的存在がストレートに労働者＝人間の意識を規定するという"唯物（ただもの）"史観による、人間意識形成論——これがこの節の結論的提起から導かれることになってしまった。

　少なくとも資本主義の発展——資本の下での生産力の発展が必然的に労働者の主体意識を形成するものではないこと、主体意識の形成には、労働力の商品化の無理の理解を通した資本の支配に対する批判意識の形成が不可欠であること、を明らかにしなければならない。

（2015年3月31日）

〈注〉

（１）水野和夫『資本主義の終焉と歴史の危機』（集英社新書、2014年）、トマ・ピケティ『21世紀の資本』（2013年、日本語訳2014年、みすず書房）、参照。

第二章
非物質的代謝による生産
＝情報財の生産について
── マルクスを現代に、現代を社会主義につなぐ一助に ──
平松民平

はじめに

　情報の生産はマルクスの時代には経済活動としては存在しなかったが、現代社会では大きな比重を持つに到っている。非マル経系では情報の生産に関して早くから重要性が認識[1]されていたがマルクス経済学からは情報の生産活動に関しては十分な説明がなされてはいないように思える。
　マルクスは史的唯物論の基本命題「物質的財（エネルギーも含む）の生産が人間社会の存在と発展の基本条件」をベースに「人間と自然との物質的代謝[3]」に担われた「物的財の生産」こそが超歴史的な人間の生産活動であると規定している。ここから「モノに結実しない労働は価値を形成しない」派と「モノに結実しない労働も価値を形成する」派との間で「サービス労働論争[2]」があったが、その議論が情報の生産の分析にまでは至らなかった。それは「生産＝物質的代謝」規定の影響によると思われる。
　本小文の課題は、①マルクスの「人間と自然との物質的代謝」を「人間と自然、及び人間と人間、との間の物質的と非物質的代謝」に拡張し、物的財の生産から情報財の生産までを統一的に捉えることと、②マルクスの言う前史における経済発展は物質的代謝の拡大によるもので資本主

第二章 非物質的代謝による生産 = 情報財の生産について

義の発展と整合的であったのに対してそれ以後の本史（これを仮に社会主義と呼ぶ）では生産が物質的代謝から非物質的代謝による、大資本を必要としない生産力基盤へシフトしこれが社会主義の物質的基盤を用意すると考えて、現代の情報生産の現場で見出されるであろう社会主義の芽、片鱗を調べ、現代資本主義を来るべき社会主義につなぐ一助とすること、である。

1　情報に固定される労働（Fig 1）

1−1　情報の生産とは情報への労働の固定である：マルクスの「人間と自然との物質的代謝」を「人間と自然、および人間相互の物質的および非物質的代謝」に拡張し、このうちの非物質的代謝で生産される財として「人間の意識の内面で形成される非物質的な財＝情報」を導入する。生産とは体外のなにものかへの労働の固定である。マルクスが言う「頭脳に描いた設計図を基にモノを作る」の場合、設計図とは頭脳内に生成された「モノの形態を規定する情報」で、この情報に従って材料を加工して所望のモノを作る、これは「モノへの情報の埋め込み」である。モノへの情報の埋め込みはモノの形や属性の変化をもたらす「モノの生産」である。モノに結実する労働とはモノに情報を埋め込む、モノに情報を付加する労働であり、モノへの結実としての生産は脳内に生成された情報（無形）の有形物への実体化過程の一つである。モノの生産に先立って情報の生産があるのだから、モノ生産に比べて情報の生産はより根源的である。ここでは「労働はモノにしか固定できない」を「労働は物質的なモノだけでなく情報にも固定される」と修正して情報の固定化を整理する。

⓪人間はＤＮＡに担われた情報を生まれながら（進化により獲得して）持っている。人間の活動によって生産されたものではない、人間にとっては自然と同様な、環境として与えられた情報。

①人間が生産する情報は外界との相互作用（非物質的代謝）により脳内の細胞の結合と活性度の分布の特定の活動パターンとして形成される。この特定の活動パターンが第一の固定化である。

②脳内に形成された情報は物質とエネルギーに担われて体外に持ち出されて文字や音声として物質的実在として実体化される。これは第二の固定化である。

③情報は文字や音声とは別に人間の手足の労働による材料の形態変化としてモノに埋め込まれて有用な生産物を構成する。これがモノに結実とされてきた情報の埋め込みで、第三の固定化である。

④文字や音声によって個の身体から離れた情報は共同体のなかで拡散、結合、蓄積、共有されて科学、技術、芸術として体系化／組織化され固定される。これは第四の固定化である。

⑤医、教育、科学、芸術としての情報は演者によるパフォーマンスによって実体化されて効用を生むものがある。組織化、体系化、高度化された②であり、第五の固定化である。

⑥情報革命によって、モノの有用性をモノの形態や属性の変化としてではなくコンピュータプログラムで実現したＩＴ商品が生まれた。前記③に比べれば形態変化によらない情報の埋め込みで、ここで使われるのがプログラムとして商品に埋め込まれる情報で、これは第六の固定化である。

⑦さらに情報は歴史的、地域的広がりと限定をもって文化や文明として固定され、ＤＮＡなどの生物的遺伝によらない人間の進化を担っている。これは第七の固定化である。

体外で実体化された情報が商品となる：②〜⑥がそれである。

このように情報の固定化は③でマルクスの「モノ生産」をも包摂してきわめて多層的である。

またモノ、声、文字に固定化された情報は①で人に再度入力され非物質的代謝の循環を構成する。

第二章　非物質的代謝による生産 = 情報財の生産について

Fig 1：物質的代謝と非物質的代謝＝モノと情報への労働の固定

★物質的代謝：モノへの労働の固定

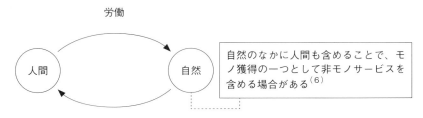

モノへの労働の固定＝素材の加工＝モノの獲得

★非物質的代謝：情報への労働の固定＝モノとエネルギーによる情報の実体化

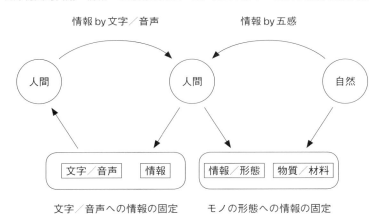

2　非物質的代謝に担われた情報の生産

　非物質的代謝による生産物としての情報を考える。関連する論点を以下に整理する。

2-1　　情報の生産は「人間の意識の内面での生産活動であって、

41

生産されるものは非物質的な情報」、マルクスの「自然への働きかけ＆自然からの物質の獲得」とは対照的である。

＊情報財の生産⇒「脳の意識内での生産活動」であって「生産物は非物質的」
＊物質的代謝系⇒「自然への働きかけ」であって「自然から／への物質の獲得／廃棄」
＊非物質的代謝系⇒「自然からの情報の抽出」と「コトバによる人と人の情報の交換」
＊労働の固定対象⇒「労働をモノへ固定」と「労働を情報へ固定」

2-2 マルクス以後に物質／自然観の発展、例えばウイーナー「自然は『物質・エネルギー』と『情報』の2元的要素で構成されている」があった。生産に関するマルクスの本源的規定には当時の物質観に限界づけられた物質的モノへの偏りがあったと言える。

2-3 マルクスの視野には芸術／科学活動は存在していたが、それらを情報の生産活動とは認識していなかった。マルクスが資本主義的生産様式の最高度の発展段階として見ていたのは産業革命によって生まれた機械制大工業であって意識の内面での情報の生産活動を生産活動一般のなかで位置づけることはなかった。芸術／科学活動は当時の資本主義にあっては実質的には資本家階級に属する少数者に独占された活動であって、モノ生産で生まれた価値を消費するマイナス労働、「一方での剰余労働の創造、他方でのマイナス労働の創造が対応する[4]」との現実認識がある一方、未来社会においては「物質的生産のための労働は人間生存のために強制される必要労働で、芸術／科学活動は物質的財の生産の彼岸にある自由の王国での人間解放の活動[5]」との認識もあった。しかしながらこの未来社会論でも芸術／科学活動が生産活動であるとの位置づけは明確ではなかった。現代においてすでに非物質的財の生産は資本主義の彼岸ではなくこちら岸ですでに生産活動として大きな比重を占めるに至っている。

第二章　非物質的代謝による生産 = 情報財の生産について

2-4　生産力発展の歴史は材料の歴史でもあった。
　モノづくりの歴史は材料の歴史で、材料は石器⇒土器⇒木⇒鉄⇒プラスティック、と発展してきて遂に物質から離陸した。物質的財の生産と並んで、生産力発展の先端では物質的材料から離陸した生産活動が始まっている。物質／エネルギー／情報の等価性を認めれば非物質財の生産は史的唯物論の文脈では生産力発展の自然な過程と捉えられる。

2-5　大西広「近代経済学を基礎としたマルクス経済学[6]」では「資本主義社会では産業革命によって道具から機械に生産力の質的転換が生まれ、まったく異なる社会が形成されることとなった」と資本主義の誕生からの発展を生産様式ベースで捉え、「資本蓄積を第一義的課題とする社会の終焉が資本主義の終焉。現代資本主義はすでに生産手段としての機械への投資を終えつつあり、ポスト資本主義は機械から人間のアイディアや知識への投資の中心をシフトする社会である」と資本主義の終焉とポスト資本主義への転換を見通している。情報の生産活動を資本主義から次の社会への転換の起点としている。

2-6　岩田昌征「現代社会主義の新地平[7]」では「社会には実文化と純文化が存在し、実文化が純文化を支える。実文化のあるものは時代を経て実用としての寿命を終え工芸品や歴史的作品などとして純文化入りし、科学など純文化は実用化されて実文化になる。実文化と純文化は長い時間でみれば相互転換する」とある。実文化は物質財を生産し、純文化は物質財を消費するとの認識。かつては芸術や科学分野での創造／発見活動は貴族などに担われた、社会的な価値の再生産サイクルの外にある純文化範疇だったが、現代では過去の純文化たる科学や芸術など非物質財の生産がソフトウエア生産として純文化を支える生産力として実文化に天下りしつつあると言える。

2-7　吉田民人「大文字の第二次科学革命[8]」では「旧科学の物質範疇ではアリストテレスの『存在を構成する基本要素＝質料と形相』の両者の不可分の統一体が物質で、形相は物質の性質、属性として

物質範疇にそれと気づかれず、それと指摘されることなく包摂されていた。新科学での物質範疇では性質として現れる形相を明示的に抽出・析出し、全自然を貫徹する根源的な構成要素に格上げする、、、、形相を負荷しない質料はなく、質料に負荷されない形相はない」とある。

　現代では質料は物質に、形相は情報にそれぞれ対応するだろう。
　これをガラスのコップに適用すれば、このようになろう。
* 旧科学での「コップ＝物質」が新科学では「ガラスの粒子＝質料」「粒子の位置情報＝形相」。

　コップは「ガラス粒子そのもの」と「粒子の位置情報」から構成される。
* 質料は必ず何らかの形、色などを有している、つまり形相を負荷している。一方形や色など形相は必ず何らかの質料に負荷されている。質料も形相も単独では存在しえない。

　しかしこれは質料と形相がたがいに特定な値でのみ統合されていることを意味しない。互いに自由な値をとりうるのである。ガラスでないコップやコップでないガラスなどがある。
* ガラス粒子の一つ一つに与える位置情報によってモノはコップになったり皿になったりする。
* コップを割ればガラスは失われないが粒子の位置情報（形相）が失われて非コップになる。
* 使用価値「コップ」はガラスをコップにすることで生まれる。

　ガラスは材料としての有用性を、形相は器としての有用性をそれぞれ規定する。

　質料と形相はそれぞれ異なった有用性の側面を担っている。
* 生産物とは、プログラム（形相＝設計情報）を埋め込まれた、または体現した物質的構築物。
* 「物質の形態変化」と呼んでいるモノの生産は実は「物質への情報の埋め込み」であった。

第二章　非物質的代謝による生産 = 情報財の生産について

2-8　モノの複素数的表現を試みる（Fig 2）。

　モノを構成する「質料と形相」を「物質と情報」としてそれぞれ「実数部 real と虚数部 imaginary」に分離して複素平面上に表現する。物質的な要素を実数軸に、情報的な要素を虚数軸に当てる。数学上の虚数は二乗すると－1になるが、モノの複素数表現は数学上の意味とは関係なく、物質と情報を互いに独立な（直交する）要素とするための比喩的表現である。

* モノを「z（モノ）$= a$（real／物質）$+ jb$（imaginary／情報）」と物質と情報を分離して表現する。
* モノづくりでは原点からの距離（絶対値 $|a+jb|$）が生産に支出された労働量を表す。

　物質を生産する労働量が実軸上の a、情報を生産する労働量が虚軸上の b である。

　例えばピラミッドは $a \gg b$、農作物は $a > b$、テレビやラジオは $a \fallingdotseq b$、Ipod 音楽プレイヤーは $a \ll b$、ソフトウエアは $a \lll b$、小説は $a \lll b$、などなどである。

* 物質の複製には材料と労働を要するが情報の複製に費用（労働＋材料）は本質的には不要。

　実軸上の労働はモノ1個の生産毎に一定量が支出されるが、虚軸上の労働は最初の1個生産（創造）にだけ労働を要するが以後の生産（複製）に労働は不要、限界費用0である。したがって虚数軸に近いモノは生産量が増加しても必要労働の増加は僅かであり、実数軸に近いモノは生産量と労働量は比例的である。1個100億円のピラミッドは2個で200億円、何個作っても1個100億円だが、コンピュータの基本ソフトであるOSは1個作るのに100億円労働を消費しても複製費用0だから1,000万個売れば1個当たり1,000円。

* IT商品、例えばICチップの量産では上記と同じことが起こっている。

ＩＣチップはシリコン結晶にプログラム（情報）を書き込んで所定の機能を果たすモノである。つまりＩＣチップ＝【シリコン結晶（物質ａ）＋プログラム（情報ｊｂ）】。デジタル技術によって半導体ａを縮小しても動作が維持されるようになり、機能はプログラムｂによって費用０で複製できる。複素平面上で見れば、ａは小さくなりｂは不変となる。これは大量生産時の費用が低下することを意味する。

3　非物質的財がモノとヒトから独立して「情報」として商品化された

＊道具の「使い方」は「コンピュータプログラム」へ。
　カンナやノミは使い方をマスターしないと役に立たない。「道具の使い方」は職人の労働力を構成する要素であって自己の身体にストックされた非物質的財である。「使い方」は使い手の身体に技として記憶されていてヒトの外には存在できない。さらに「使い方」は道具毎に固有で、道具と一体化している。このように「使い方」は価値ある財だがヒトとモノの両者に固着／従属していて独立した商品としては売買できず、「技の伝授行為＝サービス労働」に価格が設定されていた。
　その後、産業革命による機械制大工業の発展によって、職人の技は自動機械に取って代わられ、職人による「道具の使い方」の有用性は後退し人間労働はチャプリンのモダンタイムズが象徴しているように機械の部品の機能に置き換えられた。人間労働が道具としての機械の部品となる主客逆転からの再反転は「道具の使い方」が労働による生産物として人間の外に独立した商品として存在できるようになってからである。
　「使い方」が独立した商品となったのは1960年代に発達した商用コンピュータの出現による。コンピュータは電子回路とプログラムで

第二章　非物質的代謝による生産 ＝ 情報財の生産について

Fig 2：新科学でのモノと複素平面でのモノの表現

新科学でのモノ

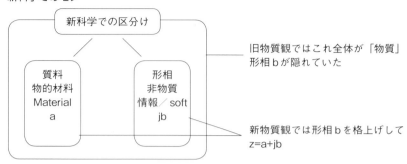

複素平面での表現

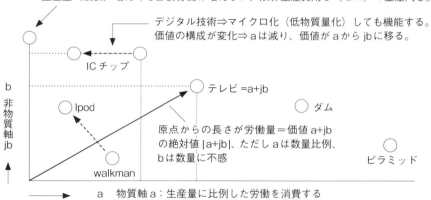

構成され、それぞれハードウエア（金物）とソフトウエア（非金物）と呼ばれ両者が分離されて商品となった。両者は人間の肉体と思考の関係と相似である。「使い方」は「プログラム」としてコンピュータ言語で記述され、モノとヒトへの従属から解放され、ヒトとモノの外に独立して存在する商品となった。

＊「コンピュータプログラム」は文字、画像、音とともに一般化された「情報」へ。
コンピュータプログラムはその後、文字、画像、音などとともに意味の違いは捨象され単なる物理量（ビット）の塊（データ）として、質的な差が量的な差に還元されて一般的な「情報」としてコンピュータやネットワーク上で伝搬／処理／蓄積されるようになった。

＊「情報」はデジタル技術によって産業の一分野を構成するようになった。
データ化された情報は物質／エネルギーに担われてふたたび文字、画像、音として実体化されて効用を生む。デジタル技術はこれら非物質的代謝過程（データ化と実体化）を格段に低労働力（低費用）で実現した。かつて情報が効用を形成するには生産と消費の両面において高価であった。生産局面では芸術や科学は貴族など支配階級の趣味的活動の産出物として存在し、消費面でも劇場や著作などを媒介してなされていた。そこから脱して産業の一分野となったのはデジタル技術によってインターネットと超小型超低価格な個人用機器が実現して大衆的需要が生まれたからである。情報生産に必要な材料としてのあらゆる技術情報はインターネットによって地球的広がりを文字通り光速度で各生産者個人に送られ、数千冊の書籍を個人所有の数万円の携帯端末によってネットワークから直接読むことを可能にした。

4　ヒトから独立した「情報」があらためて物質的モノへ埋め込まれて商品化された

＊機械制工業での大量生産におけるモノへの情報の埋め込み（旧モノ生産）：モノの効用はモノの色、形など属性や形態から生じる機能によって形成される。大量のモノに同一形態をプログラム（埋め込む）する複製生産、設計によって得られた形態情報をもとにして機

第二章　非物質的代謝による生産 = 情報財の生産について

械による加工によって所望の形態を得る複製生産が機械制大工業における生産であり、大規模な物質的な生産手段としての機械と工場を要する生産である。

＊ＩＴ化商品（新モノ生産）：モノ自体の形態加工でなく、モノにコンピュータを埋め込み、モノの形態変化によらずコンピュータのプログラムによって機能／効用を実現させる。形相を物理的形態としてではなくコンピュータプログラムとしてモノに埋め込む生産である。コンピュータの超小型化(＜切手)、超低価格化(＜100円)によってモノの機能を物理的形態によらずコンピュータプログラムでの機能実現によってモノの有用性が担われるモノづくりがＩＴ生産である。

＊ＩＴ商品の典型がソニーのWalkmanを駆逐したアプルのIpod音楽プレーヤーである。Walkmanが磁気テープや磁気ヘッドやギヤなど精緻なテープ駆動メカニズムと専用電子回路など多様な物質的部品の組み合わせで実現していた音楽再生機能をIpodは切手大のコンピュータのプログラムのみで実現した。アプル社長のＳジョブズは2007年にマイクロソフトのＢゲイツとの対談でIpodがそれまで世界を牛耳っていた日本のＡＶ機器（Walkman）になぜ勝ったかを語っている。

「日本のメーカーは市場に合ったソフトウエアを作ることも考えることもできなかった」

「Ipod is really just a software. Ipodは実はソフトウエアそのものだ」（fig 2ではa<<b）

ここには二つの意味がある。

・現代の「モノ」は実はソフトウエア（非物質的財）でできている。非物質的財がモノの価値の大半を担うというモノづくりの画期を日本のＡＶ機器産業は理解しなかった。「情報」は価値の生産効率を上げる、という補助的役割から格上げされ、価値形成の

主役になった。多様な部品は多様なプログラムに、1,000個の部品は複製コストゼロの10,000行のプログラムに置き換えられた。Ipodは「モノの中身はソフトウエア＝モノづくり新時代」を示す象徴的な商品だった。
・「モノ」であっても効用の源泉は何らかの非物質代謝が担っている場合が多く、そのときモノは非物質代謝系のインタフェースとして機能している。個人向け音楽機器の効用は音楽を聞くことであり、一方インターネット上には使っても減らない音楽情報（非物質的財）が無数に存在する。両者を結ぶインタフェースがIpodである。Ipodは使っても減らないという非物質財の本質を生かして、ネット上の音楽を各個人が所有することなく（テープやＣＤなど物質的メディアを介さず）利用することを可能にし、無制限な音楽リスニングというwalkmanを凌ぐ決定的な効用を獲得した。

5　非物質的財の商品化

　非物質的財が商品化される諸形態について「情報のモノへの埋め込み」、「物質抜きの純粋な情報」、「エントロピー財」に分けて調べる。

5－1　情報をモノに埋め込んだ商品：
「モノ生産」とはモノへの情報の埋め込みである。情報をモノに埋め込むに当たって、物質の形態変化（加工）として情報を埋め込む旧来のモノ生産と、内蔵したμコンピュータのプログラムとして情報を埋め込むＩＴ化モノ生産がある。
①本：【言語情報】＋
　　　【紙＋活字＋インク＋ページ製本された本／昔は巻物だった】
脳で生産された言語情報が文字として体外で実体化される。

第二章　非物質的代謝による生産 ＝ 情報財の生産について

　文字を活字の組み合わせとインクによって紙に物質化させページ単位で製本したモノが本。
②電子ブック：【言語情報】＋
　　　　　　　【言語情報を文字化して画面に表示する表示装置】
　スマホやタブレットやパソコンでは文字がインクと紙に固定されず、液晶など電子的表示装置上に非固定的、可変的に表示される。言語情報だけをインターネットなど外部から読む都度取り寄せ、二次元の文字画像として表示すれば読者にとっては無限数冊の本になる。
③アンテナ：【電磁気学で計算された形状情報】＋
　　　　　　【形状加工された金属棒】
　所定の電波の送受信に好都合な形状を電磁気学で計算して作った金属片がアンテナである。或る場合は直径と長さを持った円柱の金属棒に過ぎない場合もある。
　昔、家屋の屋根にあったテレビのアンテナは長さの異なる数本の金属棒の組み合わせであった。
④メガネ：【光学で計算されたレンズ形状情報】＋
　　　　　【研磨されたガラスやプラスチック】
　光学理論で計算された形状情報に従って研磨されたガラスやプラスチックがレンズで、これを枠やツルに装着したものがメガネである。
⑤手作り箪笥や家具：【図面や記憶による形状情報】＋
　　　　　　　　　　【カンナやノミで加工した木材】
　ほとんどすべての手作り的モノ、マルクスが機械制大工業以前の小規模経営として描いていた生産形態がこれで、個々の商品生産に要した労働がそのまま各商品一個一個に転化されている。
⑥量産コップ：【コップ形状情報を記憶した型】＋
　　　　　　　【型に原料を流し込んでコップ化】
　コップの形状情報から型を作り、この型を使って商品であるコップを複製する。型を作るのは高価だが、型を使っての複製過程は熟練不要で

安上がりとなる。当初の型作りに要した固定費用は複製過程では個々のコップに分散され、個々のコップに含まれる価値の転化分は機械の償却費用と複製過程で消費される材料とわずかな労働とが支配的となる。産業革命以後の機械制大工業生産の多くはこれである。

⑦コンピュータチップ：【設計情報】＋
　　　　　　　　　【設計情報に従ってシリコン結晶に形成された電子回路】

コンピュータの設計情報は基本プログラムと電子回路の2種類あるが、どちらもシリコン結晶の電子回路パターンとして、写真製版技術と同じ手法で複製されて埋め込まれている。

⑧IT化された製品：【プログラム】＋
　　　　　　　　　【μコンピュータチップ＋制御される機械】

時計、秤、電気がま、洗濯機、冷蔵庫、自動車……

⑨素材：【化学的設計情報】＋
　　　　【化学的過程によって合成された物質】

5−2　純粋な情報、いわゆるソフト

質料を持たない非物質的財。質料なしの純粋形相は実在しないので、これは仮想的な極限での姿である。人間の脳内で生産された情報を体外に取り出したものが「純粋な情報財」である。

①言語
- 言語には自然言語とその他にコンピュータ言語、数式、楽譜、図面、があるがどちらも人間の脳内の論理的思考を音声または文字で実体化した情報財である。言語は共同体毎に生まれてDNAとは別の人間の類的進歩（文化）を担ってきた。

②アルゴリズム：算法と呼ばれ、解を得る一定の論理的手順で、言語によって記述されている。
- 2ケタ以上の掛け算：1桁の掛け算を桁をずらせながら繰り返し

て加算する。
　　・ＣＴスキャン：複数の透過像（一次元）から断面像（二次元）を計算で生成する。
③知識：集積されたデータはアルゴリズムによって分析、分類、加工、再構成されて知識となる。
　　・自然データの知識化：自然データを集積、知識化して天気図、天体図になる。
　　・社会データの知識化：アンケートや集団の行動などを集積、知識化して統計資料になる。
　　・歴史データの知識化：過去の出来事を集積、知識化して歴史的知となる。
④理論：知識を集積して個々の現象や事実を統一的に説明し、予測する力をもつ体系的な段階に達した情報が理論であろう。多くの知識を集積、連関させて理論が構築される。理論は現在以前の知識の集積を使って未来の予測、推定、選択を可能にする、過去と未来を結ぶものである。

5-3　エントロピー財[9]：

　エントロピー（ｅ）とは「乱雑さ、無秩序さの度合い」を示す物理量であり、無秩序さが大きければエントロピーは高い。「エネルギー不滅の法則」によってあらゆる変化においてエネルギー自体は生成も消滅も増減もしないがエントロピーは宇宙全体では時間経過とともに増加する一方である。しかしエントロピーは局所的／局時的には増減し、増減過程で有用エネルギーや情報や生命の生成消滅があり、有限な存在である人間にとっての効用の生成と消滅がある。エントロピーは物理量であって人間にとっての価値からは中立だが、人間生活にとっては一般的には秩序だった状態（低ｅ）は有用性が高く、秩序が失われた状態（高ｅ）は有用性が低い。そして秩序だった状態の形成（高ｅ状態の低ｅ化）と維持には人間の労働、経済活動を要することが多い。

・e 増加：0℃の水 + 100℃の水 ⇒ 50℃の水：
　　自然に生じる：有用性低い
・e 減少：50℃の水 ⇒ 0℃の水 + 100℃の水：
　　自然には生じにくい：有用性高い

　左辺と右辺ではエネルギーに増減はないがエントロピーに増減があり有用性に差がある。

　0℃と100℃の水は別々にあれば混ぜ方次第でコーヒーにもスープにも風呂にも使えるし、混ぜる過程で電気エネルギーなどを取り出すこともできるが、一旦両者を混ぜて50℃になったらコーヒーにはぬるく、風呂には熱く、元には戻せず使える用途が限定され、有用性が低下する。混ぜる前後でエントロピーの増減がある。一般にエントロピーが低い状態は有用性が高く、エントロピーが高い状態は有用性が低い。自然に放置すればエントロピーは高くなり有用性は低下する。人間の働きかけ（労働など生産的活動）によってエントロピーは低下し有用性は高まる。モノに結実しないが有用性を生む労働はエントロピーの増減に結実していると言える。

> エントロピー増加系での有用エネルギーの生成：低 e 資源の高 e 化で効用の生成
> 　自然が生成し蓄積していた、あるいは人工的に生成した低エントロピー資源を高エントロピー化する過程で、高エントロピー化と引き換えに有用エネルギーを得ることができる。

①内燃機関：ガソリン + 空気 ⇒ 排気ガス（高 e）+ 機械エネルギー
　自然が歴史をかけて（太陽エネルギーの吸収）地球上に作り出した石油（化石燃料）と空気（酸素）、これは低エントロピーな状態である。両者を反応（爆発燃焼）させることによって高温高圧な排気ガス（高 e）を生成する。この高温高圧ガスでピストン運動や回転運動を生成

第二章　非物質的代謝による生産 ＝ 情報財の生産について

する。
②燃料電池：$2H_2 + O_2 \Rightarrow 2H_2O$ ＋電気エネルギー：まず何らかの手段で分離している水素と酸素（低 e）を用意し、これを反応させて水（高エントロピー化過程）とする過程で電気エネルギーを得る。
③たき火：木材（炭素）＋酸素 ⇒ 燃え滓、煙（高 e）＋熱／光エネルギー

> エントロピー減少系での効用の生成：低 e 状態による効用の生成
> 　労働や有用エネルギーを投入、消費してエントロピーを減少させることによって人間にとっての有用性を獲得する。使用価値の源泉は低エントロピー状態にあり、労働は低エントロピー化として結実する。

①掃除：乱雑（高 e）⇒ 整頓（低 e）
　乱雑な部屋は高エントロピーである。乱雑を整理することは部屋を低エントロピーにすることで部屋の効用を高めることである。この低エントロピー化には人間の労働を要し、その後部屋を使えば乱雑化（高 e）する。これは効用が消費されたことである。部屋を効用ある状態（低 e）に維持するには定期的な清掃、整理の労働が必要。
②床屋：乱れ髪（高 e）⇒ 髪を整える（低 e）
　乱れた状態は整えられた状態より高エントロピーである。理容師による調髪は高エントロピーな乱れ髪の低エントロピー化である。効用の消費は髪を乱す（高 e）ことであり、理容師の労働は髪の低エントロピー化として結実する。乱れ髪が価値ある場合もあるから、エントロピーは物理量であって必ずしも低エントロピー＝高価値ではない。
③服の仕立て：一様で無定形な生地（高 e）に形を与える（低 e）。材料の変形は生産の一般形だが、すべてのモノづくりは所望の形態への変形、低 e 化であり、仕立てなども含まれる。
④陶器：無定型粘土（高 e）を特定の形にする（低 e）とは情報を埋め

込むこと。粘土をこねて形を作るとは個々の粘土粒子に位置情報を与えることである。変形や切削など成形加工作業は無秩序な粘土粒子に一定の秩序を与えるエントロピーを減少させる仕事、労働である。

⑤ゴミの分別：「混ぜればゴミ、分ければ資源」この標語があちこちの公共の場で見かけられた。エントロピー概念の直接的な表現である。混ぜた状態は高エントロピーで分けられた状態は低エントロピーである。そして「混ぜる」は自然に生じるが、「分ける」には労働、一般には経済活動を要することを示している。

⑥冷暖房：混ざっていた温度（高e）⇒温度を高低に分離（低e）
  ・冷房「30℃⇒40℃＋20℃」に分離して40℃を外（環境）へ放出し、20℃を室内へ。
  ・暖房「5℃⇒20℃＋1℃」に分離して1℃を外（環境）へ放出し、20℃を室内に。

⑦小説：アルファベット24字、いろは51字の雑多な文字（高e）⇒特定の意味のある秩序ある組み合わせパターン（低e）をつくる活動である。

⑧音楽：多様で雑多な音源（高e）⇒特定の組み合わせ（低e）をつくる活動である。

上記①～③はマル経では何を生成していたか疑問視されサービス労働とされていたが、「エントロピーの減少＝エントロピー財」を産出する労働と捉えられる。④は一般的なモノづくり。⑤⑥は①と同じだが、エントロピー概念を使ってより明確に捉えられる。一方⑦～⑧は情報生産の範疇であるが、情報はエントロピー減少系から得られる生産物として捉えることができることを示している。エントロピーを減少させることと情報を生成することは実は同じことでもある。

第二章　非物質的代謝による生産 ＝ 情報財の生産について

6　非物質的財の生産は社会主義への水路になるか

　非物質的財の生産での今後の課題と可能性について物質的財の生産と比べて検討する。ポスト資本主義としての社会主義は資本主義とは異なった生産力基盤の上に築かれるとすれば、それは情報の生産を中心とした生産力基盤ではないだろうか。そうであれば現代資本主義の情報生産のなかに社会主義への水路が見えるのではないか。「所有なき財」「自然との物質的代謝のない財」「特異な性質を持つ財の生産過程」の３点について考える。

6−1　所有なき財：
＊所有なき財は資本主義に不適合：
　「使っても、分けても、減らない」、この特異な性質を持つ財は情報財の定義でもある。一人の取り分のプラスが他者の取り分のマイナスにならない。使っても分けても減らない財は所有する意味がない、つまり「所有」に物理的基盤を持たないと言える。これと対照的に物的財、例えばリンゴは分ければ、食べれば減ってしまうから所有しなければ食べるという効用が得られない。物質財では効用はモノに宿りモノは所有できるからである。マルクスが分析対象とした物的財は生産手段を含めてすべて所有に物理的基盤を持っていて、所有なければ効用も得られない、所有と効用が１：１である。ところが例えば鶴亀算や植木算などの知識は役立つ財だが一度知れば何度使っても効用は減らないから所有と効用は１：∞。しかし一度知れば同じ情報は追加しても効用は増えないから所有と効用は∞：１。物質財は所有と効用は不可分だが、情報は効用と所有が結び付かない財である。これは所有に基盤を持つ権力を無力化できる（資本家によるものでも革命権力によるものでも）という大きな意味がある。物質的財の生産では生産物も生産手段も物質的であるが、情報財は

生産される情報のみならず材料、生産手段、流通まで全生産過程が労働力以外は徹頭徹尾、所有に物理的基盤を持たない非物質的財で構成されている。生産手段の所有に大きな資本を要することが資本主義的生産様式の合理的な存在理由であるとすれば、情報財の生産は資本主義を必要とする合理的理由を持たない。

例えばワードやエクセルを生産手段として生産されインターネットで出荷流通され、工場や機械設備など大規模な資本を要しない。資本主義と社会主義を分かつ分水嶺は生産手段の所有のあり方（私的or社会的）にあるとされていたが、情報財の生産に関しては生産手段の私的か社会的か以前に所有そのものが意味を持たない。資本の役割が消滅している生産過程である。

＊マルクスの「個人所有の復元」は生産手段の非物質化によって現実化するのか：

生産手段の所有者が資本家として生産過程を掌握しているのが資本主義であり、労働過程を担う労働者が生産過程から排除され、疎外されている。情報の生産では生産者は自己の生産手段を自分のパソコンとインターネットとソフトウエアとして所有あるいは共同占有利用している労働者である。生産手段の所有に関しては資本主義以前の小経営と同じ個人的所有の水準である。かといって昔ながらの個別的小生産での牧歌的な生産ではない、ネットワークを経由した高度に結合された知的共同労働、ただし物質的財に媒介されない結合された労働である。マルクスがイメージした「生産手段は私有でなく共同占有され、共同生産はヒエラルキー的でない、権力的中心を持たないアソシエーション的共同体＝個人所有の復元」の一端がここにあるのではないだろうか。

＊生産物としての情報財は誰のものか：

生産物（労働の成果）はそれを生み出した者（労働者）の所有に、が基本的人権の一つとして合理性を持っている。では所有できない

第二章　非物質的代謝による生産 ＝ 情報財の生産について

生産物にはどのように権利を主張できるのかできないのか。

自己の労働から生まれた財であってもはじめから所有できない財、労働者の生産物への権利の主張が意味を持たない、一つの基本的人権の消滅と止揚に通じるのだろうか。

＊所有なき財の生産意欲を生産者が持つためには工夫が必要：

所有から利益を得られないとしたら、所有に物理的基盤を持たない生産物を生産する意欲を生産者が持つためには工夫が必要である。資本主義では物理的基盤に代わって著作権や特許権など擬制的所有制度（秘密の公開と引き換えに独占的使用権が与えられる）が用意され、所有なき財を資本主義的生産様式のなかに埋め込む工夫がなされている。ソ連などの「社会主義」ではこの機能がうまく作動せず社会的活力そのものの停滞の一因ともなっていたと思われる。所有と効用の連鎖が失われている財の生産ではイノベーションを含む生産意欲が失われる可能性がある。

＊オープンソース：

生産意欲維持のための疑似的所有制度とは真逆の現象が資本主義の最先端で起きている。生産した情報を無償で利用することを生産者自身が許容するオープンソースと呼ばれる情報財が広まっている。オープンソースを前提としなければ利用を許さない著作物も現れている。オープンソースはさまざまな形態（著作権の放棄／著作権は保持したままで使用のみ無料などなど）で公共財として機能する知で、そこに多くの知が集積できるので産業全体の発展を格段にスピードアップしている。使っても減らない財だからオープンソース化しても生産者に損はないが、独占によって得られるべき利益が失われる。そうであっても自分が権利放棄した財を多くの他者が共有利用して生産が拡大して、全体の発展のスケールと速度のアップから著作者自身が受ける利益が大きいからオープンソース化が進んでいる。独占より共有が合理的選択となる場合が現実に生まれている。

59

一人は万人のために万人は一人のために、この古い理念の復活であり、アソシエーション的社会を現実のものとする経済的基盤の萌芽ではないだろうか。

6-2 自然との物質的代謝のない財：

多くの未来社会論で社会主義は経済的な０成長社会を可能にするとして０成長を社会主義のメリットとして次世代での社会主義の正統性の根拠として、脱成長の定常経済社会として社会主義的とは拡大・成長を必要としないシステムの象徴として語られることが多い(10)。資本主義の無政府性（高ｅ）と比べて社会主義が持つ制御性（低ｅ）に期待するからである。

しかし社会主義は唯物論の立場から、物質的基盤の充実（それ自体が目的ではなく精神や人間性の発展を支える手段、条件として）がすべての問題の解決に必須なキーであるとの認識に立つものである。もちろん、現代では物質的代謝での地球の有限性が現実化してきたから修正はあるけれど基本には物質的基盤の重視がある。基本的なロジックとしては資本主義の無政府性が社会全体での物的成長を妨げる桎梏となるから、これへのアンチとしての社会主義は制御性の獲得による成長の発展が眼目の一つであった。だから「人間の自由な発展、解放は物的基礎の上に」の認識にある社会主義が次の社会としての座を得るのに０成長を正統性の根拠に置くことには不自然さがあり、理論的にはかなりの工夫を要するはずである。

０成長が望まれるのは「自然との物質的代謝＝自然から／への収奪と廃棄」が地球の有限性と抵触するからである。一方、人間欲望の無限性はこれを封じ込めることができるのか、欲望の無限性の否定は人間の営みの根本、人間存在そのものにかかわる深い問題である。成長一般を否定する前に欲望の方向付けに対応して０成長の中身を具体的に腑分けして論じることが必要だろう。

第二章　非物質的代謝による生産 = 情報財の生産について

　見田宗介「現代社会の理論[11]」では「情報財は自然との物質的代謝がないから自然から／への収奪と廃棄がなく、人間欲望の無限性に対応できる」と人間の欲望の無限性を吸収する可能性を提起している。情報財は自然との物質的代謝なしに人間欲望を吸収でき、環境から／への収奪と廃棄が格段に少ない、上方に向けて開放されている生産財である。未来社会イコール０成長である必要はなく、「人間の自由な発展、解放は物的基礎の上に」を「人間の自由な発展、解放は自然との物質的代謝の最小限化と非物質的代謝の最大限化で」と修正するべきではないか。

　自然との物質的代謝から得られる効用を人間相互の循環的非物質的代謝から得られる効用に代替する、もちろん物質的代謝は人間の生物学的生存に必須だから必要最低ラインはあるが、それを超える欲望は非物質的代謝が引き受けるのである。非物質的代謝による生産は有限な労働から無限の効用を獲得できる。伝統的な社会主義の理念に引き付けて言えば「能力に応じて働き必要に応じて受け取る」を財の供給サイドから可能にするものであり、自然との物質的代謝の最小限化と非物質的代謝の最大限化は「生産手段の私的所有の最小化による支配／被支配関係の最小化」にも通じる。これらは旧来の社会主義の理念を現代につなげるものでもある。

６−３　特異な性質を持つ財 = 情報の生産現場を調べる：

　情報の生産現場を調べる。コピーから創造へ生産過程のシフト、労働の結合、量質転換、分業、労働観、言論、情報の爆発、などについて検討する。

＊生産の中心がコピーから創造へ：

　　生産とは初めの１個を作る創造とそれと同じものを複製する二つの過程から成っている。物質財と非物質財ではどちらの過程が主役（価値形成の中心）になるかが異なる。機械制大工業における物質財の生産では材料と労働の大半を消費するのは複製過程だから創造過程

は無視できて「生産≒複製過程」である。分けても減らない情報財の生産では複製（コピー）はワンクリックで済み材料も労働も不要だから複製過程は無視できて「生産≒創造過程」である。

「生産物が物質か非物質か」と「生産過程が創造過程か複製過程か」、この両面での区分けは労働の結合、分業、労働量の計数、資本の構成などで大きな違いを生む。例えば材料と生産設備と労働を消費するのは物質財の複製過程であり、情報財の創造過程では資本は労働だけである。

＊情報財の生産における労働の結合：

マルクスの時代の「結合された労働」はモノに媒介された労働の結合であった。モノを媒介として労働を結合する場は工場であった。ベルトコンベヤーによってモノと加工機械の近傍に多くの労働者を効率良く配置し、生産機械によって材料と労働を順次、融合一体化させ最終商品を組み立てる。これが工場であり資本である。一方、情報財の生産における労働の結合とは知の結合であり多くの労働者の物理的な集中は不要で、生産工場は非物質的なインターネット空間である。インターネットはモノを介在しない労働の結合、知を結合する場、コンベアに代わる通信の空間である。インターネットは個々の設備に所有者は存在しているが実質的には鉄道のように「準公共財」化している。労働者は自分の端末をインターネットに接続して、インターネット上の知に自己の知を加える。これが社会的な知の結合である。

インターネットは知の結合によって情報の生産をおこなう空間であり、知の結合と集積は「創造過程における労働の結合」であって複製過程における労働の結合とは様相が異なる。創造過程での知の結合は物質財の生産に有効であった指揮命令系統や権力機構に基本的にはなじまない。インターネット上で共有される材料＝情報資源は使っても減らない非物質的資源であり、生産された情報もまた次の

第二章　非物質的代謝による生産＝情報財の生産について

生産サイクルでの新たな材料＝情報資源となる。物質的制約から解放された「労働の結合＝知の結合」は工場などの資本が不要になることと材料の無制限な利用が可能になることによって、時間的な高密度と爆発的な量的拡大を伴って進行している。

＊量質転換：

情報の量的な差が商品における効用の面での質的な差を生んでいることが多い。①字と音と映像では情報量の差はおおよそ１：10：100程度であり②情報の量と性能の関係では例えば家庭用ＶＴＲと放送局用ＶＴＲでは映像の鮮明さの差は情報の量的な差では１：２〜３程度である。この量的な差を超えるのに数十〜百倍に達する費用の差が生まれ、全く別の商品として別の需要を相手に存在していた。どちらも情報量の差が壁となって守られていた産業分野であった。

ところが近年のデジタル技術はどちらの量的な増加も低費用で吸収することを可能にした。1,000円：100万円の費用の差が10円：150円に圧縮されて吸収されたのである。今まではそれとは認識されずに量的な差によって維持されていた質的な差の壁を消滅させ、新しい市場を形成しつつある。これが情報革命を推進する資本主義的駆動力である。マルクスの言う「使用価値の違いが交換価値においては労働量の差に還元される」は情報生産においては「使用価値の違いが情報量の差に還元される」と修正され、その上でデジタル技術によって情報量の増大に対する費用（価値）の増加が抑制され、つまり情報量の大小に不感、になった結果、多くの産業においての量的な差による質的な差異を根拠とする多様性は必然性を失った。市場は拡大したが産業の多様性が不要になって企業数の大規模な縮減が進んでいる。

＊分業：

形相と質料での新しい分業がすすむ。分業とは一つの生産物を作り

上げるのに、質的に異なった部品や機能などの要素に分解し、その後それらを統合する、複数労働／部品の結合を前提した分解と統合による生産過程である。ＩＴ化されたモノ生産では新しい分解の枠組み「形相と質料」の分離が現れる。「形相」と「質料」の分業とは、情報と物質に分かれた新しい分業である。「何をするか」は情報財が、「何でできているか」は物質財が担う分業である。前者は目的、後者は手段とも言えるから、これは「目的と手段」の分業でもある。そして手段は手段の範疇での分業、目的は目的の範疇での分業がある。商品の機能や効用の質的差は主に形相で決まり、ここでは質料たる物的要素への依存は低くなって物質財は質的変化のもととなる量的な差を担う。モノのうち物質財は機能ごとに個別に存在する必要がないから単質化が進み、すべての商品に共通する単質共通モノ商品（コモディティ）化が進み、技術開発が狭い領域に集中して極端な高技術低価格化が進む。ＩＴ化商品ではこれが顕著である。ＩＴ商品の中心的モノであるマイクロコンピュータは、かつては世界の主要電機メーカーの数だけの種類があったが最近ではほとんどアーム社とインテル社など数種のチップに収斂し、その結果単価100円の高性能チップも供給されている。単品種化⇒技術と投資の超集中⇒高性能化と低価格化の両立⇒市場の爆発的拡大、の収穫逓増的循環が生まれている。さらに「何をするか、どのような便利さが得られるか」の情報だけを商品として生産販売する企業が発展しつつある。例えばマイクロコンピュータメーカーとしてのアーム社はモノ生産過程を持たない設計情報だけを売る企業である。

＊労働観[12]：
労働をどう捉えるかという労働観は現実の労働それ自体の内容によるだろう。
生産物が物質的か非物質的財かによって労働の質が異なり、したがって労働観にも影響する。

第二章　非物質的代謝による生産 ＝ 情報財の生産について

マルクス主義の流れのなかには位相の異なる二つの労働観があったように思える。人間存在に必須な強制された必要労働とそこから脱した後の本来的な人間解放の活動としての労働である。

前者は人間の生命維持を担う物質的財の生産で、これこそが根源的でありそこでの労働こそが人類を鍛え、発達させてきた、労働の本質はここにあるとするものである。少なくとも今まではこれは現実であっただろう。後者は未存であるけれど、現代の情報生産の場での分析から推定できるのではないかと思われる。非物質財は生命維持の面からは根源的ではないけれど人間存在から見れば、つまり目的的な面からみればより根源的と言えるかもしれない。前史において人間の文明を作ってきたのは物質財の生産であり、労働もそこにしか無かった。しかし本史においてはそれが非物質財の生産とそこでの労働に置き換わるのではないだろうか。

・労働の実態は階級的区分に重なり侵食されていて、現在の労働観はそこから形成されている：

　労働の区分けは肉体／頭脳労働あるいは単純／複雑、低度／高度、非熟練／熟練など生産に当たって支出される労働の種類でなされることが多い。肉体労働は労働者、頭脳労働は貴族的といった階級区分との重なりも混在していた。単純／複雑労働の区分けは生産過程での計画指揮系統への遠近による区分けで、これも階級区分との重なり、搾取する／される側との重なりが混在していた。労働観は労働の種類自体によるものより階級区分と重なることから影響されていた。これは正常ではあるけれど、マルクス自身による「理論や知識、芸術の生産はモノ生産への寄食、剰余価値の消費」という偏った労働／生産観を生んでいた。

・労働の結果の生産物による区分けによって新しい労働観が生まれる：

　ネグリ・ハートは労働の質ではなく生産物の質で物質的労働／非

物質的労働⁽¹³⁾を区分けしている。生産物の物質性／非物質性での労働の区分けである。労働観は労働の質でなく生産物の質によって大きな違いが生まれる。物質的財の近代での生産はコピーであり食物生産を含めて同一品を高品質で多量生産することだから差を生まない均質性と規律重視の労働が尊重される。これは「汗流す労働が尊く、労働に規律は必要」となる。汗と規律を肯定的に捉えてあたかもそれが労働の本質とも捉えられる傾向を生んでいた。非物質的財の生産過程では創造が主だから、労働においても個／異質性／多様性が尊重される。

・支出される労働の時間計量の再考：
情報の生産においては労働量を労働時間で計量することの妥当性が問い直される。マルクスの「商品の価値の大きさは労働の分量すなわち労働時間によって度量される」は物質的モノ生産においてだけ妥当する。そこでは生産量に対応して支出される個人の肉体的な能力差と労働力再生産に要するエネルギー消費量の個人差がたかだか数倍程度で、平均的労働時間なる概念が有効だからである。ところが情報の生産では効用：生産量：労働時間に比例的な関係があるわけではない。情報財は分けても使っても減らないのだからそもそも交換の対象にならない。生産物が社会に与える効用を生産者への対価の基準とするのが合理的ではあるけれど効用の量的算定は困難である。生産労働者への対価の根拠をどこに求めるのか労働価値説のバージョンアップは必要ないのか。情報生産を担う労働に関しては①有用な労働への対価の算定と②生産物の交換比率の算定のための計量が困難である。使っても分けても減らないのだから効用価値説で重視される希少性も需要／供給も対価の根拠になりにくい。

＊言論は情報生産の一つ：
言論の拡散／蓄積／伝搬には放送や出版など一定の物質的基盤が必

第二章　非物質的代謝による生産 ＝ 情報財の生産について

要であり、旧（現）社会での言論の自由は実質的にはこれら物質的基盤の所有者（資本や国家や党）の支配下にある。現代では言論はインターネット上で非物質に近い状態で流通し、物質的制約から解放されている。物質的制約からの解放は言論流通の量的制約を消滅させ、さらに量的制約によって生じていた質的制約も解消されつつある。インターネットは個と公の差を消滅させ、個から社会への発信の量的爆発が起こっている。従来はある程度安定的で固定的な階層内に限定されていた知の交流と結合が層の境界を破って進んでいる。この量的爆発がどこに向かうのか。例えば社会的意志の結集としての社会変革（革命）のあり方も影響を受け変容するだろう。情報生産の基盤が言論の水準を、民主主義の質的水準を決め、社会の変革のありかたを決めるだろう。一定の経済的、社会的思想的水準に達した社会での変革はマルクスが描いていたものとはかなり別のものとなるだろう。

＊情報の爆発[14]：

インターネットの拡大で人間が生成／利用する情報量が爆発的に増大している。これ以外に機械自身が生成／利用するIoT（Internet of Things）情報も加わって情報爆発が加速している。情報の爆発的増大はエネルギー消費の爆発、非物質的代謝系に巨大災害をもたらす情報メルトダウン、人間の生理的限界との不整合、など物質的世界での有限性限界とは異質な危機をもたらす可能性がある。

・巨大情報の処理には自然との巨大な物質代謝を伴う。巨大データセンター（面積100万ft2×20万KW専用発電所×冷却水を得るため川に直結）が情報爆発に対応するため巨大ＩＴ企業によって世界中で建設が進んでいる。情報通信システム全体で消費するエネルギー量が人類の全消費エネルギーのなかで無視できない割合を占めるに至っている。

・私的利益で駆動された情報の無制約な高速度化と巨大化が人間の

精神活動にどのような正負のインパクトを与えるのか。これらの発展が人間の生理的限界の拡大、効用の増大といった範囲内にとどまるか、人間の意識的制御を超えて非人間的世界に達する負の可能性を無視できない。

おわりに

　本小文は筆者のエレクトロニクス産業でのエンジニアとしての経験[15]をもとに技術的視点で、情報財の生産に関してマルクスと関連付けて、今までのモノ生産と比較しながらまとめたものである。
　田上孝一氏[16]との議論のなかでアリストテレスの「質料と形相」が現代の「物質と情報」に相当するのではないかとの着想を得たことが起点になっている。田上氏には深く感謝したい。ここではマルクス経済学の基礎にある物質的代謝の概念を拡張して非物質的代謝なる概念を導入し「物質と情報」のうちの情報のやりとりを非物質的代謝としている。物的なモノのなかに情報が埋め込まれている、この認識によって伝統的なマルクス解釈での「モノに結実する／しない労働」を「モノの複素数表現」によって統一的に捉えることができ、現代の情報生産にマルクスと整合性を持った位置付けを与えることができたと考えている。
　しかしいくつかの大きな課題が残っている。
  ・生産活動において非物質的代謝なる概念が妥当か。
  ・分けても減らない情報財は交換の対象にはなりえず、したがって商品たりえるのか。
  ・情報の実体化の過程の一つとしてのパフォーマンス労働について分析ができていない。
　筆者は経済の専門家ではないので技術面からの視点への偏りや乱暴な集約や思い込み、大きな勘違いなどが多々あると思われる。ご批判ご討論いただければ幸いです。

第二章　非物質的代謝による生産 ＝ 情報財の生産について

〈参考資料〉

（１）野口悠紀雄 1974「情報の経済理論」文眞堂：情報の生産と拡散の制度設計は未来の経済社会のカギ

（２）金子ハルオ 1998「サービス論研究」創風社：本小文での伝統的マルクス解釈はこの著作に負っている。論争の行方を筆者は十分には把握していないが、決着を見ないままマルクス経済学自体の衰退によって論争自体が不活発になっているようだ。

（３）資本論での「物的財の生産」には物以外のエネルギー生産も含んでいるので、エネルギーの他に情報も含まれるという読み方もありうるがそれでは情報の特異性を読み込んだ分析ができないと思われる。

（４）マルクス経済学批判要綱／第一篇資本の生産過程の最終部分の脚

（５）マルクス資本論7篇

（６）大西広 2014「近代経済学を基礎としたマルクス経済学」、2015「マルクス経済学第2版」

（７）岩田昌征 1983「現代社会主義の新地平」日本評論社

（８）吉田民人 2006「大文字の第二次科学革命」

（９）細野敏夫 1978「エネルギーからエントロピーへ」日本ビジネスレポート Vol 1 .no 5

（10）広井良典 2015「ポスト資本主義」岩波新書

（11）見田宗介 1996「現代社会の理論」岩波新書

（12）今村仁司 1998「近代の労働観」岩波新書

（13）ネグリ「帝国」以文社：非物質的労働とは人を労働対象とする、生産物が物質でない労働で、①知識や情報、非物質的生産物を創り出す労働と②情動労働、精神と物質双方に等しく関係する労働。

（14）インターネット上の流通情報量は 1992 年は 100GB/日だったが、2019 年は 51,795GB/秒と予想。

（15）1987「音声サーバーＬＬ／sony ZL10 system」の商品化など

（16）田上孝一 2015「マルクス疎外論の視座」本の泉社

第三章

マルクス主義と民族理論・民族政策

紅林　進

　郷土愛や民族文化に対する愛着はなくならないと思うし、なくす必要も全くないと思うが、自国や自民族を絶対視し、他民族を排斥する偏狭な民族主義、ナショナリズムは克服しなければならない。マルクス主義は、民族や国家の対立を克服するとされてきたが、かつての中ソの国境紛争や中ソ戦争、中越戦争に見られるように、「社会主義国」間の戦争も起こった。また旧ソ連における民族抑圧や中国におけるチベット問題、ウィグル族など少数民族をめぐる問題など民族問題を解決したとはとてもいえない状況である。一方、植民地や半植民地諸国の独立を求める民族運動は、植民地解放の大きな原動力となった。民族主義、ナショナリズムといっても、抑圧している、あるいはかつて抑圧や支配をしていた国や民族の民族主義と被抑圧国、被抑圧民族の民族主義の役割は区別する必要がある。ソ連崩壊後、東欧、旧ソ連地域で民族紛争が激発した。その悲劇的典型が旧ユーゴスラビアの民族紛争である。そして今日、ウクライナ問題を巡って国際的対立が続いている。民族自決や民族自治はいかにあるべきか、またマルクス主義において、民族の問題はどのように扱われてきたのかを再考する必要がある。

第三章　マルクス主義と民族理論・民族政策

1　労働者は祖国を持たない

　マルクスは、『共産党宣言』(1848年) で、「共産主義者に対して、祖国を、国民性を廃棄しようとしているとして、非難が加えられている。労働者は祖国を持たない。彼らの持っていないものを、彼らから奪うことはできない。プロレタリア階級は、先ず初めに政治的支配を獲得し、国民的階級までのぼり、自ら国民とならなければならないのだから、決してブルジョワ階級の意味においてではないが、彼ら自身なお国民的である。諸民族が国々に分かれて対立している状態は、ブルジョワ階級が発展するにつれ、また貿易の自由が打ち立てられ、世界市場が生まれ、工業生産やそれに照応する生活諸形態が一様化するにつれて、今日すでに次第に消滅しつつある。プロレタリア階級の支配はこの状態をいっそう早めるであろう。少なくとも文明諸国だけでも共同して行動することが、プロレタリア階級の解放の第１条件の一つである。一個人による他の個人の搾取が廃止されるにつれて、一国民による他の国民の搾取も廃止される。一国民の内部の階級対立がなくなれば、諸国民の間の敵対関係もなくなる。」と述べた。

　マルクスは、資本主義化と世界市場が発展すれば、民族間の差異は縮小し、民族対立も消滅してゆくように描いていた。しかしこれは植民地獲得のための侵略や第一次世界大戦という帝国主義国間戦争が戦われたことを見ても、事実と相違する。確かに資本主義と自由貿易、世界市場の発展は、民族間の接触と交流を増し、共通面を増す側面は大きい。しかしそのことは諸民族を一様化し、対立をなくすとは限らない。取り分け、マルクスの生きた自由主義段階の資本主義と異なって、帝国主義段階の資本主義では、帝国主義諸国は民族的差異や対立を意図的に作り出し、利用する側面も増大する。また帝国主義諸国の植民地支配に対して、植民地の民衆が民族意識を高揚させて、民族独立運動に向かうことにもなる。またグローバリゼーションの席巻する今日にあっては、それに対

する反発・反動もあって、逆にナショナリズムや宗教意識が再生・復活している。

2　マルクス、エンゲルスの「歴史なき民族」論

　マルクス、エンゲルスは階級対立を重視して、民族対立は階級対立が消滅すれば消滅すると考えた。従って民族問題自体に対する関心も深い認識や洞察も欠いていた。その最悪の例がマルクス、エンゲルスの「歴史なき民族」論である。イギリス人、フランス人、ドイツ人、マジャール人（ハンガリー人）などの「歴史的民族」[1]に対して、スラブ民族は歴史を持たない「非歴史的民族」とした。スラブ民族のなかでは、ポーランド民族のみを「歴史的民族」とした。各民族はそれぞれの歴史を持っているのであり、何という無理解、蔑視であろうか。それは多民族国家オーストリア帝国の1848年の革命に際して、各民族が革命の側についたか、反革命の側についたかによる、極めて政治的な仕分けであり、その背景には資本主義化が進み、ブルジョワ階級が成長し、従ってプロレタリア階級も成長しつつあるかどうかによって、各民族を区別し、そのような条件のない「非歴史的民族」は「歴史的民族」に吸収され、消滅する運命にあるとするものである。

　またマルクス、エンゲルスは、時代的な制約があるとはいえ、西欧中心史観、西欧文明の絶対視から抜けられていない。「資本の文明化作用」を重視し、イギリスなど先進国により植民地化され、収奪された植民地民衆側からの視点は薄い。アジアの社会や歴史を「アジア的停滞」と一般化し、イスラム文明や中国やインドの文明や社会に対する理解も一面的である。

　もちろんレーニンが主張したような「民族自決権」の主張や、抑圧民族と被抑圧民族を区別して、被抑圧民族を解放するという視点もなかった。

それでもマルクスはイギリスの植民地アイルランドのゲール（アイルランド）民族の独立運動（具体的には、そのなかで社会主義的色彩のあるフィニアンの運動）(2)を通して、アイルランドのイギリスからの独立がイギリス革命を促進するという視点を獲得するに至り、また、ヴェラ・ザスーリッチとの手紙のやり取りを通して、ロシアのミール共同体(3)に対する理解を深め、社会主義への移行におけるその共同体の役割も一定評価するに至る。

3　カウツキーの民族理論

　エンゲルス没後、「マルクス主義の法王」とさえ呼ばれたマルクス主義陣営の指導者となったカール・カウツキーは、民族を「言語共同体」と定義づけ、その独自性を一定程度認めながら、「より小さな民族の言語が徐々に衰退し、やがて完全に消滅し、ついにはすべての文化的人類がひとつの言語、ひとつの民族に統合されてしまう」というように、「世界語」としての「英語」によって世界がひとつの民族に統合されると展望した。

　そして民族を「言語」の共通性だけではなく「民族文化共同体」と見るオットー・バウアーの説を批判し、民族の定義を巡って両者の論争がおこなわれた。

　後にスターリンは、両者の論争から、一部を剽窃して、「民族とは言語・地域・経済生活・心理的共通性の４点をすべて持つ集団。一つでも欠ければ民族ではない」と定義した。しかしこれはスターリンの考え出したものではなく、彼はそれを政治的に利用した。

　なおカウツキーは帝国主義諸国間の協調の側面ばかりを見て、その対立を過小評価(4)し、また彼らの指導したドイツ社会民主党や第二インターの主要政党が帝国主義の戦争政策に協力してゆくなど、レーニンによって「背教者カウツキー」と非難される側面があったし、社会排外主

義への批判の欠如や抑圧民族としての自覚や被抑圧民族の解放という視点も欠けていた。

4　民族自決権を否定したローザ・ルクセンブルグ

　ローザ・ルクセンブルグはユダヤ系のポーランド人として生まれ、ポーランドおよびドイツで活動し、ドイツ革命の途上で、官憲により虐殺された、非常に優秀な共産主義女性革命家である。当時のポーランドは、ドイツ、オーストリア、ロシアの三国に分割され、独立を失っていたが、彼女は民族の自治や民主主義一般の実現は主張するものの、ポーランド国家の統一や政治的独立は主張しなかった。ポーランドは独立するよりもロシアなどと一体化して、資本主義を発展させ、それによりプロレタリアートを育てて、革命への条件を整える途を主張した[5]。
　確かに彼女は、大衆の自発性を尊重し、レーニン流の中央集権的な党組織論ではない、民主主義的な組織論を持っていたし、それは評価する必要があると思うが、理不尽にも何度も周囲の大国に分割占領されてきたポーランド民衆の独立への要求や民族意識を正しく認識していなかったと言わざるを得ない。

5　民族自決権を支持したレーニン

　レーニンの民族認識、民族理論もその初期と、後期ではかなり変化、発展してきた。初期においては、民族問題よりも階級対立を重視し、「連邦主義や民族自治を宣伝することはプロレタリアートの仕事ではない」、「民族の自決ではなく、それぞれの民族内のプロレタリアートの自決に配慮」、「民族自治の要求を支持することは、個々の例外的な場合だけ」（『民族自決権について』）というように、民族自決や民族自治をかなり限定的にとらえていた。単一の民主共和国を主張し、連邦主義も否定し

ていた。

　しかしレーニンは、その著書『資本主義の最高の発展段階としての帝国主義』(『帝国主義論』1916年) を著わすことにより、その民族理論も深化させた。この著作では、資本主義が帝国主義という新たな段階に入ったことを明らかにし、植民地再分割のための帝国主義国間戦争が不可避であることを示し、帝国主義戦争に反対し、戦争を革命に転化することを主張した。また帝国主義諸国からの植民地独立を支持した。そして帝国主義は民族抑圧を伴うものであり、それに対して民族自決権を擁護する必要性を主張した。また抑圧民族と被抑圧民族を区別(1915年「革命的プロレタリアートと民族自決権」)し、大ロシア主義を諫め、抑圧民族としての責任を説き、「エンゲルスのカウツキーへの手紙」(1882年9月12日付)から「勝利したプロレタリアートがどんな種類の幸福であれ、他民族に押しつけるなら、必ず自分自身の勝利を覆すことになる」というエンゲルスの文を引用し、その重要性を強調している。(『自決に関する討論の決算』1916年)

　ロシア十月革命達成直後の11月8日(ロシア暦10月26日)に、ソビエト政権は、第二回全ロシア・ソビエト大会で「土地に関する布告」と並んで、「平和に関する布告」を発表し、「無賠償」「無併合」「民族自決」に基づく即時講和を第一次世界大戦の全交戦国に呼びかけた。この呼びかけは、各交戦国に無視されたが、「民族自決」の呼びかけは植民地の民衆に大きな反響を呼び、翌年1月に米国のウィルソン大統領が提唱した「十四ヵ条の平和原則」にも影響を与えた。

　そしてソビエト政権は、ロシア帝国に支配されていた、フィンランド、ポーランド、バルト三国(リトアニア、ラトビア、エストニア)の独立を認めた。

　レーニンは革命達成後に、かつて自らが主張した、単一の民主共和国を求め、連邦主義を否定した考えを改め、それまでのロシア帝国のような単一国家ではなく、「ソビエト社会主義共和国連邦」という、離脱の

自由（ただし後述するように実際には虚構であったが）を認める各構成共和国により構成される社会主義共和国の連邦という形を採用した。1922年12月30日、第1回全連邦ソビエト大会において「ソビエト社会主義共和国連邦」（ソ連）の樹立が宣言された。

　レーニンはロシア民族が旧ロシア帝国で抑圧民族であったことを自覚するようになり、旧ロシア帝国内の被抑圧民族に、自決権を与えようとしたのである。しかし社会主義革命を守り、資本主義列強の干渉を排し、内戦に勝利するために、実際の行動においては、その原則を貫けなかった場合や、レーニン自身も支配民族としての意識から完全に抜けきれなかった面もある。

　またこのレーニン個人の限界以上に大きな問題は、ソ連では、共産党組織が絶対的権力を持っていて、各構成共和国の共産党組織は、ソ連邦共産党（初期はロシア共産党）の下部組織でしかなく、自決権はないということである。構成共和国は連邦から分離・独立の権限を保障されているとされたが、各国政府は、中央集権的なソ連邦共産党に一元管理されており、「分離・独立の自由」は絵に描いた餅であった。そしてソ連邦共産党のこの一元支配が機能しなくなったとき、ソ連邦は解体したのである。

6　ロシア赤軍によるポーランド進攻（1920年）

　1920年のロシア赤軍によるポーランド・ワルシャワ進攻作戦などは、レーニンの言行不一致の最たるものであろう。確かに、ウクライナに進攻したポーランド軍を追ってのポーランド進攻ではあったが、またポーランドからドイツへと革命を波及させ、世界革命を達成しようという意図があったかもしれないが、このレーニンのロシア赤軍を用いてのポーランド進攻には、トロッキーだけでなく、スターリンさえも、そしてボリシェビキ政治局員の多数派も、「ロシア人が赤軍服を着ていようと、

それは再び民族的圧迫のための戦争としか受け取られない」と反対したとのことである。このことは、かつて植民地支配した日本の軍隊が「革命軍」や「解放軍」と名乗ろうとも、韓国・朝鮮の人々を解放すると称して軍事侵攻した事態を考えてみれば、その重大さが分かる。これこそまさにレーニンが否定したはずの、他民族への「幸福」の押し付けでなくてなんであろう。

7　ユダヤ人ブントに対するレーニンの批判

　時代は前後するが、ユダヤ人ブント（リトアニア・ポーランド・ロシア・ユダヤ人労働者総同盟）に対する、1903年における党大会を始めとしたレーニンによる批判、排撃にも、レーニンの民族政策の問題性が表れている。

　ロシアは20世紀初頭、全世界のユダヤ人人口の半数近い520万人もの世界最大のユダヤ人人口を抱える国であったが、ロシア・ツァーリズム体制の下で、ユダヤ人に対する過酷な差別と抑圧に満ちた社会であり、ロシア人民衆の手によるユダヤ人虐殺であるポグロムも度々起こった。ユダヤ人は農地を持つことも許されず、ゲットーと呼ばれる周囲を壁で囲われた狭く劣悪な居住地に閉じ込められてきた。またロシア・東欧のユダヤ人の多くはイディッシュ語という独特の言葉を話し、多くのユダヤ人民衆はロシア語を解さなかった。そのようなユダヤ人労働者の多くを組織し、ユダヤ人の政治的自由と文化的自治を要求して闘っていた社会主義の一大潮流がユダヤ人ブントであった。

　しかしレーニンは、ボルシェビキの中央集権的・一元的組織原理、単一党原則を脅かすものとして、ユダヤ人ブントを排斥した。そもそも多くのユダヤ人民衆はロシア語を解さなかったためロシア人党員と同じ組織に属しても、会話や政治討議も困難な状況であった。そのようななかで、ユダヤ人を独自に組織し、その上でロシア人などと連合するのは、ある

意味自然なことであったが、一元的組織、単一党原則を重視するレーニンにはそれが許せなかった。しかしこのことはユダヤ人問題に対するレーニンの無理解も示している。レーニンはユダヤ人を民族とは認めようとしなかった。イディッシュ語はジャルゴン（仲間うちにだけ通じる特殊用語、俗語）であって、独自の言語ではなく、ゲットーという「領土」しか持たないから民族ではないというのである。レーニンの周りにはトロツキーなどのロシア語を自由に操る優秀なユダヤ人が多くいたから、そのように誤解したのかもしれないが、理不尽にもゲットーに閉じ込められているユダヤ人大衆の置かれた状況を全く理解していないと言わざるを得ない。

なおユダヤ人ブントは、シオニズムを批判して、ユダヤ人のパレスチナへの移住ではなく、ロシアなどの現居住地での政治的、社会的、文化的解放と平等を求めていた。

スルタンガリエフなどのムスリム諸民族の共産主義者に対する対応も、レーニンはその意義を理解できず、弾圧した限界が、山内昌之著『スルタンガリエフの夢——イスラム世界とロシア革命——』（1986年、東京大学出版会）や白井朗著『20世紀の民族と革命：世界革命の挫折とレーニンの民族理論』（1999年、社会評論社）、同じく白井朗著『マルクス主義と民族理論：社会主義の挫折と再生』（2009年、社会評論社）の二著、とりわけ前著に詳述されている[6]。

8　スターリンによる大ロシア主義的政策と「グルジア問題」

スターリンは、革命前から『マルクス主義と民族問題』（1913年）を著し、レーニンもその民族理論を正しいものとし、革命後、スターリンはレーニンに推されてロシア・ソビエト連邦社会主義共和国の初代の民族問題人民委員になった。

しかしスターリンの民族理論は、先に述べたように、「民族とは言語・

地域・経済生活・心理的共通性の4点をすべて持つ集団。一つでも欠ければ民族ではない」という硬直したものであった。

　そして民族問題人民委員としてのスターリンは、自身がグルジア人であるにもかかわらず、大ロシア主義的態度、政策を採り、当時のグルジアがボルシェビキと対立するメンシェビキの支配下にあったこともあり、同じグルジア人のオルジョニキーゼを司令官として、赤軍を派遣して、グルジア内で蜂起したボルシェビキを支援するとの名目で、グルジア内に侵攻しメンシェビキのグルジア政府を潰した（このロシア赤軍のグルジアの首都チフリス（現トビリシ）占領の日、1921年2月25日は、ペレストロイカ期になって、屈辱の「グルジア併合」の日とされた）。

　レーニンは、ロシア・ソビエト連邦社会主義共和国が他の共和国とともに、各共和国に分離の自由も認めつつ、対等な資格で共にソビエト社会主義共和国連邦を結成すべきであると主張してきた。

　一方スターリンは、各ソビエト共和国は自治共和国としてロシア連邦共和国に加入すべきであるという「自治共和国化」案を推進しようとしたが、それに対しレーニンは大ロシア主義的として批判し、それを阻止しようとした。

　結局、グルジア、アゼルバイジャン、アルメニアのザカフカス（「ザカフカス」とはカフカス山脈の（ロシアからみて）「向こう側」の地域という意味で、この三国からなる南カフカス地域を指す）の各国を独立した共和国としてではなく、これらザカフカス3ヵ国を統合して「ザカフカス・ソビエト連邦社会主義共和国」という形にした上で、ロシアなど他共和国と連邦する形にして、1922年末にソ連邦が成立したが、この統合には、グルジアなどでは、反発も強く、1936年にはザカフカス・ソビエト連邦社会主義共和国は廃止され、グルジア、アゼルバイジャン、アルメニアの各ソビエト社会主義共和国に分割された。

　スターリンは、表面上はレーニンの主張に従うふりをして、「連邦共和国」という形式を採りつつ、実質は「自治共和国」化してゆき、後に

はその自治をも実質奪っていった。

　そして1937年以降から1940年代にかけて、極東沿海州に住む朝鮮人やヴォルガ河流域のドイツ人、クリミア・タタール人、チェチェン人、イングーシ人、メスヘティ・トルコ人、カラムィク人など200万人以上を、日本やドイツに協力する可能性のある敵性民族として、民族丸ごと中央アジアやシベリアに強制移住させた。貨車に積み込まれての移動の途中や慣れない土地の厳しい自然環境のなかで多くの人々が命を落とし、ペレストロイカ期になるまで、故郷に帰還を許されなかった民族、人々も多い。

9　レーニン「最後の闘争」

　レーニンはスターリンのグルジア問題に対する対応を見て、スターリンに不信を抱くようになり、病床（1918年8月30日に銃撃・重傷を負った暗殺未遂事件の後遺症といわれる）のなかで、スターリンの大ロシア主義的な少数民族政策などを批判し（「少数民族の問題または『自治共和国』の問題に寄せて」1922年12月30日〜31日）、スターリンの排除（書記長罷免提案）を訴える手紙（「大会への手紙」1923年1月4日付）など、後に「レーニンの遺書」とも呼ばれる、一連の覚書を口述筆記させるが、それらはスターリンによって握りつぶされ、公表されることはなかった。

　レーニンは、12月31日に口述筆記された覚え書き「少数民族の問題または『自治共和国』の問題に寄せて」のなか、「抑圧民族、すなわち、いわゆる『強大』民族にとっての国際主義とは、諸民族の形式的平等を守るだけでなく、生活の内に現実に生じている不平等に対する抑圧民族、大民族の償いとなるような、不平等を忍ぶことでなければならない」と述べた。

　その後レーニンの病状は悪化し、1923年3月10日には、会話能力も完全に失い、そして1924年1月21日に四度目の発作を起こし、死去した。

享年53歳、若過ぎる死である。レーニンがもう少し長く健在であれば、スターリンの独裁を阻止できたかもしれないことを考えると誠に残念である。

10 トロツキーの「ヨーロッパ合衆国」構想

トロツキーは『民族と経済』（1915年）で、「我々は諸民族の自決権を放棄しようとは思わない。（中略）他方で我々は、経済の中央集権化要求に対して、各々の民族グループの『主権』を対置するような考えから無限に遠い。（中略）民族的要素と経済的要素の弁証法的調和を発見する。すべての民族の自決権の承認は、我々にとっては必然的に、すべての先進諸民族の民主主義連邦のスローガンによって、ヨーロッパ合衆国のスローガンによって補足されなければならない。」と「ヨーロッパ合衆国」を展望している。

またバルカン半島の極度に入り組んだ民族分断とそれを基盤に成立している軍国主義勢力の絶え間ない抗争が、バルカンの経済的、文化的発展を阻んでいるとして「バルカン共和国連邦」を提唱している。

なおユーゴスラビアのチトーは戦後、「ドナウ連邦」（ドナウ諸国関税同盟）構想を追求しようとしたが、それはトロツキーの「バルカン共和国連邦」やカール・レンナーの提唱した「ドナウ連邦」構想とも共通する側面もあった。しかし対等な連邦と東欧諸国の自立化は、東欧諸国をソ連の衛星国化しようとしていたスターリンの怒りを買い、ユーゴスラビア共産党のコミンフォルム除名とチトーに同調する東欧指導者の粛清を招いた。

ところでトロツキーはレーニンが強行した1920年のポーランド進攻に反対（この時はスターリンなどボルシェビキの多数派も反対）し、1939年には、ウクライナ民族の自決権を支持して「独立ソビエト・ウクライナ」の展望を支持した。しかし1921年のスターリン・オルジョ

ニキーによるグルジア進攻と大ロシア主義的対応には明らかな反対はしなかった。レーニンのスターリン排除のための「最後の闘争」にも呼応することはなかった。

11　オーストロ・マルクス主義の強調した「文化的自治」

　ところでハプスブルク帝国（オーストリア・ハンガリー二重帝国）の首都、中欧の文化の中心ウィーンを拠点にオーストロ（オーストリア）・マルクス主義と呼ばれる、ボルシェビキなどのロシア・マルクス主義とは異なる、一群の多様なマルクス主義思想が花開いた。

　そのなかで民族理論においても、多民族国家ハプスブルク帝国（オーストリア・ハンガリー二重帝国）を反映して、独自の民族自治論が生まれた。

　オットー・バウアーやカール・レンナーが強調した「文化的自治」の主張である。これはレーニンが主張し、ソ連である程度実現した「領域的自治」とは異なるものであるが、今日、その意義はもっと強調されてよい。

　オットー・バウアーは、1881年オーストリア（当時ハプスブルク帝国）の首都のウィーンに裕福なユダヤ人繊維工場主の息子として生まれ、第一次大戦に士官として従軍して、ロシア軍の捕虜となり、1917年のロシア二月革命後に釈放されて、オーストリアに帰国し、オーストリア社会民主党の左派の指導者となり、第一次大戦終戦後は、オーストリアの外相も務めた。『民族問題と社会民主主義』（1907年）、『ボリシェヴィズムか社会民主主義か？』（1920年）、『オーストリア革命』（1923年）、『社会民主主義、宗教、教会』（1927年）、『二つの世界大戦のはざまで』（1937年）などの著作を次々と発表し、オーストリア社会民主党の理論的指導者となった。

　一方カール・レンナーは、1870年に、当時オーストリア・ハンガリー

二重帝国領であった南部メーレン（現在のチェコ領）ウンター・タノヴィッツ（現在のドルニー・ドゥナヨフツェ）の小さなブドウ農家の18番目の子どもとして生まれた。農業危機のために家が破産してますます苦しい生活を送るようになったが、ウィーン大学に進学し、法律を学ぶ傍ら、オーストリア社会民主党で社会主義運動に関わった。第一次世界大戦終結直後のオーストリア共和国の初代首相と第二次世界大戦終結直後のオーストリア共和国の臨時首相・初代大統領を務めたことからオーストリアの「祖国の父」とも呼ばれる。かつて「ドナウ連邦」の構想なども提唱したが、それは実現しなかった。

　民族自決権を擁護し、それが可能な地域では、民族独立や領域的自治を実現することは必要かつ重要であるが、民族が混在、混住している地域では、領域的自治を貫こうとすると、領域内の他民族を排除する民族浄化になりかねない。それが最も悲劇的な形で現実となったのが、旧ユーゴスラビアの民族紛争[7]であり、取り分けそのなかでもボスニア・ヘルツェゴビナのそれである。オットー・バウアーなどのオーストロ・マルクス主義者の活動したオーストリア・ハンガリー二重帝国は、多数の少数民族を抱え、しかもそれら民族が混住している地域も多かった。旧ユーゴスラビアのクロアチアはオーストリア・ハンガリー二重帝国領であった。(ボスニア・ヘルツェゴビナやセルビアはオスマン帝国領だった)

　オットー・バウアーは、そのような現実を踏まえて、『民族問題と社会民主主義』(1907年)のなかで、「文化的自治」を主張した。「民族自決」、「民族独立」や「領域的自治」がその領域内の「政治的自決」や「政治的自治」を主張するのに対し、「民族文化」や「言語教育」などの民族固有の文化を居住地域に関係なく（実際には居住地域に無関係でない場合もあろうが）保証するものである。オットー・バウアーが提唱した「文化的民族的自治」は、個人の自主申告に基づいて民族台帳を作成し、地域に基づかない民族毎の公法団体に民族の文化・行政を任せるべきと主張した。

もっとも第一次大戦での敗戦を前にして、革命が起こり、ハプスブルク帝国は解体し、帝国内の主要各民族が独立したため、オーストリアは、ドイツ民族主体の共和国となったため、オットー・バウアーらが提唱した「文化的自治」が実現したわけではない。

　なおレーニンとトロツキーは、ロシア帝国の場合と同様、オーストリア・ハンガリー二重帝国の下にある諸民族の解放は、この帝国を打倒・解体することなしにはありえないとして、オーストリア・ハンガリー二重帝国の解体ではなく、その維持を前提にしての、その枠内での多民族国家の再編を図ろうとしたオーストリア社会民主党とオーストロ・マルクス主義者の民族理論を厳しく批判した。

　またレーニン、そしてスターリンはユダヤ人ブントの指導者ヴラジミール・メデムと並べて、オットー・バウアーやカール・レンナーらを批判・非難したが、オットー・バウアーは自身がユダヤ人であるにも関わらず、ユダヤ人に関しては、同化を唱えた。確かに西欧では、独自の言語を失い、文化的言語的に居住地域の民族に同化しているユダヤ人が多いが、しかし東欧やロシアにおいては、イディッシュ語というドイツ語を母体にするけれども、ヘブライ語やユダヤ系の人々が使う語彙を取り入れたその地域のユダヤ人が日常使う独特の言語を共通にしている文化的共通性を維持していたのであり、この「同化」の主張は自らの唱えた「文化的自治」の考え方と矛盾している。

　ところでこの「文化的自治」という考え方は、「多文化共生」や「文化多元主義」にも通じる考え方であり、今日その重要性は再評価されるべきである。実際、EUが統合されるなかで、ヨーロッパにおける国境の壁は低くなり、これまで国民国家に統合されることを拒否して、独立を主張してきた地域や民族も、独立よりは自治を選択するようになってきている。一時は独立や自決を求めて、激しく武装闘争もおこなわれた北アイルランドやバスクなどでも、独立を求める声は以前ほど強くなくなった。近年のスコットランドやカタルーニャにおける独立を求める動

きはあるが、それらも EU という大枠を前提とした独立構想になっている。さらにヨーロッパではないがカナダのケベック州では英仏2ヵ国語表記など、文化的多元主義が採用されている。

12　民族・植民地問題をめぐるレーニン・ロイ論争

　1920年のコミンテルン第二回大会において、「民族・植民地問題に関するテーゼ」をめぐってレーニンとインド出身の若い共産主義者マナベーンドラ・ナート・ロイ[(8)]との間で論争がおこなわれた。この大会には、レーニンのテーゼ草案とロイの補足テーゼ草案が出された。両者はかなり違う内容のものであったが、レーニンはそれを踏まえた上で、敢えてロイにその補足テーゼ草案を提出することを勧めた。

　レーニンは、植民地諸国はプロレタリア革命の段階に入る前にブルジョワ民主主義革命を経なければならない（二段階革命）ので、植民地諸国の民族解放運動はブルジョワ民主主義革命の意義を有しており、従って共産主義者は民族主義的ブルジョワジーの指導下にある植民地解放運動を支援しなければならないと主張したのに対し、ロイは、「インドのような最も発達した植民地諸国においても、ブルジョワジーは、階級としては、経済的にも文化的にも封建的な社会秩序とは区別されていない。従って民族主義運動は、その勝利が必然的にブルジョワ民主主義革命を意味するわけではないという意味で、イデオロギー的には反動的である。ガンディーの役割をめぐって、我々は決定的に意見が対立した。大衆運動の鼓吹者かつ指導者として、ガンディーは一個の革命家である、とレーニンは信じていた。私は、外見上はいかに革命的に見えようとも、宗教的・文化的に復古主義者たるガンディーは社会的には反動的たらざるを得ないと主張した。」（ロイ『回想録』）そしてロイは「経済的・工業的後進性の故に、植民地の人民はブルジョワ民主主義の段階を経過せざるを得ない、という推定は誤りである」と言い、「真の革命勢力は外

国帝国主義を打倒するだけでなく、次第に前進してソビエト権力を発展させるであろう」とした。

　もうひとつの争点は、世界革命の展望に関わる問題で、ロイは、ヨーロッパの革命運動の運命は、東方の革命の進行に完全に依存しているという見解を主張した。それに対してレーニンは、「ヨーロッパの革命がもっぱら東方諸国の革命運動の発展と力量の程度に依存するなどというのは、同志ロイの行き過ぎである」と反論した。

　しかしレーニンもこの論争を通して、ロイの考えを一部取り入れて、レーニンのテーゼ草案とロイの補足テーゼ草案の双方を各々一部を修正した上で、この大会では、テーゼ、補足テーゼ双方を採択した。その採択された補足テーゼでは、「植民地における革命への第一歩としての外国資本主義の打倒のためには、ブルジョワ民族主義の革命的分子の協力は有益である。しかし、第一の、必須の任務は、農民と労働者を組織して彼らを革命とソビエト共和国の樹立に導くような共産党を建設することである。こうして後進諸国の大衆は、資本主義的発展を通じてではなく、先進資本主義諸国の自覚したプロレタリアートの階級に率いられて、共産主義に到達することができるであろう」とされた。

13　「台湾独立」に言及した時期もある毛沢東

　辛亥革命（1911年～1912年）により成立した中華民国で臨時大総統になった孫文は「五族共和」論（五族とは漢、満、蒙、回、蔵の五民族）を唱えたが、「漢民族を中心に、満、蔵、回などを同化せしめて、漢民族を改めて中華民族とする」（孫文の1921年3月26日演説）というように「大漢民族主義」的色彩が強かった。

　ロシア革命の影響を受け、1921年7月に上海において中国共産党が結成され、1922年7月の第二回党大会では、民族問題に関して、①東三省を含む中国本部を統一して真の民主共和国を作る。②蒙古・西蔵・

回疆の三地域で自治を実行し民主自治邦とする。③自由連邦制によって中国本部・蒙古・西蔵・回疆を統一し、中華連邦共和国を作る。翌年の第三回党大会の党綱領草案では、「西蔵・蒙古・新疆・新海などと中国本部の関係は当該諸民族の自決による」と民族の自決権が強調された。

　1931年11月には、「中華ソビエト共和国」を作ったが、その「憲法大綱」は、「中華ソビエト政権は中国領域内の少数民族の自決権を認め、各弱小民族が中国から離脱して自ら独立国家を樹立する権利を認める。蒙・回・蔵・苗・黎・高麗人などおよそ中国領域に居住する者は、中華ソビエト連邦に加入し、またはそれから離脱し、もしくは自己の自治区域を樹立する完全な自決権を持つ。」と規定した。

　また毛沢東は、1936年7月16日に、アメリカ人記者エドガー・スノーに対し、「満州は取り戻さなければなりません。しかしかつて中国の植民地であった朝鮮は含みません。（中略）我々は朝鮮の独立闘争に対し熱烈な支援を与えるつもりです。同じことが台湾にも当てはまります。中国人とモンゴル人が住む内モンゴルについては、我々はそこから日本を追い出すために戦い、内モンゴルが自治国家を作るよう助けるつもりです」と述べ、「台湾独立」に言及したという。

　日中戦争が始まると中国共産党は、「中華民族」を強調し、「中華民族を半植民地状態、亡国滅種の危険から解放するための戦争」に全民族が結集するように呼びかけ、少数民族の文化や宗教を尊重し、大漢族主義をただすと約束した。日中戦争を通して、中国共産党は、それまでの連邦制の主張から、「統一した共和国」へ、民族の自決権ではなく「民族の自治権」へと後退させた。1940年代は、各民族に自決権を認めるかどうか、連邦制か単一国家かは、明確に方針が固まったわけではなく、模索の時期であった。

　しかし建国後は、一貫して連邦制は否定し、各民族の自決権ではなく、区域自治政策を採り、少数民族には宗教などの文化自治を賦与することにした。新中国の枠組みを決めた共同綱領を起草する1949年9月の人

民政治協商会議では、「多くの同志がソ連に見習って連邦共和国を作るべきだと主張したが周恩来がそれをきっぱり斥けてた」と言われる。そして周恩来はその理由を「帝国主義が民族問題を利用して中国の統一を離間しようとするのをどうしても防がなければならない」「今、帝国主義者が我がチベット、台湾、ひいては新疆を分裂させようとしている状況で、諸民族が帝国主義者の挑発に乗らないように願いたい。この点から、わが国の名称は中華人民共和国とし、連邦とはしないのである」と述べている。また民族工作の責任者であった李維漢は、「わが国とソ連の歴史発展と具体的状況は違うので連邦制を採るのは好ましくないと考え、統一した（単一制の）国家のなかで自治地方制度を採るのがよい」と提案した。党中央と毛沢東はこの提案に賛同し取り入れたという。李維漢が挙げたソ連との違いは次の２点。①ソ連では少数民族の人口が総人口の47％であるが、中国ではわずか６％、しかも彼らの多くは漢族と雑居している。②ソ連は、二月革命、十月革命の時点で諸民族がいくつかの共和国に分かれており、そのためやむを得ず連邦制を採用した。それは将来における国家統一への移行形態だった。マルクスもレーニンもスターリンも、単一国家のなかでの地方自治・民族区域自治を原則としていた（なおこの最後の一文は、前述したように、少なくともレーニンに関しては事実と相違する）。

そして中華人民共和国成立後も統合が遅れたチベットも1951年の人民解放軍の進駐、そして1959年３月の「反乱」を経て、併合された[9]。

14　従属論・新従属論

先進資本主義国の経済発展は、周辺の後進国、植民地からの搾取や収奪により成り立っており、第三世界諸国の低開発は、その経済が先進資本主義国に従属する構造になっているためで、それから脱却するためには、その関係を断ち切る必要があるとする従属理論、新従属理論が登場

して、一時期、第三世界諸国に大きな影響を与えた。代表的な理論家としては、アンドレ・グンダー・フランクやサミール・アミンらである。アルジリ・エマニュエルは国際的不等価交換論を唱えた。中心・周辺の世界システム論を展開したイマニュエル・ウォーラーステインなどもこの系譜に属する。またヨハン・ガルトゥングの構造的暴力論などにも影響を与えたといわれる。

この従属論、新従属論は、かつての植民地諸国が「独立国」として政治的には独立しているように見えても、経済的には新植民地主義に支配されているとする、新植民地主義批判の理論的根拠の一つともされた。

また政治的には毛沢東の自力更生路線とも親和的であった。しかし中国毛沢東路線の破綻やNIES諸国やBRICS諸国、「改革開放」後の中国の「経済発展」により、この従属論、新従属論の理論的影響力も衰えた。しかしその提起した問題は依然大きく残っている。

結びにかえて

近年、ウクライナ内の地域対立、ウクライナ人とロシア系住民との対立、そしてクリミアのロシアへの編入をめぐって、東西冷戦の再来を思わせるような、ロシアと欧米諸国との対立が生まれている。

一方、日本では、この間、尖閣諸島（釣魚島）、竹島（独島）、「北方領土」問題というように領土問題・国境紛争をめぐってナショナリズム、排外主義が煽られてきた。非常に危険な動きである。

これまで見てきたように、マルクス主義はさまざまな民族理論を展開し、そして「社会主義」を掲げた旧ソ連や中華人民共和国は、さまざまな民族問題に直面してきた。そのなかで、領土・国境をめぐる「社会主義」を掲げる国家間の戦争、旧ユーゴスラビアにおける民族間戦争・民族浄化という悲劇的な惨劇も生み出した。

旧ユーゴスラビアなどに多く見られる民族混住地域では、旧ソ連など

で進められてきた「領域的自治」だけでなくて、オーストロ・マルクス主義が提唱した「文化的自治」が改めて見直されるべきであるし、それとも共通する文化的多元主義が尊重されるべきである。日本をはじめ各国で偏狭なナショナリズムや排外主義が台頭しつつあるなかで、この文化的多元主義の意義は益々重要になっている。

トロツキーが提唱した「ヨーロッパ合衆国」は、トロツキーが意図したものとは違う形（社会主義の側、民衆の側からの統合が、資本の側からの統合に先を越されたという側面もある）ではあるが、「ヨーロッパ連合（EU）」という形で、国家を超える一定の地域統合を実現した。もちろんそのなかでもイギリスのEU離脱問題や、ギリシャなどをめぐる問題のように、EU内での南北問題という新たな内部対立を生んではいるが、EUが民族国家を超える、大きな試みであることは事実であり、現実の国際政治にも大きな役割を果たしている。

国境紛争についても、領有権を互いに争うのではなく、その地域の住民の相互利益になる形で、共同管理・資源の共同利用するという発想も必要だと思う。石炭・鉄鉱石を産することにより、長年、独仏間の係争地であった両国国境地帯のルール地方、ザール地方、アルザス・ロレーヌ地方は、第二次世界大戦後、その資源を「ヨーロッパ石炭鉄鋼共同体」という大きな枠で、いわば共同利用する形で、両国の和解・協力、その後のヨーロッパ統合、今日のEUにつながる基礎を築いた。

ところで2014年は第一次世界大戦勃発100周年に当たったが、当初、オーストリア、セルビア2国間の争いであったものが、連鎖的一挙的に世界大戦にまで拡大したのは、軍事同盟という名の「集団的自衛権」の行使であったことも忘れてはならない。民族や国家間の対立を拡大したり、戦争という形で解決するのではなく、互いの違いは認めつつ、共存・協力してゆく道を探りたい。そしてマルクス主義の側も、旧来の発想にとらわれず、新しい現実と向き合うなかで、民族対立を解消する方向で、民族問題に具体的に取り組んでゆく必要がある。その理論体系化は、私

第三章　マルクス主義と民族理論・民族政策

には能力不足でとてもできることではないが、この問題から目を離さないで行きたい。

〈注〉
（１）エンゲルス「マジャール人の闘争」1849年。エンゲルスは「歴史的民族」として他に、イタリア人、スペイン人、スカンジナビア人を挙げている。
（２）エンゲルスは妻がアイルランド人であり、官憲に追われたフィニアンを匿ったが、マルクスのようにフィニアンの運動やそのイギリス革命に対する意義を評価することはなかった。
（３）当時ロシアに残っていた、耕地の定期割替制の共同体。マルクスは、「ヴェラー・ザスーリッチ宛の手紙」（草稿、1881年）で、「ロシアは西欧ではすでに解体した「農耕共同体」が、なお広大な農村を支配している国である（西欧と異なってここでは土地の共同所有から私的所有への転化が問題となっている）。しかもこの共同体は資本主義の危機の時代に同時存在しているので、共同体の解体＝資本主義化の道を通らないで、資本主義の肯定的成果（生産力的遺産）を継承しながら新しい社会（社会主義）へ発展する可能性がある。農奴解放後、この共同体は国家により収奪され貧血状態にあるが、ロシアの革命（それが西欧のプロレタリア革命の合図となり、両者が相補う場合には）をおこなうことにより、この共同体を救済することができる。その場合には『ロシア社会を再生させる要素』となりうるだろう。」と記した。
（４）カウツキーの帝国主義諸国間の協調の側面ばかりを見て、その対立を過小評価する理論は、「超帝国主義論」とも呼ばれ、レーニンによって批判された。
（５）ローザ・ルクセンブルクの民族問題に対する考え方については、加藤一夫著『アポリアとしての民族問題　ローザ・ルクセンブルクとインターナショナリズム』（1991年、社会評論社）に詳述されている。
（６）本論稿の多くは白井朗著『20世紀の民族と革命：世界革命の挫折とレーニンの民族理論』（1999年、社会評論社）や同じく白井朗著『マルクス主義と民族理論：社会主義の挫折と再生』（2009年、社会評論社）の二著、とりわけ

後著に多くを負っている。

（7）旧ユーゴスラビアの民族紛争に関しては、「領域的自治」「文化的自治」という問題以外にも、市場経済による地域間・民族間経済格差の拡大とそれに伴う民族対立の激化、ドイツや米国、バチカンなどの外部勢力の介入、第二次大戦時の民族虐殺問題に正面から向き合うのではなく、その記憶を封印したことによる民族敵対感情の非解消と潜行化、民衆武装体制の下、武器が身近にあったことなどさまざまな要因が複雑に絡み合っている。

（8）本名ナレーンドーラ・ナート・バッターチャールヤ。1886年（1893年ともいわれる）、インドに生まれ、10代で反英独立運動の地下活動に加わり、1915年、武器調達の任を帯びて出国中に反乱計画が露見して、米国に逃れる。1918年には米国でも逮捕状が出され、隣国メキシコに逃れる。そこでメキシコ社会党（後の共産党）に参加して頭角を現し、1919年夏には、ソビエト政府の密使ボロージンとの討論を通して共産主義者になったといわれる。ボロージンからの報告によって、「東洋の革命家＝ロイ」の存在はレーニンの耳にも達していた。モスクワからの招請を受けて、ロイは1919年11月メキシコを発って、ロシアに向かい、1920年のコミンテルン第2回大会に、形式上はメキシコ共産党の代表、実質的にはインド人共産主義者として参加した。

（9）本節の記述の多くは毛里和子著『周縁からの中国　民族問題と中国』（1998年、東京大学出版会）に負っている。

第四章

「成熟社会論」に関する諸論点

大西　広

はじめに

2年余り前、碓井敏正氏との共編著の形で『成長国家から成熟社会へ——福祉国家論を超えて——』という書物を花伝社より出版した。この著作は、『ポスト戦後体制の政治経済学』大月書店、2001年、『格差社会から成熟社会へ』大月書店、2007年に続く3冊目の碓井氏との共編著であり、基本的に以下の一貫した考え方に基づいて編集されてきている。すなわち、

1　現代日本に求められている改革は自由主義的なものである。
2　その趣旨からすると現在の新自由主義的改革にも積極的な側面が含まれており、単なる反対では間尺に合わない。

というものであった。この考え方の上に、2007年の時点では執筆者のなかで「ポスト戦後体制」がゼロ成長時代であることへの基本的合意が形成され、それを「成熟社会」と呼ぶこととなった。この「成熟社会」という言葉は、現在、多くの論者が来たるべき社会を示す言葉として使うようになっており、たとえば2000年以降の書物に限れば次のようなものがある。

・渡部信一『成熟社会の大学教育』ナカニシヤ出版、2015年

第一部　マルクスと現代資本主義

- 金子勇『「成熟社会」を解読する　都市化・高齢化・少子化』ミネルヴァ書房、2014年
- 猪木武徳編『〈働く〉は、これから 成熟社会の労働を考える』岩波書店、2014年
- 樋口美雄、駒村康平、齊藤潤編著『超成熟社会発展の経済学』慶應義塾大学出版会、2013年
- 日本建築学会編『成熟社会における開発・建築規制のあり方 協議調整型ルールの提案』技報堂出版、2013年
- 小野善康『成熟社会の経済学――長期不況をどう克服するか』岩波新書、2012年
- 谷明『成熟社会 これから百年の日本』eブックランド、2012年
- 藤村正之編著『福祉化と成熟社会』ミネルヴァ書房、2006年、
- 浅野清編『成熟社会の教育・家族・雇用システム　日仏比較の視点から』NTT出版、2005年
- 米川茂信、矢島正見編『成熟社会の病理学』学文社、2003年
- ヨアン・S.ノルゴー、ベンテ・L.クリステンセン著、飯田哲也訳『エネルギーと私たちの社会 デンマークに学ぶ成熟社会』新評論、2002年
- 菊本義治、松浦昭、生越利昭編『成熟社会のライフサイクル』リベルタ出版、2001年
- 石井武、辻玲介、冨本國光『成熟社会の経済政策』税務経理協会、2000年

　これらを眺めて気づくことは、近年如何にこの概念が重要になっているかということ、経済学のフィールドで最後の石井他の著作が如何に早かったかということ、そして、雇用や家族、教育といった「社会」内部の問題に多くの関心が向かっているということ（ヨアン・S.ノルゴーらの著作でも同じことが言える）である。我々の著作も後に述べるようにすべてを「国家」の問題とせず、「社会」内部で解決可能なものを探し、したがって、関心の中心を「国家」からより「社会」に向けさせようとする試みとして出版されている。
　しかし、経済学の著作としてそれ以上に重要なことは、こうした「成

熟社会」をマクロ的にも論ずることができているかであって、もっと言うと、低成長ないしゼロ成長という状況と絡ませて論ずることができているかであろう。そして、そのように見た場合、ひとつには小野善康著や樋口美雄他編所収の齊藤潤の諸論文などが重要となろう。2007年以降の我々の著作も「ゼロ成長不可避論」をその認識の基本的出発点としており、同じである。この点では、小野善康著や樋口美雄他編著より何年も早くからの主張であったことを確認しておきたい。ゼロ成長については、「成熟社会」とのタイトルを持たずとも、"榊原英資『戦後70年、日本はこのまま没落するのか　豊かなゼロ成長の時代へ』朝日新聞出版、2015年／水野和夫、大澤真幸『資本主義という謎──「成長なき時代」をどう生きるか』NHK出版、2013年／橘木俊詔、広井良典『脱「成長」戦略』岩波書店、2013年／中野剛志他『成長なき時代の「国家」を構想する』ナカニシヤ出版、2010年／岩村充『貨幣進化論──「成長なき時代」の通貨システム』新潮社、2010年／『季刊ピープルズ・プラン』第59号、ピープルズ・プラン研究所、2012年の特集：「「成長なき時代」を生きる　政治の危機」" などがここ数年続々と出版されるようになっている。2007年に出版した我々の書物はこれらにも先行している。

　ただし、ここで強調しておきたいのは、単に先行しているだけではなく、我々はこの問題──ゼロ成長や成熟社会といった問題──をマルクス主義の文脈で論じていることである。逆に言うと、我々の2007年の出版からすでに9年が経ち、我々としては2冊の編著を出すに至っているが、未だにこの論点を正面に据えた本格的なマルクス主義文献が非常に少ない（1つの例外は小西一雄『資本主義の成熟と転換』桜井書店、2014年である）。これはこの点でマルクス派の議論が大きく遅れていることを示している。このため、この領域の議論の活性化を願い、ここに改めて必要な諸論点を整理して示すこととした。趣旨をご理解いただければ幸いである。

第一部　マルクスと現代資本主義

1　社会主義との関係および変革の激進性について

　ところで、こうして「マルクス主義的」にこの問題を論ずるとすれば、必ず回答せねばならなくなる課題としてこの「成熟社会」が体制ないし体制転換とどのような関係にあるかという問題が浮上する。ここでの「体制」とは資本主義か社会主義という「体制」、「体制転換」とはそうしたレベルでの転換である。しかし、この点では今回の共編著では「成熟社会」が「当面」の「目標」としての「中期的な国家像」（69、74～77ページ）であるとし、事実上それが「社会主義」への過渡であると主張していることとなっている。たとえば、本書22ページではマルクスの描いた共産主義（アソシエーションとしての社会主義）の基本的特質としての「国家機能の市民社会への再吸収」の前提は「自立した個人が自由に協同し、政治的業務（司法や教育を含む）を自ら担う」という関係の成立であり、それが現在市民社会レベルで成熟してきていると述べている。また、23～24ページでは「成熟社会」とは「同一体制内での漸次的な変化による」社会の発展だとしている。つまり、現在の市民社会を如何に成熟させるか、という問題の延長としてあくまで社会主義を捉えるという立場を表明していることになる。私自身も加わった編著であるが、文字の上でも改めてこのような主張となっていることを確認しておきたい。

　しかし、こうしてここまでは筆者間の一致が得られても、本書に対する聽濤（2015）の書評で指摘されたようにここから先の認識には微妙な差異が本書のなかにも現れており、私はゼロ成長社会における左右の政治対立の激しさ、「食うか食われるか」の「階級対抗」の激しさを強調した。特に、このことをヨーロッパにも共通したゼロ成長の一般的特徴としていることを強調しておきたい。体制転換に人間・社会の成熟が先行しなければならないとしても、体制転換自体の激しさや「激進」の可能性を強く主張していることとなる。2015年におけるギリシャの総選挙における急進左翼連合の圧勝（中道右派と中道左派の2大政党制の崩壊）や

第四章 「成熟社会論」に関する諸論点

イギリスのEU離脱投票、白人労働者層の反乱としてのトランプの当選などもその例であろう。

　実際、ゼロ成長では労働者の所得が伸びなくなるばかりでなく、企業業績も振るわず、よって倒産などの確率も増えるから、これは確かに労資双方にとって困難な時代である。そして、そのために双方の要求水準はいよいよ高まり、たとえば資本の側は今までは許容してきた農業保護政策の廃止を要求し、消費税増税とセットになった投資減税を迫り、武器輸出三原則の撤廃を迫り、無理な円安を迫る。ので、労働者・農民の側も通常の構えでは自身の生活基盤を守れなくなり、そのために元々は自民党支持だったような人々までが運動に参加するようになる。我々が現在、政治の世界で目撃しているのはまさにこのような現象である。マルクスは恐慌が労働者を立ちあがらせると言った。現在の日本のゼロ成長は循環性のものではないが、労働者・農民が立ち上がらざるを得なくしているという意味では同じである。これがゼロ成長の政治的帰結である。

　なお、このゼロ成長論と社会主義に関わって提起されている問題に、「赤と緑の連合」という問題がある。これは、望田（2015）の本書書評でも提起されているが、要するに「成長至上主義批判」として提起されているエコロジスト的な運動（緑）とマルクス主義的な社会運動（赤）との間に生まれている現実の共同を理論的に説明されたいとの提起である。「ゼロ成長論」は当然に「成長至上主義批判」の論点と近いものを持っているので至極当然の問題提起である。確かに本書でももっと明示的にこの論点が触れられるべきであった。反省している。

　しかし、私に関する限り、この視点は長く保持してきた当初からの視点であった。というより、当の望田氏が永年この問題を提起されていたので、そのひとつの回答として2000年代の当初から「ゼロ成長論」をマルクス主義的に説明する枠組みの開発に関わってきた、というのが順番である。その回答とは次のようなものである。すなわち、マルクス主

義は「生産力主義」であるからそこでの「ゼロ成長論」は「ゼロ成長の選択」ではなく、「ゼロ成長が不可避」という論理のものでなければならない（ただし、ここでは１％程度の成長は「ゼロ成長」と呼んでいる）。先進諸国では減価償却分を超える以上の資本蓄積はマクロ的にはその投資に見合う回収をなしえないので、それを中止するのが生産力的に合理的となっている、という論理によるものである。そして、この点こそが「反生産力的」に成長や資本蓄積に反対するエコロジストとの相違点となっている。が、少なくとも現状で「これ以上の（減価償却を超える）資本蓄積に反対」しているという点では同じである。あるいは、もっと言うと、反原発運動や公共事業への反対運動など現実の運動に参加している多くの市民たちはそうした諸論点を整理しているわけではない。実際には、エコロジスト的運動なのか「生産力主義的」＝マルクス主義的運動なのかを区別せずに運動参加者は闘っている。しかし、ともかく、マルクス主義は時代状況と無関係に公共事業に反対しているわけではないから、こうした「共同」が成立するようになったのは、状況が先進国化したから、あるいはもっと言って資本蓄積を第一義的課題としない社会＝「社会主義」が近づいてきたからであると言える。私はこのことを大西（2012）の143ページで明示的に論じている。参照されたい。

2　小泉政権時から変化した安倍政権下の階級対抗

　こうして、原発や公共事業への依存体質からの脱却を求める運動は「成熟社会論」に親和的であり、さらに言うとそれは「小さな政府」を求める運動として存在していることが重要である。2014年末の総選挙でも共産党は躍進したが、実は我々の最初の編著が出された直前2001年の参議院選挙でも共産党は躍進している。そして、その際の主要なスローガンは公共事業依存体質からの脱却であった。当時は吉野川河口堰や神戸空港問題、有明海干拓問題や滋賀における新幹線駅建設問題などがあ

り、公共事業への依存体質が大きな問題となっており、その脱却を求める運動は「小さな政府」を求めるものとして客観的には存在した。そして、そのため、その運動の側に立っていた共産党にも風が吹いてその躍進を実現したのである。ちなみに、小泉純一郎はこうした状況を見て「小さな政府論」に急旋回する。いわば誰が「小さな政府論」を主張するかで政治の流れが変化をする、という状況が生まれていたのである。

　もちろん、原発や公共事業への依存体質に反対する「小さな政府論」と小泉純一郎の「小さな政府論」とは異なり、後者は国民に多くの痛みを強いるものであった。ので、約５年の小泉内閣時に彼の政策体系に反対するスローガンとして「反新自由主義」が左翼勢力によって掲げられたのは当然のことであった。ただし、これは我々の側の「小さな政府論」を放棄することを意味してはならないし、同じことであるが、社会のあり方が大きな意味で国家依存から脱却しなければならないことを忘れてはならない。しかし、そのことを忘却したスローガンとなることによって、結局、共産党、社民党などの勢力はこの期間に大きく国民的支持を失うこととなった。この誤りは繰り返されてはならない。

　しかし、ここでより重要なことは、政治の基本的な構図は大きく変化し、現在の安倍政権下で問題となっている多くのイシューは「新自由主義的」なものではなく「新国家主義的」なものないし「大きな政府的」なものとなっていることである。憲法改悪・集団的自衛権・沖縄の新基地建設・靖国参拝・学校教育法の改悪・秘密保護法の制定といった正真正銘の国家主義からアベノミクスや消費税増税、原発依存の電力政策といったケインズ政策／「大きな政府」的なものがずらりと並んでいる（原発依存の電力政策への「われわれ」の対抗策は「電力供給の自由化」である）。この状況下でも「反新自由主義」をスローガンに掲げるような「新福祉国家論」は時代錯誤と言わざるをえない。

　ただし、それでも、かといって現在の「われわれ」の対抗軸を「小さな政府論」だけでカバーできるかといえばそうではない。教育の機会均

等や最低賃金の問題、さらには所得再分配の問題も無視するわけにはいかないからである。これらは広義の「貧困問題」であり、この点が我々の編著の弱点として存在することを否定することはできない。基礎経済科学研究所が2014年12月13日に開催した現代資本主義研究会の場で書評者の田添篤史氏がおこなったコメントにもその論点が含まれていた。要検討である。

　なお、こうして「反新自由主義」でも「小さな政府論」でもない、より適切なスローガンは何かと問われると、私は「反帝反独占」だと主張している。TPP、集団的自衛権、憲法、沖縄といった諸問題にしても、アベノミクスや消費税増税、電力独占の問題にしても、それらはアメリカ帝国主義と日本独占資本の支配の問題だと一括することができる。ので、スローガンは「反新自由主義」でも「小さな政府論」でもなく、誰の支配から日本を脱却させるべきか、という問題として提出されなければならないと私は考えている。これは日本の支配層を「日本独占資本」のみで理解できるとの解釈でもよい。それらの支配者は時に政府を大きくし、時には逆に小さくして自らの利益を貫こうとしている。したがって、時どきの状況でスローガンを変えるのではなく、彼らの一貫した支配こそが暴露されなければならない。スローガンのあるべき性格の問題として指摘しておきたい。

3　市場メカニズムと「小さな政府論」についてのいくつかの補足

　ただし、こうはいっても、私（われわれ）の成熟社会論はある種の「小さな政府論」であるので、その立場から最後に何点か付言しておきたい。そして、その第一の論点は、「小さな政府論」が主張する市場メカニズムの重視は必ず格差を生むのかどうかという点である。世の中では市場原理＝格差拡大とのあまりに短絡的な議論が横行しているので注意喚

第四章 「成熟社会論」に関する諸論点

起のために付言するものである。

　たとえば、一般に市場競争は強者の利益にしかならないと言われるが、ここでの競争をまず企業間競争としてイメージすると、ここで言われている「強者」は正確には「生産性の高い企業」であり、それは必ずしも「大企業」ではない。本来は日本独占資本によって支配されている「中小企業」であっても、自由平等な市場競争場裏においては生産性さえ高ければ生き残れるわけで、それは良いことである。その場合には自由平等な競争を阻害する各種の圧力こそに反対すべきであって、それは言い換えると「競争原理の貫徹」を主張することになるからである。したがって、問題は、多くの場合大企業の方が中小企業より生産性が高いこと、言い換えると「規模のメリット」が働いてしまうということが「競争原理では大企業のみが得をする」という状況の前提となっていることである。逆に言うと、「規模のメリット」の働かない特定の業界では逆に中小企業の方が大企業よりも強く、競争場裏でも十分に生き残れることとなる。市場競争はいつでもどこでも日本の支配者であるところの大企業（独占資本）にとって有利なわけではないのである。議論は緻密に展開されなければならない。

　先に「社会主義論」との関係でも少し言及したように、我々の編著の立場はマルクスの述べた「国家機能の市民社会への再吸収とは何か」を真剣に考えようとする試みのひとつとして存在する。マルクス主義的には国家は階級支配の道具であるわけだから、階級支配の必要がなくなった場合、それは市民社会に再吸収されなければならない。が、その「再吸収」とは具体的には一体どのようなことであるのかをマルクスが明らかとしたわけではない。このため、マルクス死後１世紀半の後に住む我々は資本主義の発展した姿のなかからその問いへの回答を探し出さなければならない課題を背負っており、その作業を我々は行って来た。そして、その回答の試みとして私が提起しているのが、本稿注２）で言及した「株式会社社会主義論」である。国有企業ではなく民間企業でありつつも「生

産手段の社会化」が生じるとすればそれはどのような姿かについての試論である。また、この「株式会社社会主義論」が対象とする上場企業のイメージとは異なるが、NPOなどの小さな「社会的企業」群が果たし得る福祉サービスなどの「民間的」な供給にも我々は注目している（今回の共編著の第5章など）。この領域で活動する実際のこれら企業には、ワタミに代表されるように問題を抱える企業がどうしても目につき、私も2001年の最初の共著ではその問題を強調した。しかし、どんな新しい試みも、それが最初に問題だらけで出てくることはある。そのことを考えれば、この新しい「民間的」な福祉供給の在り方をどう改善し発展させていくかに将来のビジョンがあるのだと現在我々は考えている。なお、前回と今回の共編著で労働組合運動論を特別に取り上げているのもそうした文脈からである。国家に依らずに資本・労働間の第一次分配を改善できなければ国家の介入が必要になる。だから、それを不要とするには個々の職場における労働組合の自力での交渉力がどうしても必要なのであって、その条件について論じたものである。

　さらにまた、この「国家機能の市民社会への再吸収」という問題を提起するもうひとつの趣旨としての「公務員の働き方」の問題にも言及しておきたい。高校生たちに広く支持されている現役高校生シンガーソングライターに竹友あつきというシンガーがいるが、彼は高校の現場を「先生は公務員。いつの日も。常識や道徳板書する。……」と歌って批判している。これには「公務員」に対する何らかの誤解も含まれようが、他方で公務員の世界が「事なかれ」で生きていかなければならないという現実の問題を直視することも重要であろう。私に言わせると、「国家機能の市民社会への再吸収」の問題とは、このような問題にも及んでいる。今回の共編著では碓井氏が国家的福祉制度に付随する措置制度の問題を指摘しているが、私としてはそれに加えてこの「事なかれ主義」にどうしてもなってしまう公務員制度という問題にも注意を喚起しておきたい。真に成熟社会を勝ち取るためには不可欠の課題のひとつであるからである。

4 「生産力主義」的な「所得再分配論」について

　こうして、我々はやはり「小さな政府」を基本とする考え方に立っていることを再確認しないわけにはいかないが、それでもなお、ある種の政府機能の強化の必要を認めないわけにはいかない。そのひとつは、前回と今回の共編著で神谷章生氏が論じている地方の活性化の問題であり、もうひとつはやはり教育の機会均等の問題であろう。たとえば、日本の高等教育進学率は韓国や中国の沿海大都市を下回り、先進国のなかでも中位に達していないが、この原因が世界的に見て突出した高額費と貧困層の存在にあることは説明するまでもない。ので、まずは権利論として「教育の機会均等」のための国家的措置の必要性を認めないわけにはいかない。が、ここではそれに加えて「権利論」とは異なる文脈での貧困層の教育保障を強調しておきたい。それは、いわば「生産力主義的」な教育保障論である。

　というのはこういうことである。たとえば、明治維新の前後に日本は国家的なコストを払って少数の留学生を欧米諸国に派遣したが、この費用支出は「平等主義政策」としてなされたものではなく、その後の国家建設という「生産力的」な必要性から説明されたものであった。逆に言うと、森鴎外をはじめとする留学生たちは当時の金持ち階級に属していたわけであったが、こうした「逆再分配」も「生産力的」には許容されたのである。そして、もしそうすると、今度は貧困家庭に眠っている優秀な人材を掘り起こすためには（これが今後の日本の生産力発展に不可欠との認識を前提としてではあるが）、彼らの進学を国家的に保証しなければならない。それは「再分配による平等化」を目的としたものではなく、ただ「生産力発展に不可欠」という論理から言えることである。論理の違いに注目されたい。

　特にこの論理の問題を重視したいのは、よくよく考えてみるとマルクス主義の革命理論も、それを「正義」や「平等主義」の観点から主張し

ていたのではないからである。つまり、ある社会体制は生産力発展の桎梏と化した時に初めて廃棄されなければならないとマルクス主義は論じ、そこでは「正義」は重要ではない。たとえば、戦後の農地改革や1949年の中国革命は有無を言わさず地主から土地を取り上げて農民に分配したが、そこでは過去の各種の「正義論」は一切葬り去られ、意味のないものとして扱われた。これは、それらの土地の所有権がどのような経緯で現在の所有者に移ったのかなどの「ブルジョワ的正義」が全く別の「正義」にとって代わられたのだとも表現できるが、同時に「一部の人々の不利益」を上回る「社会全体としての利益」＝社会的生産力の発展を「正義」に優先する判断基準として提起したのだとも言える。そして、もしそうだとすれば、貧困家庭に眠る優秀な人材のために国家が「所得移転」をすることがあったとしても、それが「革命的」に認められることはありえよう。その際には、その「所得移転」がブルジョワ的「正義」にとってどう見られようと知ったことではない、となろう。これがマルクス主義の本来の「生産力主義」である。

　したがって、貧困家庭子女にもしこうした教育保障がおこなわれても、これは「所得再分配」といった分配政策なのではなく「生産」に関わる政策として理解することができる。たとえば、「高等教育の無償化」などは「教育政策」であって、「再分配政策」ではない、というように、である。

　ただし、こうした諸政策も人々の合意によってしか現実には成立しえないという意味では、たとえば「教育機会の不平等は間違っている」というような合意、さらにはより根本的に人間の平等性を求める人々の合意の成立を条件とする。そして、それは「人間」のレベルにおける成熟を意味することとなろう。我々の今回の共編著は第1章第3節で、大西（2012）でもその第1章第3節でこのことを特別に重視し、共編者の碓井敏正も碓井（2015）で改めて人間の問題を強調している。社会の制度は相対的に速い転換が可能であるが、こうした人間のあり方の転換には

時間がかかるので、その意味では「成熟社会」が本当に来るにはゼロ成長への転換後少なくとも数十年はかかるかも知れない。私はそれが本当の「社会主義」だと考えている。「成熟社会論」の重要問題として最後に強調しておきたい。

〈参考文献〉
（1）碓井敏正（2015）『成熟社会における組織と人間』花伝社
（2）碓井敏正・大西広編（2001）『ポスト戦後体制の政治経済学』大月書店
（3）碓井敏正・大西広編（2007）『格差社会から成熟社会へ』大月書店
（4）碓井敏正・大西広編（2014）『成長国家から成熟社会へ』花伝社
（5）大西広（2012）『マルクス経済学』慶應義塾大学出版会
（6）聽濤弘（2012）『マルクス主義と福祉国家』大月書店
（7）聽濤弘（2015）「書評　碓井敏正・大西広編著『成長国家から成熟社会へ』」『季論21』第27号「季論21」編集委員会
（8）望田幸夫（2015）「書評　碓井敏正・大西広編著『成長国家から成熟社会へ』」『人権と部落問題』2015年2月号、部落問題研究所
（9）山下裕歩・大西広（2002）「マルクス理論の最適成長論的解釈——最適迂回生産システムとしての資本主義の数学モデル——」『政経研究』第78号

第五章
子どもが安心してインターネットを使える社会としての民権型社会主義
——インターネット上の少女タレント・春名風花とその周辺の観察から——

平岡　厚

はじめに

　春名風花（はるな・ふうか、本名、2001年2月4日〜）という、声優志望の少女タレントが、両親の同意の下でtwitterを運営している。当該twitter（https://twitter.com/harukazechan）主宰者としての彼女は「はるかぜちゃん」と名乗り、それをファンとの日常的交流に用いているが、その内容が非常に面白く、フォロワーの数は2016年12月の時点で約17万人である。趣味は、漫画を含む読書で、自分よりかなり年上の青少年向きの書を好んで読んでいる。2010年12月、東京都青少年育成条例を、雑誌などにおける性や犯罪に関する表現を制限する方向で改定すべきか論議されていた折、9才の子どもとしては極めて論理的で筋が通った反対意見[1]を述べて注目された。その後も2012年8月16日の朝日新聞に「いじめ」について寄稿し、いじめる側が想像力を持つことによる「いじめ」の克服を訴えている[2]。

　一方、彼女のtwitterの観察者の彼女への評価は、両極端に分かれている。すなわち、絶賛する者が多数いる反面、相対的に少数であるが彼女に対するテロを実行しかねないほど反感を持つ者もいるらしい。彼女のtwitterには、非難の「つぶやき」が殺到する「炎上」がしばしば起きていたが、そのうちに、「死ね」などの暴言の着信が増加した。こ

第五章　子どもが安心してインターネットを使える社会としての民権型社会主義

の現象は、「いじめ」問題についての朝日新聞上での彼女の発言[2]の後、特にひどくなり、また、2012年11月1日の彼女自身の「エゴサーチ」（ネット上における自分への言及を調べる行為で、芸能人は随時おこなっている）により、「はるかぜちゃんをナイフで滅多刺しにしてドラム缶にセメント詰めて殺したい」という「つぶやき」が、前日に他所で投稿されたことが見つかった。これについては、彼女は、母親とともに警察（横浜市在住のため神奈川県警）に出かけて相談し被害届を提出したが、2013年3月3日の彼女のtwitterでの報告によると、海外のサーバーを利用したものなので神奈川県警は発信元を特定できなかったそうである。暴言の着信・発言は、「殺害願望発言」の後も、彼女のtwitterを含むネット上で続き、彼女が体調を崩したこともあったので、「だから子どもにはネットを利用させるな」という意見も少なくなかったが、それに対して、彼女は、「他人に平気で死ねとか殺すという人が放免されて被害者が悪いことになるのは間違っている」「幼稚園でも小学校でも、人の不幸や死を願うのはいけないと教えているのに、それを無くそうとして注意したり闘ったりするのを何故とめるか」「子どもが安心してインターネットを使える社会にしたい」と反論し、自分に暴言をぶつけて来る相手の発言の一部を非公式リツイート（RT）で引用して、やりとりを見ている者全員に先方のアカウントを晒して、そのような主張を展開した[3]。これにより、16万人余の彼女のフォロワーの一部による加害者への同様な報復攻撃や、twitter会社へのスパム報告（不正使用の告発）にもとづく多くのアカウントの凍結、という事態が生じた（同様な現象は、その後も時どき起きている）。また、彼女が運営しているtwitterを含むネット上では、彼女への暴言や誹謗・中傷の着信・投稿が常態化しており、2016年12月の時点で彼女を非難する為に立上げられた2ちゃんねるのなかのスレッド（投稿数の定員が各1,000）の累積が170を超えている他、HPの一部を明らかに彼女への誹謗・中傷が目的で作っている、と思われる例[4][5]も存在する。

「両極現象」の社会的背景

　以上のように、「はるかぜちゃん」（少女タレント・春名風花）に対するネット上の評価は、現時点で二極分解している傾向がある。その背景について、主としてインターネット上の情報にもとづき検証・考察をおこなった結果、「彼女への非難は基本的に根拠のない言いがかりであり、不公正で恣意的なネガティブ・キャンペーンにすぎない」と結論した[6]。具体的な根拠は既報[6]に示したが、彼女に対してそれらの誹謗・中傷をおこなう一群の奇妙な人々（多くは成年男女らしい）の共通する挙動は、彼女のtwitterなどでの発言内容の一部をことさら悪意を持って解釈し、それを「彼女は悪い奴である」という宣伝に利用する、という手法の多用である。彼等は、認知機能の異常の為にゆがんだ「はるかぜちゃん」像を、自分たちの心の中にでっち上げて共有し、それを集団攻撃している。彼等の手によって、勉強とタレント活動を両立させながら声優を目指してがんばっているまじめな女子高校生が、そのような実像とかけ離れた人物として、ネット上に描き出されている。彼等は、ブラック企業の経営側が、法律で守られているので表向き手が出せない労働組合活動家に対するように、一人の少女が小6～高1までの間、彼女をいかなる汚い手段を用いても打倒・排除すべき重大な脅威・強敵と認識し、自己防衛の為に、その作業に打ち込み続けているように見える。そのなかの一人が、実行する意思の有無はともかく、素手でおこなうことが物理的に可能な相手の殺害を実行する方法を想像して、「ナイフで滅多刺しにして、（生き返ると怖いから）コンクリート詰めにする」と匿名でネット上に発表したのは、その種の「ネコがトラに見える」心理状態に陥っていることを示唆している。

　他人に向かって「死ね」と言うことが、どのように道徳的に悪いのかについての考察[3]をはじめ、彼女がネット上で言っていることの多くが、人種、性別、その他の多くの人間の諸属性を越えて普遍的に正しい

第五章　子どもが安心してインターネットを使える社会としての民権型社会主義

ことなので、現在、彼女を敵視している者も、かつては、同様な認識を持ったり、それを聞いて賛同する人間であったが、ある時点で、何らかの原因で「変節」したと推定できる（「変節する」とは、「自分を含むすべての人間は、常に一定の尊厳をもって取り扱われるべき存在である」という信念を堅持できていない状態になることである）。「変節」の原因としては、学校での「いじめ」や、その誘因である管理主義的教育、家庭での虐待や不当な扱いなどの他、新自由主義・市場原理主義が跋扈する昨今の格差社会における諸精神的ストレスなどが考えられる。一般的に、充分な自己肯定感を持つように育って来なかった者や、利益誘導・脅迫によって動かされ易い者は、人生初期の外圧により「変節」させられ易く、また、一度「変節」すると自己肯定感がさらに弱くなり、「変節」の「負のスパイラル」に陥るのであろう。実際、「近年、そのような育ち方をしている子どもが多いことは問題である」という指摘[7]もある。自分は「変節」により何らかの利益を得た、と主観的には思っている人々は、「変節」しない相手を、そのメカニズムを破壊して自分たちの既得権益を損なう者と認識してもおかしくない。また、彼等の当該「変節」体験には不快なものが含まれているので、その不快感が、自分の「変節」を正当化した後も当人たちの潜在意識に残り、その為、それを思い出させるものに会うと心的外傷後ストレス障害（PTSD）に類似する症状が出て、「変節」していない相手に対して余計に攻撃的になるのであろう。

現在、自分の生活条件を悪化させている社会の仕組みや政治のあり方を問題にすべき時に、自己責任論にマインド・コントロールされて自分が悪いからだと思ったり、公務員や生活保護受給者、在日外国人などが悪いと信じて攻撃している者は、「変節」した結果として、そういう人間になったのであり、そのような人間が彼女の「アンチ」側になりやすい、と推察できる。人間は「変節」してはならず、また、「変節」を正当化してもならない。故に、社会から人間を「変節」させる条件を除き、また、すでに「変節」した人間が、その正当化を断念して自分を「変節」させ

るべくマインド・コントロールした者(特定の個人よりは、むしろメカニズム)を糾弾する側に回り易い条件を整える必要があり、そうなるよう社会を進歩させるべきである。因みに、不当な扱いにより「変節」させられた者が、そこからの脱出に成功した者を攻撃する場合もあるらしく、例えば、第二次世界大戦における日本軍の性奴隷(従軍慰安婦)制度の被害者のうち、未だマインド・コントロールが解けない一部の日本人被害者が、声を上げられるようになり支援者もいる外国人被害者を「ずるい」と非難している、という指摘[8]がある。なお、性奴隷という認定は、被害者の「職場」の運用実態(「従業員」の、「客」を断る自由や「辞職」する権利の不在)によるので、「従業員」の以前の「職業」や徴集の際の強制の有無・程度とは基本的に無関係である。

現代の日本で、当事者を「変節」させる恐れがあることで、その廃絶の可能性が現れつつあるのが、スポーツ界の暴力・体罰である。道徳的に悪いことをした子どもへの矯正の為の体罰は、一般的に指摘されている弊害より大きいかどうかはともかく、当の子どもがそのままであることを抑制する方向で、見かけ上だけは効果を示す可能性はある(それを理由に容認すべきではない)が、スポーツを教える際に何らかの肯定的効果が実際にある場合には別な要素が存在する。それは、諸外国で子どもの躾では日本人よりも子どもを殴ることが多い人々でさえ、「日本人のスポーツ選手は、(薬物使用と同様な)不正な手段で強くなっているのではないか」と感じ始めることである。そのような現象は、現在は未だ起きていないが、今後はあり得ると期待できる。近い将来そうなった場合、日本のスポーツ界が、国際交流の場で文化多元主義的寛容さを求めても、それは通用しないと思われるので、かつて自分が受けた不当な処置で「変節」した者が多い日本スポーツ界も、その文化的遺伝子[9]を実際に突然変異させざるを得ないであろう。

現在、彼女に対して前述のような不正な攻撃をしている一群の人々が「変節」した一因は、学校での「いじめ」であり得るが、最近、学校や

第五章　子どもが安心してインターネットを使える社会としての民権型社会主義

教育委員会に警察の捜査が及ぶなど、「いじめ」が司法の場で取り扱われるようになったことは、社会のそれなりの進歩である。

しかし、「いじめ」が存在するところに不足しているものは、想像力[(2)]の他、あらゆる種類の人間を平等に服従せしめるべき「法の支配」でもあるので、「教師・管理者側が司法と組んで生徒・被管理者側を取り締まる」ようなアプローチは逆効果であろう。故に、学校の規則により人権が制限される場合（例、制服・制帽の着用・髪形の指定から携帯電話の持込み制限まで）、「もし自分が裁判官であり、そこに、当該規則が公共の福祉のための必要最小限を越えて人権を制限しているので公序良俗に反し無効である、という訴えがなされたら、どう判定するのか」、また、「現在及び将来の有権者として、最高裁判事の国民審査において、どのような判決を出す裁判官に、どのような理由でX印をつけるか」について、学校内の管理者側・被管理者側を問わず、常時オープンに本音で討論するべきである。「公共の福祉」は、諸人権の間を調整する原理であり、現行日本国憲法は、国と私人の関係において、「諸人権は他の人権を侵害する（公共の福祉に反する）場合にのみ必要最小限に制限される」と規定しており（第13条）、それらに反する法や条例は憲法違反であり制定できない。また、現憲法には、第24条（男女平等及び両性の合意のみによる婚姻）及び28条（勤労者の団結権・争議権）など、「私人同士の間を含めて法の下の平等（第14条）の原則が貫徹され、他の人権と直接衝突しない人権が、人権以外のもの（例、社会通念、国・地域、会社、学校の伝統など）により制限されない」という意味での一元的な法秩序を志向する条項があるので、その原則に反する人権制限は、一般的に司法の介入により「公序良俗に反し無効」とされるべきである。

例外は、自分の意思で参加した成人のみで構成される政治的または宗教的共同体内部の当該信条関連の規則などのみであり、未成年者の学習権と幸福追求権の間の調整を成年者が代行する場合は含まれてはならないので、学校の規則を制定した管理者側は、「被管理者側の一方の権利

が制限されなかった場合に、当人らの他方の権利がどのように侵害されるか」を具体的に明らかにする必要がある。学校の文化的遺伝子[9]を突然変異させて、このような法文化を学校から育てて行けば、「変節」する者が減り、「いじめ」の廃絶に寄与するであろう。

日本国憲法第12条の「この憲法で保障される国民の自由と権利は、不断の努力によって守られなければならない」という規定は、単に立憲民主制の原理にもとづいて国家権力の行為を制限するだけではなく、主権者である被統治者側の国民に対しても、自分（たち）の自由や権利が侵害されたら、それに異議を申し立て戦うことも求めており、その場合の闘争相手は公権力に限定されない。日本国憲法が、自前の市民革命によってではなく、第二次大戦の敗戦による大日本帝国の体制崩壊の後、占領軍主導で成立したものであるにもかかわらず、少なからぬ日本国民は、その第12条の精神を遵守して、自分の自由や権利の侵害する者に対して戦って来た。実際、以前は問題にされなかった行為がセクハラやパワハラとして摘発されるようになったり、女性、障がい（害）者、性的少数派などに対する差別も減って来ているのは、その為であろう。

子どもが安心してインターネットを使える社会への道

（1）民権型社会主義の青写真

次に、彼女が目標であると言明している、「子どもが安心してインターネットを使える社会にする」こと[3]について論じる。子どもが安心してインターネットを使える為には、すべての人が全く「変節」せずに一生を送り、また、各人が本来持っている利己的な面と利他的な面のうちの後者が常に前者の暴走を抑制できる必要がある。私は、そのような社会は直接の目標ではないが、「どこまで実現できるかはともかく、それを目指して永遠の努力を続けるべき目標」にはなると思う。その政治体制は、旧来型社会主義諸国、宗教国家、戦前の日本、一昔前の韓国や台

第五章　子どもが安心してインターネットを使える社会としての民権型社会主義

湾などに見られる（た）、国定の思想・信条にもとづき上から組織された権威主義的なものではなく、「天賦人権論」にもとづき（ただし、「神」のような人智を超えた存在を想定する必要はない）下から組織された民主的なものである必要がある。また、経済体制は、資本・生産手段の私有が基軸の資本主義から、その共有・公有にもとづく社会主義への全面転換・革命が完了しているべきである。当該２条件を同時に満たす政治・経済体制が、世界のすべての国と地域に建設され崩壊せずに存続することが、子どもが安心してネットが使えるようになる為の有利な条件を作り出すと思われる。

そこを目指すレギュラーな道は、資本主義経済が充分に発達している立憲民主制国家の有権者の多数が、「冷戦構造崩壊後の世界を覆う新自由主義型資本主義は、国境の内外で格差を拡大・固定して国内中間層を没落させ、本質的に民主主義と相容れないものになって来た[10][11]ので、今から先は、自国のような経済的先進国から率先して、私有財産を持ち利用する権利（自由権の一部）のうちの生計を共にしない第三者の雇用労働を伴う部分を、平等権、生存権と衝突し公共の福祉に反するものと認定し、適当な補償の下に社会民主主義の限界を越えて全面的に廃絶するしかない」と認識し、その意思を立憲民主制の手続きに則り貫徹していく、という道程である。そのような主張は未だ非常に少数である現在の先進資本主義諸国で、その遠大な目標を掲げる政党・政治勢力は、当面の目標として、格差是正や国内外の資本の活動や富裕層に対する規制・課税の強化（ここまでは、社会民主主義勢力やリベラル派も主張している）などの他、「経済成長ではなくゼロ成長・定常状態を目指すことにより、資本主義の暴走にブレーキをかける」[10]ということも政策上の一致点とする連立政権を追求すべきである。日本を含め、その時期の先進資本主義諸国において成立すべき同種の政権は、「末期資本主義の新自由主義的暴走による社会の崩壊を阻止し、人類が次に進むべき体制についての社会的合意を得る為の時間をかせぐ」という歴史的使命を持つ[10]。そこ

で理論上考えられる次の体制の案としては、以下に述べる民権型社会主義（A）の他、生計を共にしない第三者の雇用を伴わない私有を基軸とする市場経済（B）及び「生計を共にしない第三者の雇用を禁止にはしないが、そのシステムで儲かった人は損をした人に常に財産を贈与することにより、全員が常に健康で文化的な最低限度の生活を営む権利が充分に保障されているようにしなければならない」というイデオロギーが支配する社会（C）も理論上あり得る。しかし、BもCも、放っておけば新自由主義型になるしかない末期資本主義の代替案として、在来のマルクス主義にもとづく国権型社会主義（D）と同様に無理筋なので、最終的には、Aがその時点の有権者の多数の支持を得るであろう。また、DのうちAの萌芽として最も批判的検討に値するのは、発達した資本主義経済下での株式による所有と経営の分離も、市民革命以後に確立される主権在民の立憲民主制も、共に未経験であった地域（旧ユーゴスラヴィア）において、一党独裁下で実施された原始的な労働者自主管理の市場社会主義であろう。

　Aへの具体的道筋は、私有財産を用いて事業を起こすこと自体は禁圧せずに、「初期には私有の有限会社的な事業所が、発展して大きくなるに伴い、全従業員が平等な主権を持つ協同組合に変貌するよう誘導する」、「私企業の収益の一定部分を、労働者側が株式を取得するための基金として徴収し[12]、その効果が充分に現れた段階で一種の国有化をおこない、実体のある社会的集団としての財界を、株式により所有と経営が分離された独立採算制事業所が活動する市場経済から放逐・消去する」などの政策を実施する政党・政治勢力が、少なくとも数十年間にわたり、全体としては順調に選挙に勝ち続ける過程である。

　そのような社会的過程は、従来より平和革命とか多数者革命と呼ばれて来ているが、本質は、「当初は経済の基軸であった、生計を共にしない第三者の雇用労働が、立憲民主制下の法的手続きにより廃絶され、経済的・社会的権力が財界・使用者側（最終的には消滅）から労働者側に

第五章　子どもが安心してインターネットを使える社会としての民権型社会主義

移行すること」であるので、則法革命[13a][20b]の方が妥当であろう。その実施を目指して選挙で勝利し、政府（立憲制度上の権力）を獲得した政党・政治勢力（賃金労働者・第一次産業従事者・市民を基盤とする）は、反社会主義革命勢力（経済的・社会的権力を奪われまいと当然に抵抗する財界・保守政党を基盤とする）に対して、「反対運動を合法的におこなう（ちょうど、野党時代の自分たちのように）ならば、それ自体は自由にやらせるが妥協はしない。ただし、不法な手段を用いれば、合法政権の権限で国家の実力機関を用いて鎮圧する」という態度で臨むべきである。

　その為には、支持層に依拠するだけでなく、対外実力機関（国により名称が異なる）や警察の内部の立憲民主制に忠実な部分（政治的左翼である必要はなく、確たる立憲主義者であればよい）と直接結びついて、抑止力を創出する必要がある。途中で選挙に負ければ、政府（政治制度上の権力）を相手側（資本主義体制の経済的支配階級側の政党・政治勢力）に引渡した上で、あらゆる合法的手段で抵抗して変革地点からの後退を阻止しつつ、以降の選挙での政権復帰・則法革命再開を目指すしかない。当該則法革命[13a][20b]が充分に進行して生成した、「中心部に、その管理部門が国・地方自治体の持株公社から派遣された者及び労働者が選んだ代表で構成される独立採算制の公的セクターである大企業や銀行が、また、その周囲に、労働者が自主管理する中小の協同組合セクターが配置され、さらにその外側を、その発展が資本主義的経済部門の形成にではなく当該同心円の内側に誘導される自営業的小規模私的セクターが囲む」という経済構造は、もはや過度期ではなく初期の社会主義体制であろう。

　そのような市場社会主義を支える「縁の下の力持ち」は、前記同心円の最外殻で発生が期待される「労働者としての賃金の一部を貯金するか（国・公有の）銀行から借りるなどして得た資金を用いて自営業的事業を立ち上げ、それが発展して協同組合・労働者管理企業や従業員と国・

第一部　マルクスと現代資本主義

地方自治体で株式を持ち合う国・公有企業になると、自分は離脱して、また、始めから同じようなことをする。国民の平均賃金の高々数倍の金もうけであるが、そのようなこと自体が面白いからやる」というような人々、特に農業従事者であろう。というのは、植物工場という新技術の進展により、封建制終了の後も長らく資本主義的生産が未発達であった農業においても、産業革命的激変の芽が出ているからである。在来のマルクス主義が農業を適正に扱うことができなかった[14]のは、その創始者たちが、工業の進歩が農業に及ぼす影響を過大評価し、農業が比較的短時間で容易に工業化される、と認識した為であろう。実際には、分子生物学などの生命科学の進歩とその工学との結びつきも必要だったのであり、21世紀になってようやくその実現の可能性が出て来ている。今後、当該「産業革命」が進展して来た場合、我々は、それ自体には抵抗せず、新興農業労働者（多くは、空調が完備した閉鎖系の無菌空間の職場に白衣を着て入り、頭脳労働と肉体労働が結合した作業に従事する高学歴層で、自宅から通勤する勤務先は、旧式農業から受け継いだ農村に限定されない）を、低賃金で劣悪な労働条件に置いたり、儲からない分野からの勝手な撤退により食料問題を発生させかねない資本主義的経営に反対して新しい社会体制を目指す闘争に、彼等自身が結集できるようにすべきである。なお、牧畜や養鶏は植物工場を基盤とする農業とは切り離されるが、動物の権利[15a]という概念が定着した場合は、家畜・家禽のストレスや屠殺時の苦痛を低減する為のコストがかかるので、税金の投入が例外的に許される国（公）営農場が主体になるであろう。

　生計を共にしない第三者の雇用を伴う私有は、生産力が一定のレベルに達しない諸国では、通常の資本主義的発展を拒否する（した）場合でも（例、現在の中国、NEP期のソ連、など）、ある程度は必要悪として容認せざるを得ないが、現在の日本を含む先進資本主義諸国では、もはや単なる悪として廃絶に着手すべきである。ただし、市場経済自体は、その後も一定期間は、未だ必要悪であろう。さらに後の段階における市

第五章　子どもが安心してインターネットを使える社会としての民権型社会主義

場経済の克服・止揚については後述する。

　一方、そのような、資本主義的経済部門の補助を必要としないほど高い生産力に達した市場社会主義経済の国家における政治体制は、現時点（当該革命過程の開始以前）から無傷で存続している主権在民の立憲民主制である。ただし、国によっては、社会的決戦の時期に至る前に、民間に出回る武器・弾薬の接収（米国の場合）や、職業選択の自由に反する国民統合の象徴・国事行為執行者の世襲の廃止（英国、日本、他）などが必要であろう。当該則法革命[13a][20b]が一応完了した段階でも、「立憲民主制国家の法的手続きに則り、生計を共にしない第三者の雇用労働を伴う私有を（再）解禁し、経済部門として、さらには体制としての資本主義を再建する」という、順調に進んでも数十年かかる逆方向の則法革命[13a][20b]（成功すれば、労働者側から復活した財界・使用者側に、経済的・社会的権力が移ることになる）を目指す」、また、さらに、国によっては、「一度廃止された国民統合の象徴・国事行為執行者の世襲制度を復活させる」とも主張する、資本主義時代の保守派の末裔も参加している政党も、地域や職場で自由に活動して体制支持の政党と有権者の支持を競うことが当然に容認される。

　ただ、当該経済体制が一応は順調に機能している限り、そのような極端な主張が有権者の多数になることは難しいであろう。それは、現時点の先進資本主義諸国で社会主義を目指す潮流が少数派であるのと同様である。そこでは、諸政党が有権者の支持を競う競争的政治システムが、則法革命[13a][20b]開始前の資本主義経済の立憲民主制国家の時代（今現在）と同様に作動し、例えば、「経済的平等と生存権的人権の充全な保障を促進するため、国・公有セクターへのコントロールを強める」という主張と、「労働者が労働過程から疎外されないことを重視し、労働者自主管理を推進する」という主張が、２大政党間の対立軸になれば、いずれがより多くの有権者の支持を集めるかが選挙で争われることになる。もし、将来の日本の政界で、そのような構図が成立した場合は、前者

は共産党、後者は則法革命^{(13a)(20)}の過程で登場した労働運動や協同組合運動を基盤とする新興政党であろう。私は、現在の日本では小選挙区制に断固反対し比例代表制を主張するが、そのような政治環境下では小選挙区制でもよいと思う。というのは、当該２大政党による、本格的な体制転換（資本主義の復興）に至らない範囲での政権交代の頻発が、資本主義時代より貧富の差が小さいとはいえ発生し得る腐敗・汚職を抑制し、民権型社会主義（発達した市場社会主義経済の立憲民主制国家）の正常な運営の為に必要な「清廉な官僚制」[16a]をもたらすからである。

以上に述べたような、民権型社会主義を目指す則法革命[13a][20b]は、それに近いことをマルクス主義の立場で1970年に史上初めて試み、1973年に軍事クーデターで打倒された、アジェンデ大統領のチリ人民連合政権の綱領の批判的継承にもとづく構想であるが、史的唯物論や階級闘争論のようなマルクス主義に固有の論理とは直接には無関係である。実際、その志向性は、「社会主義体制下での生産力は資本主義体制下よりも高い」と想定する在来のマルクス主義よりも、「資本主義は、生産や消費が拡大し続けるために不具合が生じる体制であるので、科学技術の進歩による生産力の上昇が生産や消費の拡大よりも労働時間の短縮に結びつきやすい経済体制への転換が望ましい」[17]という考えと整合的である。また、地球環境へのCO_2及び放射能の負荷を低減・停止する方向で、エネルギー獲得の為の主要手段を変えて行こうとする立場[18]とも合致する（ただし、核エネルギーの平和利用の全面否定ではなく、既存原発の廃棄物中のプルトニウムなどの、半減期が万年単位の超ウラン元素を、それが百年単位である他核種に転換させることを主目的とする、トリウム溶融塩型原子炉の開発及びその副次的利用としての発電への適用[19]などを拒否する必要はない）。

今から先の先進資本主義諸国において社会主義への則法革命[13a][20b]を推進する側は、もし万一その途中で、チリ型軍事クーデターに対する抑止力の創出（前述のように、政治制度上の権力を合法的に獲得した革

第五章　子どもが安心してインターネットを使える社会としての民権型社会主義

命勢力側が、国家の実力機関のなかの立憲民主制に忠実な部分と直接に結びつき、失われつつあるヘゲモニーの奪還を試みる経済的・社会的権力側と対抗することによる）が不充分であった為に、相手側に政治的権力を暴力で奪われた場合は、革命的暴力の行使を含む非合法的手段で軍事独裁の新体制を打倒するまで闘わざるを得ないが、それは、立憲民主制を復活させ則法革命[13a][20b]を再開する機会を、あくまで追求し続ける為である。決して、そこで「自国では則法革命[13a][20b]は不可能なので、今後は暴力革命により国権型社会主義を実現し、その後、政治的・社会的な面での民主化（ペレストロイカ）をおこなって、民権型社会主義に移行するしかない」と考えてはならないし、また、民権型社会主義実現を断念してもならない。立憲民主制が一度定着した国や地域では、このように「敵の出方」によって想定外の対応を一時的に強いられるような例外的場合を含め、則法革命[13a][20b]以外の道では最終的に民権型社会主義に到達できないので、「ある段階で、こちら側から先に立憲民主制の枠を飛び出して独裁的強権政治をおこない、反革命を鎮圧することを想定する」ことも、「生計を共にしない第三者の雇用を伴う私有を廃絶する志向を放棄する」ことも、共に始めから拒否すべきである。この点で、日本共産党が「敵の出方論」をめぐり混乱しているとの指摘[21]があるが、以上のように考えれば矛盾は無くなるであろう。

　主権在民の立憲民主制が機能している状態下では、どのような経済体制の下でも、「その経済体制を築き上げ合法化した階級を抑圧せよ」という命令が、政治体制に忠実な部分が支配する実力機関によって実行され得る条件が存在している。すなわち、合法的に奪取した政治制度上の権力を持つようになった則法革命[13a][20b]志向勢力は、その条件を見出し適用することにより、その時点では社会的・経済的権力を未だ持っている反革命勢力が、暴力を用いて抵抗することを不可能にできる。立憲民主制国家の持つこのような特性は、社会主義志向の則法革命[13a][20b]が完了し資本主義的経済部門が消失した後も当然に不変（そこからの逆

方向の則法革命[13a][20b]も理論上は可能）であるので、「資本主義経済の立憲民主制国家においては、社会主義革命終了後も政治制度は変更されるべきではない」という見解[13a]は妥当である。

そのような種類の国家について、「国家権力が常に表向き中立であっても、経済的支配階級側が政治的・文化的にも支配するメカニズムが平常は健在である」ことのみを見て、ブルジョア独裁（資本主義経済の場合）またはプロレタリア独裁（社会主義経済の場合）と評価することは、全くの誤りと断定[13a]まではできなくとも、一面的に過ぎると思われる。

（２）民権型社会主義の世界への国際的な変革過程

社会主義は、その名の下で犯された誤りや、その為に生じた犠牲の甚大さにもかかわらず、人々の頭の中の理念や学説としてだけではなく、それを体現する制度・機構として、資本主義が未だ健在である諸国にも、また、今から考えると開発途上国における通常の資本主義的発展を国家主導で一時的に停止していただけの国々にも存在している（いた）。その結果、ソ連でさえ、経済が堅調な時期には、失業がない状態、無料の教育や医療、保育所の整備や産前産後の長期有給休暇などの下での女性の大幅な社会進出などを、権威主義的政治体制によって阻害されながらも、先進資本主義国で社会民主主義政党の政権が体制の枠内で努力して得たのと同等以上に実現していた（それは、資本の私有が曲りなりにも廃絶された経済体制が、一時的ではあっても稼働していた為であろう）。実際、一定の資本主義的経済部門の存在を認める混合市場経済を導入することにより何とか持ちこたえている中国、ベトナム及び最近のキューバでも、社会主義体制（自称）が全面崩壊した旧ソ連・東欧諸国と同様、その種の社会主義的獲得物が減退した結果、国民の苦痛や不満が広がっているようである。それでも、私は、当該諸国は、今後の展開次第では、かつての革命によって中断された通常の資本主義的発展の全面的再開という事態だけは最後まで防ぎつつ、遠い将来、資本主義的経済部門を縮

小・廃絶できる段階にまで生産力を高め、かつ一党独裁国家から立憲民主制国家への転換も成功させる、という可能性が残っている、と期待している（その成否は、その時点の現先進資本主義諸国の状態にもよるであろうが）。したがって、それらの諸国の、「生産力を高める為に一時的に導入した資本主義的経済部門を制御できずに、その矛盾を激化させ、それに対する国民の反発を強権的に抑圧する」という問題点（国土と経済規模が最大である中国で、最も顕著に表出している）については、「それでは、通常の資本主義的発展を続ける開発独裁と違わない」という認識にもとづいて批判しつつも、同時に、冷戦時代の旧ソ連などに対してと同様に、「レギュラーではない別の道を辿って同じ場所に向いつつある仲間では依然としてある」とも認識して応援もしている。故に、冷戦時代より、それらの諸国を仮想敵国とする日米同盟や、その下での憲法９条改定には反対である。特にベトナム戦争があった学生時代に、「ベトナム民主共和国（当時の北ベトナム）と南ベトナム民族解放戦線の戦争遂行支援、米日反動に軍事的・政治的敗北を」というスローガンを掲げて、何度も集会を開き都心を整然とデモ行進した陣営の者として、解放戦争に勝利して祖国統一を成就したベトナムには、最も思い入れがある（既存の社会主義国の価値を全く認めず、「ベトナム戦争反対」のスローガンで行動した新左翼系学生は、しばしば過激な行動に走り、警察と衝突していた）。北朝鮮は、かつて当地を植民地として支配した戦前日本の天皇制と土着の儒教の影響により逸脱し過ぎているので、応援の対象にはならない。

　因みに、私は、現時点では、憲法９条の緩い解釈や成文改憲に強く反対するが、「①天皇制の廃止（これにも憲法の改定が必要である）、②国旗・国歌の変更、及び③周辺諸国との国境紛争を、場合によってはすべて先方に譲ってでも最終解決する」の３条件が整えば、以下のような成文改憲をしてもよいと思う。それは、第１項（国際紛争を解決する手段としての戦争放棄）は維持しつつ、第２項（交戦権放棄）中の「陸、海、空

軍、その他の戦力」の「その他の」と「戦力」の間に「我が国政府が指揮する」を挿入し、また、新設の第3項で、「集団的自衛権は放棄するが、前項及び前々項を遵守しつつ必要最小限の個別的自衛権を行使する目的で設立された合憲的対外実力機関を、その指揮権が国連に委譲された場合のみ、国際的集団安全保障の目的で活動させることができる」と規定する、という改変である（一方、軍法会議を含む特別裁判所の存在を禁ずる第76条は、あくまで堅持する）。

　この構想は、その時点における日本がどの外国と政治的・軍事的な同盟関係または対峙関係にあるか、あるいは日本や他の諸国において体制としての資本主義が未だ健在であるか否かとは直接には無関係なので、民権型社会主義を目指す即法革命[13a][20b]開始前の「時間かせぎの為の連立政権」（前述）の段階でも実施可能である。冷戦時代の1960年代に西ドイツ首相として周辺諸国との平和外交を推進したヴィリー・ブラントのような政治家が、この時期の日本に現れることを期待する。なお、「自衛隊の指揮権を国連に委譲する」という提起自体は、私に近い立場からすでになされている[13b][16b]。

　さらに遠い将来において期待されるシナリオは、その時点での先進資本主義諸国全体での則法革命[13a][20b]の成就により、民権型社会主義またはそれに近い体制の諸国の国家連合・平等な連邦制が形成され、また、中国などが、経済成長により資本主義的経済部門を縮小・廃絶できる段階（生産や消費を増加させる必要がないレベル）に達し、かつ政治面では民主化されて（旧ソ連末期とは異なる条件下でペレストロイカを成功させて）、「依然として独立採算制の事業所が活動する市場経済ではあるが生計を共にしない第三者の雇用は廃絶された、主権在民の立憲民主制の国家」に変身した結果、それに加わる、という展開である。そうなれば、以後の世界では、国際的枠組みのなかで、地球的規模での所得の再配分や「みんなが持つと不具合が生じるものは誰も持たない」という原則[22]の確立が、経済的先進地域に資本主義が生きていた一昔前では不可能で

第五章　子どもが安心してインターネットを使える社会としての民権型社会主義

あった規模と速度で進行し、また、それと並行して、各国に残存する資本主義的経済部門の除去（社会主義未志向の諸国では長くかかる）及び権威主義的な政治・社会制度（経済体制の如何によらず、開発途上諸国に多く残存する）の民主的なものへの転換が進行するであろう。政治・社会面の民主化には、国や公教育と宗教及び特定の思想・信条との厳格な分離、男女平等の実質化や、女性の妊娠・出産に関する自己決定権の承認、性的少数派の差別禁止などの性関連の民主化、子どもの権利の保障なども含まれる。故に、すべての国と地域における諸宗教は、「純粋に心の中の問題のみを扱って、確立された科学の法則を否定せず、また、当該信仰を持つか否かは純粋に個人の問題として、他宗教の信者や唯物論者・無神論者と友好的に付き合い、自分の宗教的見解を、未成年の自分の子どもを含むあらゆる他人に押し付けない」ことを受容して、科学と民主主義にとって無害なものに進化する[15b]か、弾圧されなくても衰亡していくか、のいずれかであろう。なお、私自身は唯物論者・無神論者であり、そのような信条（マルクス主義に限定しない）の繁栄を望むが、当該世界観をいかなる他人に押し付ける意思はなく、また、国定のイデオロギーにしたいとも思わない。地球上のすべての国・地域において、国定のイデオロギーも生計を共にしない第三者の雇用労働を伴う私有も共に無い体制の下で、さまざまな唯物論・無神論と、科学と民主主義にとって無害な段階に進化した諸宗教が、各々、平等な条件の下で人々の支持を競い合い相互に影響し合いながら、進化・発展をし続けていくことを望む。

　前記のように、やがて資本主義に替って世界を覆う体制となっていくべき民権型社会主義は、それまで「変節」していた人々を、その状態から離脱させるので、世界の津々浦々で、多くの人間集団の文化的遺伝子[9]が、好ましい方向に突然変異するであろう。

　各国民国家は、最終的に、「資本主義の終焉が人類の文明史の終了にならずにすんだのは、見方によっては1917年11月に始まった東西冷戦が、

旧東側の大逆転勝利で決着した為である」という共通理解の下に、交戦権と集団的自衛権を放棄して、国連を継承する世界社会主義連邦共和国（世界連邦）を創出し、各国の対外実力機関（名称によらない）は、世界連邦政府指揮下の国際警察軍に整理・統合されるが、その際、「所属する隊員・軍人は、本業で出動した場合、戦時国際法ではなく刑法によって律せられ、職権乱用や過失による殺人（誤射）などの容疑者（及び責任者の上官）は、軍法会議ではなく普通の裁判所で被告として裁かれる」ことになる。それ故、ほとんどの国では憲法の関連条項の大幅改定が必要になるが、もし近未来の日本における我々の反改（壊）憲闘争が成功し、現行憲法9条2項及び76条の骨格が維持されていれば、その時点の日本は、その例外になれるであろう。ハイテク化された国際警察軍では、白兵戦要員のような例外的職種以外は、男女ほぼ同数となり、また、内部は充分に市民社会化されて、革命期のロシア赤軍や中国人民解放軍にその萌芽があった「内部が民主的な軍隊」に変革されるが、その過程は、「従来の軍での訓練によく適応して出世した者の多くが不適格者として脱落し、脱落者の一部が模範的軍人とされる」ような軍内文化革命をもたらし、軍人の文化的遺伝子[9]をも突然変異させるであろう。この時期の世界では、その時点の開発途上地域を中心に、除去されつつある資本主義的経済部門の支配的階層や、偏狭な民族主義者や男権主義者、軍人くずれ（「強権で管理されないと物事をちゃんとできない傾向が強い」などの理由で、不適格者として軍から排除された者）などによるテロが発生し、現時点の不倶戴天の敵の末裔同士がテロ集団内部で共闘する可能性もある。しかし、当該テロの発生因である「真のグローバル化」は、世界的規模での生産と消費のレベルの適正化、環境問題の解決、諸差別廃止・平等化を促進し、多くの人々に「自分たちは、人間が人間扱いされなくなる原因を除去しつつある」という自信を与えるので、反対の為のテロは大衆的支持基盤を持ち得ず、その鎮圧は可能であろう。

第五章　子どもが安心してインターネットを 使える社会としての民権型社会主義

（３）民権型社会主義を越えて

　世界が（２）の段階を乗り越えた段階で、市場経済、すなわち独立採算制の事業所が活動し貨幣が流通する経済体制の克服・止揚の検討が可能になる。市場経済は、万民の生存権的人権の充全な保障にとっての障害であるので、永続はすべきでないが、民権型社会主義の世界で人間諸集団の文化的遺伝子[9]がいかに突然変異して人間の一般的性質が変化しても、職業選択や個人の好みの自由が永続する以上、需要と供給を予めの一致は無理筋なので、国営計画経済は再評価されないであろう。適切な代替案は未だ不明であるが、現在出ている構想で、その時点で最も批判的検討に値するものは、「貨幣を、労働証券[20a]や生活カード[23]などの交換機能はあるが蓄財機能がなく市場で流通しない券で置換し、後者のなかで労働への報酬の部分[20a]に対するベーシック・インカム的に支給される部分[23]の比率を高めることにより、生存権の保障を強化していく」という戦略であろう。また、その方向への第一歩は、「独立採算制の事業所の経営・統治の正当性の根拠が、従業員の一般意思（協同組合セクターの場合）または、それに加えて主権者である国民・住民の一般意思（国・公有セクターの場合）であること」は変えずに、それらの企業が発行する株式が、貨幣によってではなく全国民に平等に配布され換金・相続不可のクーポン券によって「購入」されるシステム[24]の導入ではないか、と思われる。このシステムが定着したら、株式以外の物品・サービスの入手についても、貨幣の非流通カードへの置換を段階的に進めることができる。このような方向に充分進んだ結果、すべての住民が健康で文化的な最低限度の文化的生活を享受し、どんな災難にあっても困窮する恐れがなくなった社会（世界）の体制は、国家権力の市民社会への（再）吸収の過程の進行程度によらず、もはや単なる社会主義ではなく、その最高段階である共産主義であろう。

　人間社会がそのような方向に進化することへの追い風の一つは、「インターネットの更なる発達が全世界の精神的労働を結合させ、人々が

第一部　マルクスと現代資本主義

労働生産物を公開し共有することにより、価値法則の支配が弱まること」(25)であろう。インターネットが本質的に反資本主義的であることは、社会主義に全く傾倒しない立場からも指摘されており(26)、今後、インターネットと資本主義の間に矛盾が発生・拡大するかが注目される。

また、民権型社会主義がすでに滅亡した偽者（国権型）と違って共産主義に通じる本物の社会主義であることを示す諸指標は、「存在が意識を規定する」の原理にもとづく人間諸集団の文化的遺伝子(9)の突然変異の累積が、普通の人々の一般的性質をどのように変えたかを反映するものであろうが、「子どもが安心してインターネットを使える状態に近づきつつあること」は、それらの一つになり得ると思われる。

終わりに

私は、そのような認識の下に、1991年のソ連解体前後に生じた「国際社会主義陣営」の崩壊・変質の後も、生計を共にしない第三者の雇用を伴う私有が廃絶された体制である社会主義を目指す立場を堅持しているが、かつては同様な立場であった人々のなかに、社会民主主義（体制としての資本主義の枠のなかでの社会主義的要素の蓄積のみで満足する立場）に転向する者も出て来た（自分の存命中のような歴史的には短い期間に社会主義を実現しよう、と焦っていた者ほど、この傾向が出やすかったように、私には思えた）。

そういう人々からの同調圧力に対して、私は、「目標をあきらめるのは個人の自由だが、それを押し付けるな！」と感じていた。その20余年後、同様な文言を、春名風花という少女タレントが、自分のtwitter上で、「子どもが安心してインターネットを使える社会など永久にできないからあきらめろ」という圧力に反発して述べているのを目にした。

彼女はまた、現在ネット界に生まれている悪い文化的遺伝子(9)を次世代に継承することを拒否する姿勢を貫いていた(3)。

第五章　子どもが安心してインターネットを使える社会としての民権型社会主義

　それを見た私は、後日、大人になった時にどのような政治的信条を持つかは、当然に彼女の自由であるが、「子どもが安心してインターネットを使える社会を目指す」ことについては、「その意気を喪失するな、自分の存命中のような歴史的に短い期間にはこだわるな、その目標を掲げ続けることを止めるな」というエールを送りたいと感じた。

　一方、彼女が自分のtwitter上で、「死ね」などの暴言をぶつけて来る相手と、毅然と冷静に時にはユーモアまじりにやりとりしている状況[3]を見た時、彼女と私との相違点も感じられた。というのは、もし、私の学生時代にtwitterがあり、それを自分でやっていて同じ相手と同じテーマで論争したら、同様な展開になり、そこで先方が、他人に「死ね」と言うことは道徳的に悪い、ということを認めず、お前の方が自分は絶対正しいと思って他人の批判に耳を傾けないのが悪い、と反論して来たら、私ならば「おれは先進資本主義国では立憲民主主義者だけれど、地球上の開発途上国の社会運動の指導者としてはガンジーよりレーニンに惹かれる人間なので、バカにしていると後で後悔することもできなくなるぞ」と言って怒り出したであろうからである。学生時代の私と現在の彼女の場合のこの相違点は、両者の知識や経験の量・質、性別、年齢、実社会で相手と出会った時の物理的力関係などの諸条件の相違では説明できない。実際、後日、この台詞の意味を吟味・評価できるようになった彼女が、また、同様な場面に直面しても、おそらく私とは異なる反応を示すであろう。それは、争いごとを文明的に解決しようとする志向性が、彼女の方が強いからである。私自身を含め、あくまで資本主義を清算して別な体制としての社会主義を目指す、という立場の者が、立憲民主制が定着した現在の先進資本主義諸国のような、合法的努力次第で自分の子どもや孫の時代に多数派になれて目標が達成できる（その時は、子どもが安心してネットができる状態が近づく）ような恵まれた状態にあったことは、歴史的には稀であり、戦前の日本や革命前の旧来型社会主義諸国など、その条件が全くない社会に住んでいた我々の仲間・先輩たちが、

目標実現の為に、所与の歴史的条件下で止むを得ず暴力を用いることを選択したのは当然であった。その際、彼等と彼等を弾圧していた側の関係を考えると、彼等が政治的権力の獲得できた場合、敵を物理的に粉砕するための革命的暴力（それ自体は、封建制を打倒する市民革命や植民地の独立戦争と同様に正当である）を一時的なものであると位置づけられず、そのことが後日の否定的現象の一遠因となったことは、彼等の誤りというよりは歴史的限界であったのであろう。

しかし、現在の我々は、そのような状況下で生成した文化的遺伝子[9]を、突然変異なしに先進資本主義諸国の市民社会の次世代に伝承して、そこでの組織論や運動論に適用すべきではない。これは内ゲバで死者を出した新左翼過激派の類だけではなく、私が批判的支持者として末席にいる、一応は新時代に適応した正統派の陣営にも該当する。自分が不当な扱いを受けた時に怒ることは当然であり、それを否定する思想・信条は、まっとうな宗教と異なってアヘンの役割を果たす。

しかし、人間は、怒りや反発にのみ支配されて臨戦態勢を常態化すべきではなく（これも、「変節」の一種である）、平等の他に友愛にも留意し[27]、また、（特に、以下のような傾向の組織の正式構成員は）多少意見が違うだけの相手を本当の敵と同等以上に憎むような習慣を生む組織論を改め、また、「力を下から上に流す革命をおこなうことと敵の陣営にいる諸個人を対等・平等な関係の友として愛するということは両立できる」という作風を率先して確立すべきである。学生時代から批判的支持者として、その陣営の末席に居続けている者として、今、我々が、組織や運動体の自己改革の努力を惜しむと、後日、もし支持してくれたり仲間になってくれたら大きな力になる逸材を、味方として獲得できないだろうと、インターネット上の彼女とその周辺を見ながら思っている。

〈参考文献・資料及び註〉

（1） http://www.itmedia.co.jp/news/articles/1101/21/news010.html

（2） http://www.asahi.com/national/update/08016/TKY201208160557.html
（3） http://togetter.com/li/356553
（4） http://blog.livedoor.jp/radicalma/archives/1659403.html
（5） http://monomooth.com/
（6） 平岡厚：ある少女タレントのtwitter周辺における「両極現象」の発生と、その社会的背景について、『杏林大学研究報告教養部門』、31, 59～73, 2014.
（7） 明橋大二：『子育てハッピーアドバイス』、一万年堂出版、2005.
（8） 有田芳生、北原みのり、山下英愛：私たちの社会は何を「憎悪」しているのか、『世界』、2014年11月号、68～79, 2014.
（9） リチャード・ドーキンス（著）、垂水雄二（訳）：『神は妄想である』、早川書房、2007.
（10） 水野和夫：『資本主義の終焉と歴史の危機』、集英社新書、2014.
（11） トマ・ピケティ（著）、山形造生、守岡桜、森本正史（訳）：『21世紀の資本』、みすず書房、2014.
（12） http://www.geocities.jp/plsktyjdkt/palme/htm（「労働者基金」と称する当該制度は、1980年代のスウェーデンにおいて、パルメ首相の率いる社会民主党政権により、妥協的な形ではあったが、一時施行されたことがある）。
（13） 村岡到：『連帯社会主義への政治理論』、五月書房、2001, a: 101～133; 154～187, b: 253～255.
（14） 村岡到：『貧者の一答』、ロゴス、2014.
（15） 西田照見、田上孝一（編）：『現代文明の哲学的考察』、社会評論社、2010, a: 200～227（田上孝一著）, b: 320～352（平岡厚著）.
（16） 村岡到：『親鸞・ウェーバー・社会主義』、ロゴス、2012, a: 128～164, b: 166～200.
（17） 田上孝一：『実践の環境倫理学』、時潮社、2006.
（18） 村岡到（編）：『脱原発の思想と活動』、ロゴス、2011.
（19） 古川和夫：『原発安全革命』、文芸新書、2011.
（20） 社会主義理論学会（編）：『21世紀社会主義への挑戦』、社会評論社、2001, a:

74〜88（竹内みちお著），b: 89〜110（村岡到著）．

(21) 村岡到：『日本共産党をどう理解したらよいか』、ロゴス、2015.

(22) アンドレ・ゴルツ（著）、高橋武智（訳）：『エコロジスト宣言』、緑風出版、1983.

(23) 村岡到：『協議型社会主義への模索』、社会評論社、1999.

(24) ジョン・ローマー（著）、伊藤誠（訳）：『これからの社会主義』、青木書店、1997.

(25) 岡田卓巳：GNU/Linuxシステムの開発、『カオスとロゴス』、19, 85〜105, 2001.

(26) 池田信夫：『インターネット資本主義』、NTT出版、1999.

(27) 村岡到：〈左翼〉の猛省と再興を〈友愛〉の定位が活路、『プランB』、41、32〜41, 2013.

第六章

原子力発電が内包する不経済と不道徳

森本高央

はじめに

　東日本大震災に端を発する福島第一原発事故は原子力発電の安全性に疑義を持たせた。福島原発事故はすでにチェルノブイリ事故の知見を踏まえた後に発生した原発事故であることに留意しなくてはならない。我々はチェルノブイリ事故によって何が起きたのか知る立場にある。故に多くの知見や研究により被曝被害を避けることができるはずだが、日本政府は「食べて応援」や「帰還促進法制定」などとあたかも被曝を推進する方向へ向かっている。日本列島全土で烈震が発生する可能性があるのだから、もはや日本では原発及び高速増殖炉や核燃料サイクル施設を維持することは不可能なことは自明だが、大飯原発や川内原発や伊方原発の再稼働がおこなわれた。高速増殖炉もんじゅ撤退は決定事項だが、もんじゅの危険性は既存原発の比ではない。ナトリウムが連鎖的に燃焼し爆発する事態になれば、プルトニウムPuを大量に放出し、影響は日本列島に留まらず、北半球全域に及ぼすことになる。

　原発核燃の宿痾を日本国から取り除くことが極めて困難なのは、1つ目に米国が日本に対して原発及びプルサーマルの推進を求めていること、2つ目に行政責任が問われるべき原発過酷事故に対し、行政側は責任回避に勤めて強力に動いていること、3つ目に大手情報媒体は電気事業連

合会や行政の原発推進勢力に懐柔されており、大手メディアを盲信する人々の危機意識もまた低い点にある。テレビ新聞広告の５割を握る電通は原子力関連では８割の広告を支配している。原発事故が起きれば電通の営業社員がメディア側に報道を自粛するよう要請する。電通経由の広告で成り立っているメディア側は電通の意向に逆らえない。東京電力一社だけで年間260億円、電気事業連合会加盟10社で合わせて1,000億円が、広告宣伝費として使われてきた。福島第一原発事故が起きて以後、原子力関連広告は減少したが、代わりに福島の農産物を広報する仕事を電通は受注した。「食べて応援しよう」運動は農水省の委託事業として、電通が受注した広告事業であり「FOOD ACTION NIPPON 推進本部事務局」は電通本社内にある。「食べて応援」の問題は食品の安全が担保されていないことにある。検査は福島県農産物で1,276点であり、その他の県はそれ以下である。全量検査ではない上に、検査結果は100Bq/kg以下ということしか情報開示されていない。ドイツの安全基準は大人８Bq/kg以下、子ども４Bq/kg以下である。台湾は2011年３月の東京電力福島第一原発事故の直後に福島など５県からの食品輸入を禁止した。日本は禁止解除を求めていたが、産地を偽装した５県の食品が台湾で流通していたことが2015年３月に発覚し、逆に規制が強化されることになった。消費者は安全の指標を失った状態に置かれている。

　原発の不経済性については「ウラン鉱山掘削及びウラン濃縮過程における環境負荷と被曝問題」、「原発運用時における放射能放出及び定期点検時の被曝問題」、「原発過酷事故問題」、「放射性廃棄物処理問題」などである。本来原子力発電では不要なはずプルトニウム抽出及び再利用をおこなう核燃料再処理過程においては、大規模放射能漏洩の危険性がある。高速増殖炉常陽の核燃料製造過程で起きた1997年の東海村JCO臨界事故はプルサーマル計画に含まれる。原発による発電費用を低く見積もり、経済性の高さを謳うために人命の損耗を極小評価してきた。資本の論理は人命を救うのではなくて、人命を奪ってきた。

第六章　原子力発電が内包する不経済と不道徳

　放射性廃棄物処理物の超長期保管問題が注視されているが、それは数多ある問題の一つに過ぎない。現在、即応しなければならないのは福島第一原発の収束処理であり、放出された放射能に対する防御措置である。放射能禍を知る人々から驚きを持って迎えられたのは、チェルノブイリ事故当時共産主義国家であったソ連邦よりも、日本政府の福島第一原発事故対応は緩い基準で避難地域を設け、なおかつ緩い放射能汚染基準で食品を流通させていることである。その結末は膨大な人民が被曝被害よる疾病に苦しむことになるのであり、遺伝子情報を保持している染色体の破壊によって多数の奇形児や障害児が誕生することなる。この不条理が引き起こされる背景には、米国の核戦略があり、残留放射能の内部被曝を認めてこなかった歴史が存在する。今となって省みれば、長崎広島被爆者救済や水俣病患者の救済が限定的であり、解決が異様に遅れたのも、人的な動きを見ると、米国とそれにおもねる日本政府の悪しき体制に起因することが分かる。
　福島第一原発「ふくいちライブカメラ」の映像を観察すると、水蒸気を長時間噴出させる事象が繰り返し発生している。核燃料が放射性物質を含む蒸気を放出している状態にある。地下に落ち込んだ核燃料に対して、ホウ酸やヒドラジンを投入して再臨界を抑止させることはできても完全に臨界を停止させることはできない。2012年10月には新地町の地蔵川、南相馬市の真野川、いわき市の藤原川で基準値よりも高いホウ素が検出された。測定場所は福島第一原発から南北に45〜50km地点にある。核燃料の再臨界を阻止するために投入されたホウ酸が地下水を通って河川水に含まれた可能性がある。2016年になって石棺化の話が出ているが、建屋上部を覆うことができても、地下に落ち込んだ核燃料の地下水や海中への漏出を完全に止めるのはもはや不可能である。この点が地下も封じ込めに成功したチェルノブイリ4号機とは決定的に違う。2015年9月共同通信社が報じた上空からの映像では、1−4号機のみならず5−6号機付近からも筋状に蒸気が立ち上っていた。

原発自体は発電システムであるが、結果的に核暴走が発生するという点では、巨大な核爆弾という特質を持つ。長い年月で見れば、過酷事故の発生確率は100%に極めて近く、福島原発事故はその証明をおこなった。広島長崎原爆は核戦争の始まりだったのであり、巨大なダーティボム核爆弾と化した福島原発事故の発生はその通過点に過ぎない。

1　残留放射能内部被曝対人影響隠蔽の歴史

　広島型・長崎型原爆を研究開発及び製造をおこなったマンハッタン計画の中心的科学者ロバート・オッペンハイマーと、エンリコ・フェルミは研究段階から特にストロンチウム90（Sr90）の内部被曝影響を認識していた。原爆投下を命じたトルーマン大統領は「戦争の長引く苦病を短縮し何百万もの若いアメリカ兵の命を救うために原爆を使用した」と述べており、米国の教育現場でも同様のことが教えられている。

　2014年6月にフランスでおこなわれたノルマンディー上陸作戦記念式典で、西側諸国の首脳陣とロシアのプーチン大統領が列席した。「戦争」をモチーフにしたパフォーマンスで、巨大スクリーンに広島へ原爆が投下される映像が流されるやいなや、会場に詰めかけた多くの米軍関係者や観客からは大きな拍手が巻き起こり、オバマ大統領はガムを噛みながら一緒に拍手を送っていた。その一方でプーチン大統領は深刻そうな表情をしながら、哀悼の意を表するため胸元で十字を切った。西側諸国は原爆投下対して、戦争を早期集結に結びつけた原爆投下に肯定的である。原爆投下後に起きた直接的・間接的悲劇を黙殺してきたからである。

　原爆対日投下の最大の目的は被曝影響の「人体実験」に他ならない。降雨の確率が少なく、肌の露出が多い8月を狙って、2種類の原爆を投下し、対人影響を調査するのが目的だった。広島の投下されたウラン型はプルトニウム型よりも先行して開発は完了していた。米国はポツダム宣言における天皇制護持に関する態度を明確にせず、プルトニウム型原

爆の製造完了まで終戦を引き伸ばした。1945年8月9日未明のソ連対日参戦により、日本の敗北は確定的だったにも関わらず、米国は長崎に原爆を投下した。2発目の原爆投下は軍部や軍関係者の間では予測されており、小倉の八幡製鉄所ではコールタールを燃やして煙幕を張った。射程1万m高精度の12インチ高射砲が放たれ、零戦10機もB29迎撃に向かった。長崎の大村飛行場に駐機していたB29撃墜能力を有する戦闘機「紫電改」に出撃命令は下らなかった。

広島・長崎に原爆投下後、連合国総司令部は原爆の惨状について報道統制した。国際赤十字が立ち入りを禁止されたのは広島・長崎の被爆地と、1989年12月の米軍パナマ侵攻だけである。GHQによる言論統制政策を受けた報道機関が「被爆者の病気は米軍事機密」として原爆に関する報道の一切を禁じられ、報道をすれば「発禁処分」となった。言論統制は7年間にも及んだ。占領軍は日本の医学界や医師が放射線や被曝影響を論文に記し研究すること一切を禁じ、これに違反するものは、占領軍として重罪に処すとされた。併せて、米国により原爆症患者は「爆心から1.8km以内」「爆発から1分以内」に被爆したものに限ると厳命された。

原爆投下直後の翌9月には被曝の影響を調査するため日米合同調査団が編成された。1947年3月原爆傷害調査委員会（ABCC）が設立された。放射線による遺伝的影響を探るため、ABCC発足前年の1946年から広島市や呉市、助産師らと新生児調査の打ち合わせを重ねていた。放射線が遺伝的影響をもたらすことは戦前の動物実験では知られていたが、米国が早い段階から被爆地調査を周到に準備していたことは、原爆投下前後にすでに人体影響を予見していた証拠の一つと言える。ABCCは被爆者の追跡調査のみに徹し、全く治療せずデータだけ取った。米国医師は医師免許の都合上、日本での治療行為をおこなうことができない為という理由が挙げられたが、実際には放射線の医学的生物学的な影響を調査することが目的の機関であるので、治療行為そのものを想定していない。

ABCCによって奇形児が処分されたとの証言がある。

1946年海軍省がトルーマン大統領にABCC設立の必要を訴える文章を送っている。「米国にとって極めて重要な、放射線の医学的生物学的な影響を調査するにはまたとない機会です。調査は軍の範囲を超え、戦時だけでなく平時の産業農業など人類全体に関わるものです。」この文章にトルーマン自身がサインをしている。1947年、米国原子力委員会の資金によって米国学士院がABCCを設立した。翌年には厚生省国立予防衛生研究所が参加して、共同で大規模な被爆者の健康調査に着手している。

1950年に国際放射線防護委員会（ICRP）に内部被曝委員会が設立されたが、2年も経たずに閉鎖された。モーガンICRP内部被曝委員会委員長発言では「原発労働者の健康維持、これを考えた時に内部被曝を考慮できず、原子力産業を維持できないことが分かってしまった。内部被曝委員会は原子力産業から独立しておらず、内部被曝の検討をこれ以上やらないことにしよう、ということでもって閉じてしまった」とされている。モーガンは後年、低線量電離放射線の人体への深刻な影響について警告し、「反原発・反核兵器」に転じている。

1953年にはABCC生物統計部長ウッドベリーが内部被曝の原因となった「黒い雨」を調査する必要を訴えた報告書を提出している。予備調査が1年続けられたが、衛生状態の悪化が原因とされて、調査は打ち切りとなった。

1957年日本政府が原爆医療法を定めたが、被曝者の認定基準を米国に従って作ったため、実際に生身で被曝を受けたり、入市被爆で放射線の被害を受けた多くの人たちが切り捨てられた。欧州放射線リスク委員会科学委員長クリス・バズビーは「遺伝研究を担当していたABCCの科学者たちは、あるべき対照区集団を捨ててしまい、彼らなりの被曝集団と対照区集団の悪性出産結果の発現率レベルが同じであると認め、放射線の影響はなかったと結論づけた」と指摘した。ICRPはABCCがお

こなった作為的な疫学上の操作を基盤にし、内部被曝が見えなくなっている基準で、被曝を論議している。その上「社会的経済的要因を考慮して、出来る限り防護していく」とし、原発運営上必要な被曝を許容する体制を作っている。

ABCCの米国側の主体は、米国で核開発を担当し、原子力を推進しているエネルギー省である。残留放射能内部被曝対人被害を認めれば、核戦略の前提が崩れてしまう。「人道的兵器」として核兵器の保有と行使力を保持したい米国の国家戦略上、長期的に放射線で人を苦しめる内部被曝を認めることができない。このことが被曝者認定を原爆投下時にいた爆心地からの距離だけで推し測り、内部被曝者認定を難しいものとし、多くの原爆棄民を発生させた。

日本では一般的に原発作業員は定期的にホールボディカウンターで内部被曝測定をするがγ線しか測定できず、α線、β線が体内で放射されても測定できない。外部被曝は被曝手帳に記載され、賃金に反映されるが、内部被曝は計測値を事業者側が管理しているのだが被曝手帳には記載されない。内部被曝隠蔽は核兵器の非人道性を隠すためのみならず、原発作業員の内部被曝が露見すれば、原発産業自体が立ち行かなくなるとの観点からおこなわれている。原子力産業は「原子力の平和利用」の美名の元に人的犠牲を強いてきた。

1975年にABCCと厚生省国立予防衛生研究所と原子爆弾影響研究所を再編し、放射線影響研究所と名前を変え日米共同出資運営となった。放影研初代理事長は731部隊出身者の重松逸造である。731部隊関係者は研究資料をGHQに提出する代わりに戦犯を免責されたと言われている。重松は国際原子力機関（IAEA）のチェルノブイリ報告をまとめた人物でもある。現地には１泊しかしていないにも関わらずチェルノブイリ調査で安全宣言をおこない、後の被曝被害の拡大に繋がった。現地では怨嗟の声が上がっている。

重松はチッソの有機水銀と水俣病の因果関係を否定し、被害者救済を

遅らせた人物である。チッソの前身である「日本窒素肥料社」の子会社「朝鮮窒素肥料」は1940年北朝鮮咸鏡南道咸興市興南（フンナム）で水力発電所を備えた巨大工場を建設し、戦時中すでに水俣病被害（興南病）を生んでいた。チッソ興南工場に併設されていた興南道理研構内では海軍主導・湯川秀樹指揮でウラン235濃縮・原爆開発をおこなっていた。ウラン濃縮には「ガス拡散法」と「遠心分離法」もおこなわれた。

　チッソは水俣で有機水銀を垂れ流した。水俣病は現地の熊本大学の研究や弁護士たちによる告発が最終的に有機水銀説を国に認めさせることとなった。日本政府は水俣病から多くのことを学んだ。現地の大学病院が疫学調査で重要な役割を果たすことを認識しており、損害賠償請求訴訟が起きた場合には疫学差によって因果関係が認定されることも認識している。福島医科大学には重松逸造や二代目放影研理事長長瀧重信の弟子筋にあたる山下俊一が副学長として赴任している。山下俊一は日本におけるチェルノブイリ事故による甲状腺障害研究の第一人者ではあるが、人心から放射能に対する不安を払拭し、行政や核産業の思惑を反映させる人物である。

　2013年12月には「がん登録推進法」が成立した。「がん登録推進法」は、癌登録の業務従事者が当該業務に関して知り得た秘密を漏らしたときは、2年以下の懲役又は100万円以下の罰金に処することとすると規定している。原発事故の被曝被害者が癌発生の疫学差を法廷で証拠を明示しようにも、原本となる指標が得られない可能性が高い。福島原発事故が水俣病の相似形として、膨大な人々が悲劇的な結末を迎え、救済もなされないことが想定される。

　現在も放影研は被爆者に対する健康調査を続けている。2012年3月14日に放影研は低線量の内部被曝影響を研究すると、方針転換を余儀なくされた。

2　福島原発事故に至る道筋

　1997年石橋克彦論文「原発震災〜破滅を避けるために」によれば、「最大の水位上昇がおこっても敷地の地盤高（海抜6m以上）を越えることはないというが、1605年東海・南海巨大津波地震のような断層運動が併発すれば、それを越える大津波もありうる」「外部電源が止まり、ディーゼル発電機が動かず、バッテリーも機能しないというような事態がおこりかねない」「炉心溶融が生ずる恐れは強い。そうなると、さらに水蒸気爆発や水素爆発がおこって格納容器や原子炉建屋が破壊される」「4基すべてが同時に事故をおこすこともありうるし、爆発事故が使用済み燃料貯蔵プールに波及すれば、ジルコニウム火災などを通じて放出放射能がいっそう莫大になるという推測もある」とされる。2005年には衆議院公聴会でも「地震の場合は複数の要因の故障により、多重防護システムや安全装置が働かなくなり、最悪の場合には過酷事故という炉心溶融とか核暴走とかいうことにつながりかねない」「日本列島のほぼ全域が大地震の静穏期を終えて活動期に入りつつあり、西日本でも今世紀半ばまでに大津波を伴う巨大地震がほぼ確実に起こる」と述べている。石橋の提言が福島第一原発には生かされておらず、過酷事故が絶対に許されない原発で、必要な予備の非常用電源や外部電源系統の耐震強化や防潮堤のかさあげなどがおこなわれなかった。

　1966年12月8日東電は沸騰水型原子炉福島第一原発1号機を米GE社と開発や着工から運転開始までGE側に全責任を負わせる「ターンキー方式」で契約した。故に海水を汲み上げるポンプの設計変更は認められず、東電はGEの規格どおりに建設できるよう、海抜30mあった高台を10mまで削り取って建屋を設置した。GEマークⅠは原子力潜水艦の原子炉を大型化したに過ぎず、元GE技術者ブライデンバウが「格納容器が小さすぎる欠陥炉」と告発をおこなっていた。国会事故調査報告書ではGE社の設計には日本側の当時の耐震設計の仕様が正しく組み込まれ

ておらず、建設中にその場しのぎで補強したことが示唆されている。狭いGEマークⅠ型格納容器のなかに多くの補強剤を入れたため、空間の余裕がなくなり、運転開始後の作業に困難を生じ、無駄な時間と余計な被ばくが増大することになった。

　マークⅠ型の耐震性の低さは米原子力規制委員会も指摘していたが、翻訳の過程で意訳され正しく日本側に伝達されていなかった。初期型のマークⅠ型は圧力容器真下にスカート内部室があり、2～3cmの鉄製スカートの壁で上部の数千t（トン）に及ぶ圧力容器と内容物重量を支えている。地震でスカート部を貫通する給排水管が断裂したとの推測がある。後の改良型ではスカート部の構造材が増強された。

　商業用原子炉は経済性を優先するため大型化が避けられない。原子力潜水艦や原子力空母の原子炉燃料よりも、原発で使用される核燃料はウラン235濃度が低いとはされているが、より一層大量の核燃料を一箇所に集めているため制御が難しくなり危険が伴う。経済性と安全性とは相容れない。原発は定期点検や事故で停止期間が長い。長い停止期間を補うために次々と原子炉を併設していく。事故が発生した時に隣接する原子炉にも事故が連鎖する可能性が指摘されており、実際に福島第一原発では1～4号機が連鎖的に甚大事故に至っている。

　米国では竜巻の被害が多く、非常用発電機は地下に置かれる設計となっている。日本では竜巻被害は少なく、津波被害を優先的に想定すべきであった。1－4号機共に2機の非常用デーゼル発電機が地下におかれ、空気取り入れ口も同じ高さに置いた為、津波の浸水を受けて空冷式で建物屋上にあった6号機の1機の緊急発電機を除き、すべて機能停止した。これにより交流電源を失い、バッテリー蓄電池を使い切ったところで直流電源も失うこととなる。GE社は非常用発電機を上層階へ設置する図面を東電側に提出していたが、東電側が火力発電単価よりも安く抑えるため建設費増加を嫌い地下に戻した経緯がある。電力会社は供給原価に基づき電気料金を決定する「総括原価方式」が認められている。

安全対策には最大限の支出がおこなわれてしかるべきだが、「原子力は安い発電方法」という神話を押し通すために安全性を犠牲にした設計や運用がおこなわれて来ており、これが過酷事故に繋がった。

2003年10月小泉内閣により香川県多度津に310億円を投じて造った多度津工学試験所の解体が決定された。実物原発と同規模の世界最大級原発耐震テスト設備であった大型振動台が実験所の建物と敷地ごと2億7,700万円で今治造船に引き渡され、解体撤去されて屑鉄として処分された。実機による試験をする研究施設がなくなり、耐震信頼性のコンピュータ試験をおこなう際に使用するプログラムの数値を変更すれば、どんな原子炉でも安全性は確保されることになった。実際に建築後の原発における耐震性能は配管に振れ止めを付ける程度のことしかできず、パラメーター変更で耐震性能を変更してきた。

福島第一原発は想定限界地震動550ガルを想定していた。国会事故調は「2号機、3号機、5号機の最大化速度値が最大応答加速値をそれぞれ25％、15％、21％上回っている」としている。最大応答加速度とは想定限界地震動の地震が原発を襲った場合、原発施設の部位がそれぞれ最大でどれほど揺れるかを計算値で求めた値である。

1995年阪神大震災で818ガル（最大加速度）、2003年宮城県北部地震2,037ガル、2004年新潟県中越地震で新潟県川口町が2,515ガル、2007年中越沖地震では基準地震動最大値2,058ガル、新潟県柏崎市西山町で1,019ガル、柏崎刈羽原発1号機岩盤で1,699ガル、2号機が305ガル（上下方向）、3号機タービン建屋1階で2,058ガル、2008年岩手内陸地震では観測史上最大・世界記録の加速度4,022ガルの地震動が測定されている。2011年東日本大震災では最大2,933ガル、福島第一原発2号機は550ガル、3号機は507ガル、5号機は548ガルが測定された。2016年熊本地震で最大加速度1,580ガルを記録している。歴代の地震観測から見て、東日本大震災で福島第一原発を襲った地震の最大加速度は最大級のものではない上に震央は180kmも遠方であった。原発の耐震スト

レステストは700ガルを想定しておこなわれており、近年の地震に対し、あまりにも過小な基準と言える。

2001年11月浜岡原発1号機で蒸気凝縮系に水素が発生し爆発、配管が破断し原子炉が停止する事故が発生した。中部電力は配管内に水素がたまらないよう遮断弁を設置して対応していたが、2002年に蒸気凝縮系を取り外している。中電の説明では遮断弁の保守管理に手間がかかるためとしている。逆U字管に水素逃し弁を設置すれば水素爆発は起きないのだが、電力会社は設置費用負担を避けて蒸気凝縮系撤去に動いた。2003年に東電社長勝俣恒久が原子力安全委員会に上申し小泉内閣の認可する決定によって福島第一原発2-6号機の「蒸気凝縮系機能」が、10億円をかけて外された。東電会見での説明では現実問題としてこれまで一度も使ったことがなく水位の制御が極めて難しく、浜岡原発で水素ガスが爆発した事故もあり撤去したとのことだ。東海第二原発や女川原発でも蒸気凝縮系は取り外されている。

外部電源を失っても動作する冷却系として「非常用復水器」（非常用炉心冷却装置・IC・福一1号機）・高圧注水系（HPCI）（福一1-6号機）・「蒸気タービン駆動の非常用炉心冷却装置」（隔離時冷却系・RCIC系・福一2-6号機）「蒸気凝縮系機能冷却システム」（RCIC系）（福一2-6号機）があった訳だが、前述の通り蒸気凝縮系は撤去されて存在していなかった。高圧注水系のポンプ流量は隔離時冷却系の10倍程度あるが、原子炉水位の上昇が早いため作動と停止の繰り返す頻度が高くなりバッテリーの電力消費が多い。

隔離時冷却系は電源が無くなっても開状態が維持されるが、圧力容器と格納容器内の圧力差を利用するものであり、圧力が同一になれば動作しなくなる。撤去されていた蒸気凝縮系は原子炉の上下の温度差を利用する崩壊熱除去の仕組みであり、電源が絶たれても長時間機能するはずであった。

1993年北海道南西沖地震の奥尻島津波被害により、1997年に4省庁

が津波防災対策報告書を取りまとめた。福島県大熊町は6.4m、双葉町6.8mの予測値である。2002年7月地震調査研究推進本部の「三陸沖から房総沖にかけての地震活動の長期評価」策定では、「三陸沖北部から房総沖の日本海溝寄り」の海域でM8.2規模の地震発生を予想している。同年、土木学会の「原子力発電所の津波評価技術」を受けて、東電は6号機の非常用海水ポンプ電動機を20cmかさ上げし、また建屋貫通部の浸水防止対策と手順書の整備をおこなった。

　2008年6月原子力設備管理部長吉田昌郎は明治三陸地震（1896年M8.6）と同程度の地震が起きた場合、福島第一原発に「福島第一原発に15.7mの津波が来て、4号機の原子炉建屋は2.6m浸水する」という計算報告を受けていた。上司の原子力立地本部副本部長武藤栄は「このような高い津波は実際には来ない」と考えて、抜本的な対策を講じなかった。

　3月11日14：46発震後、1－3号機は緊急スクラム。14：47非常用ディーゼル発電機が自動起動した。包括的核実験禁止条約（CTBT）に基づき群馬県高崎に設置されている放射性核種探知観測所放射性核種探知によって、15：00にはキセノン133を大量検出している。15：29には1号機から約1.5km離れたモニタリング・ポストMP 3で高いレベルの放射線量を知らせる警報が鳴った。15：27に津波第一波到来を受けて冠水。1号機非常用復水器の開閉バルブが地下室にあり、東電職員の二人が危険を顧みずにバルブ操作のため地下室へ行き、津波で亡くなった。15：42までに津波被害を受けなかった6号機の1台以外のすべての非常用ディーゼル発電機が停止した。17：19には1号機建屋内で高レベル放射線を計測している。17：50には建屋内放射線モニタ指示値も上昇した。

　1号機建屋作業員は「老朽化が進んでいた無数の配管やトレーが天井からばさばさと落ちてきた」、さらに4階付近では「水が大量にゴーッっと襲ってきた」と証言している。経済産業省原子力安全・保安院が、東

第一部　マルクスと現代資本主義

京電力福島第一原発１号機の原子炉系配管に事故時、地震の揺れによって0.3平方cmの亀裂が入った可能性のあることを示す解析結果を発表している。非常用復水器（IC）系の配管が格納容器外で破損したと推定される。定期点検で交換するのは重要器具だけで、周辺の装置はそのままなのである。稼働後39年目に達していた１号機は地震による主蒸気漏洩が発生しやすい状態にあった。元原発技術者平井憲夫は、原発耐用年数は原子炉圧力容器鋼材の中性子照射脆化により10年程度で廃炉・解体する予定でいたと述べている。一般的なボイラー機の寿命は30年であるが、老朽化した原発には脆性劣化という弱点があり、炉心周辺機器はことさら脆性劣化が著しく進む。鋼材の脆性遷移温度が中性線の照射により上昇し、緊急水冷時に圧力容器が破壊される危険がある。それを30年と設定し、後に40年と延長し、現在原子力規制委は選択制としてはいるが耐用年数を60年への再延長を許可している。

　朝日新聞特集「プロメテウスの罠」で、福島の女性塾教師が午後２時46分の地震の後、３時30分ごろスーパーで元塾生の原発作業員から「先生！　逃げろ！　原発の配管がメチャクチャだ！」と聞かされたとの記載がある。津波到来前の時刻である。地震直後から作業員は逃げ始めていた。他の作業員証言からも地震直後から大勢の作業員退去が始まっていたことが伺える。

　関西電力大飯原発３・４号機運転差し止め訴訟福井地裁判決では「国会事故調査委員会は津波の到来の前に外部電源の他にも地震によって事故と直結する損傷が生じていた疑いがある旨、指摘しているものの　地震がいかなる個所にどのような損傷をもたらしたかの確定については至っていないその原因を将来確定できるという保障はない。」大飯原発再稼働を認めていない。

　2010年５月に福島第一原発に重要免震棟が完成する。2007年中越沖地震で柏崎刈羽原発の事務本館が被災してドアが開かない状態となった為、新潟県知事泉田裕彦が重要免震棟の設置を東電に強く要請し、福島

第一原発にも必要であるとして設置されたものである。首相補佐官寺田学の手記によると３月12日にベント要請で菅総理と福島第一原発に赴いた際、免震重要棟内部は人でごった返しており、「階段の壁には、びっしり人が立っていた。休むところがなく、壁にもたれて休んでいる様子」と記している。免震重要棟がなければ福島第一原発が放棄されたことは確実である。

浜岡原発１・２号機は反原発運動が功を奏して廃炉過程に入っていた。福島第一原発も１号機だけでも廃炉もしくは休止に追い込んで入ればその後の状況は全く変わった展開になっていただろう。稼働中の１号機が地震で内部配管が損壊した時点で命運は決していた。また、津波に対する必要な対策がなされていなかった。例えば別途高台などに非乗用ディーゼル発電機を設置する費用は８億円、１−４号機と５−６号機への非常用電源ルート設置には80億円と推測されており、複数の電源回りの確保だけでもおこなうべきであった。結局、津波により受電盤が冠水し、電源復旧に８日も費やすこととなった。福島第一原発過酷事故を避けるには「１号機の廃炉」「津波対策」の２点が必要であった。

３　地震による原子力発電所の外部電源喪失

2006年衆議院議員吉井英勝の質問主意書に対し、当時首相だった安倍晋三は、鉄塔倒壊、外部電源供給停止の可能性があることは承知した上で、「外部電源から電力の供給を受けられなくなった場合でも、非常用所内電源からの電力により、停止した原子炉の冷却が可能である」「非常用ディーゼル発電機は複数ある」と回答している。外部電源を失った東海第二原発はベントに至っており、福島第一原発は４基も過酷事故に突入した。外部電源の喪失がその後の事故対応状況を左右している。

福島第一原発は新福島変電所から６つの回線（大熊線１Ｌ〜４Ｌ、夜の森線１Ｌ〜２Ｌ）と、東北電力からの東電原子力線１回線の合計７回

線で外部の電源を受電していた。大熊線3Lは工事中、東電原子力線は常時受電していなかった。夜の森2回線は原発敷地内に建つ外部電源送電鉄塔「夜の森線の第二十七号」の隣接地の盛土が崩壊したことにより倒壊した。大熊線1L、2Lは受電遮断器の損傷、4Lは鉄塔と電線間の接触によって受電停止に至り、すべての外部電源を喪失した。このことが原発過酷事故の元凶となった。受電鉄塔は津波の及ばぬ場所にあったが地震で倒壊した。また、絶縁体である碍子の損傷も報告されている。碍子は耐震性や塩害に弱く経年劣化する。原発にとって命綱であるはずの受電鉄塔は30年以上前に「耐震性が低い」と指摘されていたが、交換されないまま使われ続け、倒壊し電源喪失に繋がった。送電線が地震動で振れて、受電鉄塔に対し地震動とは別にさらに負担をかける。受電鉄塔は電線を張っている構造につき地震に対して脆弱である。

　福島第二原発は通常外部から2系統4回線で受電していた。被災当日、岩井戸線1号は定期検査のため送電を止めていた。地震で7km離れた場所にある新福島変電所の遮断路が損傷し、富岡線2Lが停止、さらに地震後の点検で富岡線1Lの損傷が確認されて停止。岩井戸線2Lが変電所の不具合で停止した。所内電源は富岡線1Lによって継続し、12日には岩井戸線2Lが復旧、13日には岩井戸線1L仮復旧させ、3回線の受電構成となった。非常用電源1・2号機は津波で3台ずつすべて、3号機は1台、4号機では2台の非常用電源を喪失した。外部電源1回線と非常用電源3台が維持された。東電側証言では残留熱除去系B系を復旧させてベントには至っていないとしている。非常用ディーゼル発電機が第一原発では、津波などに弱いタービル建屋内に置かれていたのに対して、第二ではより頑丈な原子炉建屋内に設置されていた。発電機の設置場所も命運を分けたと言える。

　東海村村長村上達也は「東海第二原発は昨年3月の大震災で、東海村は震度6強で、5.4mの津波を受けました。原発の電源は断たれ、非常用電源3台のうち、1台が津波で停止、原子炉内が高圧になり危険でし

第六章　原子力発電が内包する不経済と不道徳

たのでベントを 170 回おこないました。幸い海辺に 6.1m 防護壁を 1 日半前に完成していました。70cm の差で津波を防ぐことができて 2 台の非常用電源が動き出しました。防護壁の完成がなかったら福島原発同様に爆発したでしょう。」と証言している。停止した非常発電機に繋がる残留熱除去系ポンプが停止して、崩壊熱を除去するために二系統でおこなわれていた原子炉の冷却が一系統のみとなった。炉内圧力が上昇し減温減圧の為にベントした。使用済み燃料プール冷却も停止となった。原子炉内水位は核燃料上部から 600 〜 150mm を変動する状態となった。発震後 62 時間後である 14 日 10 時に外部電源が回復して危機を脱した。3 月 12 日茨城県常陸太田市真弓のモニタリングポストでは 200μSv/h を計測している。常陸太田市への福島第一原発からの直接的な気団の最も早い来襲は、3 月 14 日午後 11 時ころ以降であるから、常陸太田市 MP は東海第二原発のベントを計測した可能性が高い。東海第二原発の外部電源喪失は東電変電所の碍子が地震で壊れたのが原因である。

　女川原発に届く送電線は 5 回線あったが、内 2 回線は地震動で損傷、1 回線は碍子が損傷、もう 1 回線は広域停電により失われた。原発への送電は 30 時間にわたって 1 回線だけになった。残った 1 回線も盤石ではなく、震災翌日に遮断され燃料プールの冷却が停止した。3 月 11 日午後 2 時 57 分 1 号機タービン建屋地下 1 階で高圧電源盤が発火。非常用電源に引き継がれたが午後 4 時過ぎ津波で浸水し、原子炉冷却用の 2 系統ある熱交換器の 1 系統が半ば水没して機能しなくなった。1 回線残った外部電源が無ければ福島第一原発同様の炉心溶融過酷事故に至った可能性は高い。

　定期点検中の東通原発でも外部電源が絶たれ、3 台あるディーゼル発電機のうち 2 台は点検中で使えず、残る 1 台が自動的に立ち上がった。だが発電機が燃料漏れで停止するが、直前に外部電源による通電が再開された。東北電力では万が一に備え電源車を至急配備した。

　青森県六ヶ所再処理工場も外部電源 A と B の 2 系統共に失い、非常

用ディーゼル発電機2機で冷却水循環ポンプなどに給電した。

また、余震と見られる2011年4月7日宮城県沖地震で女川原発送電線4系統のうち3系統が遮断された。生き残った1回線は東日本大震災時とは別回線である。同日、青森県六ヶ所再処理と東通原発では外部電源が途絶えた。東通原発は3台あった非常用電源の2台が点検中で、残りの1台非常用ディーゼル発動機を稼働させて冷却した。

4　福島第一原発事故対応経緯

2000年に発生した三宅島噴火時には、火山ガス予測として緊急時迅速放射能影響予測ネットワークシステム（SPEEDI）予測動画を毎日誰でも見ることができたが、福島第一原発事故の時にはSPEEDIのデータは隠蔽された。

東日本大震災4ヵ月前の2010年11月に福島第一原発の原子力防災訓練に本部長として参加した総理大臣菅直人は、当日SPEEDIの説明を受けている。防災訓練には福島県・東電福島第一原発・東電本店・保安院・消防庁・福島医大・近隣の医療施設など2,300人が参加して、SPEEDIの情報を元に避難訓練の指揮命令を発した。福島県の職員が放射能を計測して歩き、SPEEDIによって危険地帯が割り出され、住民を避難させた。避難させた体育館では、ホールボディカウンターも用意されて、避難してきた住民が被曝していないかどうかチェックした。医療関係者は防護服を着て被曝しないように特殊アイグラスまでしていた。この訓練時に安定ヨウ素剤の配布までされていた地区もあった。

実際の原発事故時には、福島県町は県外の医療機関などから114万錠のヨウ素剤を緊急収集した。三春町は福島県庁から3月14日にヨウ素材を受領した。各自治体にも配布されたが、独自に服用を決定した三春町以外では直接県民に配られることはなかった。その一方で福島県立医科大で関係者がヨウ素剤を服用し、そのことについて緘口令を敷いた。

SPEEDIは事故後 2,000 枚の拡散試算図が作成されていたが、原子力安全委員会は 3 月 23 日と 4 月 11 日に 1 枚ずつしか公開していない。所管する文部科学省は 3 月 14 日米軍に対して情報提供していた。東京新聞報道では 3 月 12 日午前 1 時 12 分に「SPEEDI」の予測図が一度だけ首相官邸に届けられていた。予測図は 1 号機でベントを 3 月 12 日午前 3 時半から開始した場合の影響確認だという。当日朝に総理大臣菅直人は原発へベント要請に福島第一原発へ向かっている。放射性物質が海側に飛ぶことを SPEEDI で確認したうえで原発に行った。

　SPEEDIは原発の立地自治体と周辺自治体が避難計画の実効性を高めるため 128 億円を計上して導入された。その上、毎年 7 億円の予算を費やしていが、原発過酷事故に際して予測図が公開されなかったことにより、汚染状況を顧みず同心円状での避難地域が策定され、南相馬市住民は赤宇木経由で避難をおこない、不要な高線量被曝を受けることとなった。

　2016 年 1 月と 9 月には北朝鮮の水爆実験に対し、SPEEDI によるセシウム・放射性ヨウ素、キセノンの拡散予測図が発表された。原子力規制委側は事故時の原発の状態などに基づく判断の方が的確として、気象予測による SPEEDI を活用しないと決定している。現在でも福島第一原発は毎時 1,000 万 Bq の放射能を放出している。気流がどのように流れているのか逐次発表する意義が現存する。

　SPEEDI については予測値なので公開をしないという建前だが、米海軍ウィラード司令官によれば米軍は東京電力からの要請で 3 月 12 日にはグアム基地から無人偵察機グローバルホークを福島上空に飛ばしている。放射線実測値で北東 38km 地点に高線量到達及び、核種分析で炉心溶融を確認している。観測結果に基づき 3 月 16 日には 80km 圏内から米国人の退避勧告を実施している。米軍は詳細な放射能汚染地図を作製し、日本政府にも伝達したが、文部科学省が棚晒しにして、避難に活かされることはなかった。

3月12日正午のNHKニュースで「原子力保安院によりますと、福島第一原子力発電所一号機では原子炉を冷やす水の高さが下がり、11：20現在で核燃料棒を束ねた燃料集合体が水面の上、最大で90cmほど露出する危険な常態になったということです」と放送している。同日15：36に1号機建屋水素爆発が発生する。原因はベントにより建屋内に水素を含んだ放射能蒸気が流入したためと見られるが、炉心溶融との関連も考えられる。福島中央テレビは直後から爆発映像を放送し、煙が北側に流れていると注意喚起をおこなった。

　日本テレビで16：50に東京工業大学教授有冨正憲が「1号機の煙は爆破弁の成功です。1号機の煙は爆破弁を爆破させ、水蒸気を逃がしたのです」と述べた。NHKで16：52に東京大学教授関村直人が「爆破弁を作動させて一気に圧力を抜いたということもありうる」とコメントした。ほぼ同時刻に別々の2つ主要放送局で御用学者を用いて存在しない「爆破弁」という詭弁を弄させていることにより、強固な報道統制がおこなわれたことが伺える。

5　電離放射線による遺伝子への影響

　電離放射線は放射線が当たると外側に回っている電子を原子から弾き飛ばし、分子を切断する。遺伝子の切断が密におこなわれると、修復過程で遺伝子の変成がおこなわれる。1mSv/年という値は人体にある80兆個ある細胞一つずつに1個分子切断を与える非常に危険な線量である。

　α線やβ線は遺伝子の鎖を2本同時に切断する。すると異常再結合が起きる場合がある。切断が密におこなわれるほど、危険度が高く、すぐ近くに切断されたものが複数あるため、修復時に繋ぎ間違え遺伝子を変成する。人体中では40回も50回も変成が繰り返されて癌になる。強い免疫機能があれば、傷ついた細胞を識別し、それを取り除くが、免疫機能が弱いと判別できなくなり、取り除く力がなくなる。染色体が破壊さ

れたまま細胞が増殖することが癌の引き金になる。脳腫瘍では症状がでるまで30年近くかかる。

α線照射によって発生するバイスタンダー効果により、電離放射線を直接照射された細胞だけでなく、その周囲の直接照射されていない細胞にも、遺伝的不安定性、DNA損傷、染色体異常、細胞分裂・増殖阻害、細胞の自殺、突然変異の誘発などの放射線の影響がみられる。細胞核のなかにある遺伝子に傷がつかなくても、近くあるいは隣の細胞に放射線がヒットして生物化学的反応が起こって遺伝子に傷がつく。

1972年ペトカウは「長時間、低線量放射線を照射する方が、高線量放射線を瞬間放射するよりたやすく細胞膜を破壊する」ということを実証研究した。外部被曝35Svで起きる細胞膜破壊が内部被曝7mSvで起きた。線量を単純に計算すれば、内部被曝が外部被曝の5,000倍も影響力が高いと言える。総じて、内部被曝は外部被曝の600倍から900倍の影響があると言われている。

人間の細胞の分子は最大10eV、レントゲンで最大120KeV、γ核種微粒子で最大4MeV、β核種で最大4MeV、α核種で最大8MeVのエネルギーを持つ。天然のウラン238は原子がα線照射範囲の40μに比べて離れた所同士に存在するので、分子切断の場所が相互作用をしない。人工的な放射性物質は必ず微粒子になる。1μmの直径の微粒子のなかに約1兆個の原子がある。これが体内に入った場合は、ひとつの場所から次々とα線が放出される。α線の多くは4MeVという高エネルギーを持ち、10万個の分子切断をおこなう。塊になった放射性物質を内部被曝するということは、極めて確率の高い発癌様式になってしまう。β線は、体のなかで大体距離で1cm位まで飛び1MeVのエネルギーを持ち、25,000個の分子切断をおこなう。修復の過程で生まれた異常な再結合、その形質が次々に受け継がれていく。その結果、癌あるいは先天的障害とか免疫異常などさまざまな病気を生みだす。幹細胞は自己複製により一生新しい細胞を生み出していくが、その幹細胞の一部に放射線被曝が

及び、遺伝子に最初の傷ができ、遅延性のゲノム不安定性を獲得し、遺伝的不安定性の誘導と遺伝的変化の蓄積により、障害が受け継がれていく。最も深刻な電離放射線の作用とは、被曝した両親の子孫に現れる遺伝的欠損である。それは遺伝性作用、出生異常、先天性形成異常、流産、死産である。

1927年米科学者マラーはショウジョウバエにＸ線照射し、Ｘ線量と突然変異の発生が正比例することを発見した。そして一度の照射でも分割した照射でも、突然変異の発生率は同じで総線量に正比例した。7世代にも渡って後続世代に、形成異常、その他の障害が発現することを発見した。この研究により、低線量被曝や天然バックグラウンド放射線でさえもが、変異を誘発し、遺伝作用、あるいは癌誘発性があり、無害の線量域がないと結論づけた。

琉球大学准教授大瀧丈二が率いる研究チームがヤマトシジミの被曝の影響を調査し、その研究論文が2012・14年英ネイチャー系科学誌で発表された。注目すべきは、低汚染でも被曝の影響が出たことであり、被曝第二世代はより一層放射能汚染に敏感であると証明されたことである。放射線が遺伝子を不安定にする。屋内実験と動物研究によって、放射線被曝がある種の遺伝スイッチを押し、それが全般的な変異率の非特異的な上昇をもたらすことが示されている。

「放射線と市民の健康プロジェクト」ローレン・モレットによると、アメリカにおける小児の歯中のSr90含有量と原子力発電所年間稼働率上昇とともに直線的に増加を示している。原発の通常運転でもさまざまな形の有害な放射性物質が環境に出ていて、それによって昆虫や植物とかにも障害が出てくる。原発近くに住んでいる5km圏のみならず、50km圏内に住んでいる人たちの健康障害の問題もあり、子どもの白血病の発病率が高いとされる。

6　人工放射能の対人影響

　埼玉大学名誉教授市川定夫は、人工放射能は人体内に異様に高く濃縮され蓄積されていくものがあると指摘している。人体は自然放射能とは適応してきた歴史があり、天然の放射性物質であるカリウム40（K40）は人体から適時排出する機能がある。Kと元素表で同族であるCsはKよりも排出速度が遅く人体に蓄積する。放射性CsはKとして認識され腎臓から排出されるが、徐々に蓄積されていく。

　放射性がなかった元素に放射性のものを作ったときには体内で濃縮がおこなわれる。天然のヨウ素はすべて非放射性であるので、人体は放射性ヨウ素を天然ヨウ素と同じく濃縮蓄積する。カルシウムに近い性質を持つSr90も同じで、骨に集まり代謝されにくい。

　元ゴメリ医大学部長ユーリ・バンダジェフスキーは、放射性セシウムCsの継続的摂取により、子どもの白内障、奇形出産、不妊、若年者の心不全、肝硬変、赤血球の減少、腎不全といったさまざまな疾患が現れることをチェルノブイリ事故を通じて証明した。Cs137の体内における慢性被曝により、細胞の発育と活力過程が歪められ、体内器官不調の原因になる。複数の器官が同時に放射線作用を受け、代謝機能不全を引き起こす。Cs137は血管壁の抗血栓活性を減弱させ、血管中の血液凝固過程を亢進させて血栓ができやすくなり、心筋梗塞や脳梗塞など起こしやすくなる。Csによる持続的放射線の影響で2−3年すると腎臓が損傷して、慢性腎機能不全、脳と心臓との合併症を進展させる。

　平均40−60Bq/kgのCsは、心筋の微細な構造変化をもたらすことができ、全細胞の10−40％が代謝不全となり、規則的収縮ができなくなる。体内Cs100Bq/kgで、確実に心臓に異常が起きる。突然死する心筋Cs量閾値は個人差があり、1Bqでも10Bqでも起きうる。

　ベラルーシ・ベトカ地区での調査では子どもたちに白内障が増加。体内汚染が50Bq/kgの子どもの30％が白内障になり、白内障を患った子

どもたちで現在生きている子はほとんどいない。被曝により栄養の摂取が阻害されることにより体内の老化が急激に進むことが原因とされる。

α線核種が皮膚に付着した場合、皮下奥までα線が届かず、α線が届く範囲の細胞を全部殺す。よって、丸くエッジが明瞭な穴が開き、時に出血し、あまり痛まない。β線核種の場合は、一粒子の大きさが大きい場合、皮下深くまで届き、神経を傷つけ痛みを伴い、エッジが不明瞭な発赤ができ発赤の範囲も広くなる。さらに大きな粒子の場合、手や指が丸ごと腫れ、回復が遅く、しばらく腫れて激しく痛む。福島第一原発に近い地域ではアメリシウム Am などの短寿命α線源によって鼻血や皮膚の穴が開く症状が起きた。現在起きている鼻血はβ線源の付着が主要因であり、内部被曝が進行して、粘膜に炎症を起こしやすくなっている。

ICRPが放射線被曝による疾病と認めてるのは甲状腺癌や白血病や奇形児であるが、放射線は人体に万病をもたらす。放射線被曝による身体的影響は、最初に増殖性の強い細胞に出る。リンパ細胞白血球、腸上皮細胞、血管内皮細胞である。内部被曝で最初にリンパ細胞が破壊され白血球が減少、免疫力低下による感染症増加、既存化膿病巣悪化が発生し、虫歯による歯痛や水虫悪化、下痢、血管疾患、心筋梗塞、脳卒中、脳梗塞、糖尿病、肝臓障害、腎臓病、甲状腺疾患が起きることになる。生殖腺精原細胞卵母細胞、骨髄などの遺伝子を破壊し異常増殖が起きれば癌になる。白血病、脊柱や肺への癌、膀胱癌、腎臓癌、甲状腺癌、乳癌、肺癌、悪性リンパ腫、精巣腫瘍、多発性骨髄腫、骨肉腫などが若年層を中心に発生する。また、母親の子宮のなかにいるうちに被曝を受けて生まれてきた子どもたちのなかには、脳の発達停止、白内障、遺伝子の突然変異、先天性の奇形、神経系異常や水頭症などの疾患が発生する。

チェルノブイリ事故後、6年経ってからさまざまな疾病が激増した。汚染地域での循環器系疾病率は100％に近い。毛細血管の血流抵抗増加と血流量の減少が起きる。甲状腺癌は染色体7番のq11領域の遺伝子が破壊されて発生することが分かっているが、癌というのは発症数からす

ると僅かであって、内部被曝影響で警戒すべきは血管への打撃や免疫低下によってあらゆる病気に罹患することである。白血病の原因は小腸の絨毛の損傷にあり、最大の原因は放射能であり、次いで薬剤である。

　甲状腺機能障害による脳機能低下、もしくは脳そのものへの打撃により、脳機能障害、記憶力低下、精神症状、脳の萎縮、言語能力の低下、手足の動かす能力の低下が起きる。脳細胞は再生せず放射能による影響を受けやすい。脳機能低下は知覚しづらいが、程度の差はあれ確実に発生する。放射線が体内に存在する酸素分子に当たると電子を吹き飛ばし、スーパーオキシドやヒドロオキシラジカルなどの活性酸素が発生し、タンパク質や核酸に損害を与える。ミトコンドリアの破壊が進むと、クエン酸回路が阻害され、筋肉のエネルギー代謝にブレーキがかかり体が動かしにくくなる。症状が進むと極度の倦怠感が発生して社会生活が困難になる。

7　チェルノブイリとフクシマの比較

　チェルノブイリ事故で放出された核燃料は装荷量180t（トン）の内7－10t（トン）程度だと推計されている。福島第一原発で事故を起こした1－3号機炉心内燃料及び3号機燃料プール核燃料総重量は69+94+94+89=346t（トン）である。

　米原子力規制委員会（NRC）報告では福一放射能大気放出規模、2号機原子炉の核燃料の25％（23t（トン））、3号機核燃プールの核燃の50％（44.5t（トン））、4号機核燃プールの核燃の100％が大気放出となっている。事後確認された所、4号機核燃料プールは健全だとされた。炉心溶融については、1号機は炉心の約55％、2号機は約30％、3号機は約35％としている。14日3号機燃料プール爆発だけでも、かなりの量の核燃料が散乱してしまったが、大半は原発構内や海側に落ちた。むしろ危惧すべきは15日2号機格納容器破損によるドライベント、同日

4号機爆発火災や21日3号機原子炉からの溶融核燃料から放出された放射能雲の降雨沈着だと推測される。各科学者の発言などを総合すると、福島第一原発はチェルノブイリの2－5倍の放射能を放出したと考えられる。

アメリカ政府が福島原発事故で発生したセシウム放出量を計算してみたところ、チェルノブイリ原発事故の1.8倍に匹敵する18.1京ベクレルだったことが判明した。チェルノブイリ原発事故のセシウム放出量は10.5京ベクレルとなっている。

人口減少国最下位20ヵ国の内、グルジア、モルドバ、リトアニア、ウクライナ、ブルガリア、ベラルーシ、ラトビア、ルーマニア、ロシア、ハンガリー、クロアチア、エストニア、ポーランドの実に13ヵ国がチェルノブイリ周辺国である。チェルノブイリ事故後ベラルーシ、ウクライナ、ロシアの三国で1,243万人、ブルガリアとルーマニアで504万人、その他8ヵ国で417万人、合計で2,164万人が20年弱の間に減少している。ソ連邦崩壊よる経済混乱もあるから一概にチェルノブイリの影響とは言えないが、一定の指標になる。1平方kmあたりの人口は、ベラルーシが50人、クライナが79人に対し、日本は340人、東京都は6,000人、都内で最も過密な豊島区は実に21,000人である。

日本は福島第一原発事故後、人口減少に突入している。疾病や交通機関事故やや路上での行き倒れも増加している。人口減少が顕著になる以前に産業機能が麻痺する形で社会問題となって放射能禍が顕在化していくと考えられる。

8　被曝労働問題

チェルノブイリ作業員のなかには疲労感、頭痛、関節痛などで4人に1人が労働不能になった。脳の萎縮による記憶障害や言語障害を引き起こし、死亡した作業員の脳からも放射能の蓄積が見られた。作業員には

第六章　原子力発電が内包する不経済と不道徳

慰労金や障害補償が支給され、医療費も無料であり、勤労時間によってはアパートが支給された。「赤旗賞」「レーニン賞」などの勲章が贈られた者もいる。

　初期の福島第一原発収束作業に動員された延べ人数は廃棄された防護服から勘案して48万人と推計される。福島県川俣町バイク店経営者による証言によれば、福島第一原発構内における最悪の汚染地帯では、およそ1Sv/hまたはそれ以上であり、未登録の労働者が強制労働させられている。彼らは大阪などで集められ、使い捨ての労働者として扱われている。3号機に赴いた作業員がその一帯を見たときには、1～2Sv/hの瓦礫であふれていたが、翌朝には完璧に綺麗になっていた。瓦礫除去は繊細な作業となるため、人の手でおこなわれる必要があった。使い捨ての労働者が死ぬまで監禁されて労働を強制され、「行方不明」として扱われていたと言う。警察は福島第一原発20kmの領域の境界内の警備は放射線のレベルを知らされておらず、多くの警官がなくなったが、その死は決して報道されていない。

「吉田調書」によれば、消防隊やレスキュー隊の活動はあまり効果がなく、最も線量の高い時の消防車注水作業は南明興産、瓦礫撤去は安藤ハザマがおこなったとされる。間組50代社員7人が3月15日に現地入りして瓦礫撤去作業をおこなっている。

「ヤクザと原発　福島第一潜入記」を著したフリージャーナリスト鈴木智彦によれば、福島第一原発労働者の日当1万円から多くて1万5,000円だったという。危険でないという建前なので、危険手当が支給されていない。10次下請けで働かされている人もおり、中抜きされている。なかには日当7,000円の作業員もいるとの証言もある。いわき市の地元業者では高線量なので日当5万円でも請け負わないと言う。

　東京電力は名目上三次下請けしか認めていない。実際には東京電力の次に日立GEもしくは東芝が下請けし、その次が一次下請けとなっている。福島第一原発構内で作業員が死亡した際に、東京電力は記者会見で「東

京電力としては三次下請けより先の作業員については関知しない」と明言した。

電力会社が組織暴力団と深い関係にあり、最下層下請け労働者の供給を組織暴力団の手配師に頼ってきた歴史がある。被曝労働の実態こそがマルクスの説いた資本主義市場における労働における疎外なのではなかろうか。

9　大電力消費構造と原子力発電費用

1980年代に入り工場は省エネや海外移転で産業用大口電力消費は伸び率を鈍化させたが、一般家庭向け低圧電力と都市部オフィスなどの業務用電力が電力需要を増大させた。1970年の建築基準法改正で容積制が全面導入されたことに伴い、1919年市街地建築物法の絶対高さ制限「100尺規制」が撤廃された。法改正により高層建築が増加し、水搬送動力と昇降機におけるエネルギーが増加した。オール電化の増加も電力消費を増加させている。暖房や給湯については発送電によるエネルギー置換をおこなわずガスや灯油で賄えるのだが、電力会社や宣伝広告や工務店への報奨金を通じた経済誘導により電力消費増加が意図的に作られてきた。

東京湾岸に林立する高層マンションは「東京ウォール」と言われ、風の遮蔽や建物の蓄熱によりヒートアイランド現象の元凶となっている。直下型地震で発生する縦揺れ衝撃波に対して鉄骨造高層建築物は脆弱であり、パンケーキ崩壊を起こす可能性がある。エネルギー損耗や地震のことを考慮すれば高層建築そのものを規制すべきである。英国では育児をしている世帯は4階以上に住まないように健康面から法規制されている。6階以上に住んでいる住民の2割が死産や流産を起こしているという研究結果があり、英仏米では高層マンションに規制をおこなっている。日本では高層マンションの対する法規制が存在せず、地盤が悪い湾岸部

に高層マンションが林立している。

　2011年3月14日から27日まで輪番停電が実施されたが荒川区と足立区を除いた東京都21区は対象外とされた。東京電力が福島や新潟に原発を作ったのは首都圏の特に東京の大電力を賄うためである。大電力消費構造を構築しながら、電力不足なると停電から外すという具合である。本当の電力不足になるのは発震直後のはずである。広域震災により多くの火力発電所が停止する上に、原発は崩壊熱除去の為に電力を消費する施設に転じる。それが、発震3日後から電力不足なるというのは不自然だ。輪番停電の狙いは包括的核実験禁止条約（CTBT）高崎測定所であるとの推測がある。CTBTは外務省管轄の国際機関であり、経産省の管轄下ではない。高崎は3月15日の輪番停電は逃れたが、3月16日に3時間の停電に見舞われており、最も高汚染が起きた3月15日15：55以前1日間の観測結果を失っている。解析に1日かかるため前日のデータを失った。

　CTBT高崎観測所の測定結果によると、3月15—16日（3/15/15：55—3/16/15：55）にかけての1日間で、膨大な量の放射性核種が検出されている。なかでも半減期6.61時間のヨウ素135が37万mBqという高濃度で検出されていることは核暴走であった傍証例である。また、3月21日、3月30日、4月18日にも断続的に放射能濃度の大幅上昇が見られる。

　立命館大学環境経済学教授大島堅一は電力会社の有価証券報告書から原子力発電の発電単価を読み解いた。揚水発電を「原発の需給バランスをとる施設」として、原発付帯設備と捉えた。行政による年間4,000億円の補助金も考慮すれば、1kw当たり費用は原子力5.3円→12.23円、水力11.9円→7.26円、火力10.7円→9.9円になると試算した。

　内閣府コスト検証委員会は原発発電費用をバックエンドコスト2〜3円、さらに補助金・保険などの上乗せで最終的に17.5〜20.5円/kwとしている。さらに国は使用済み核燃料や放射性廃棄物処理を19兆円と

試算しているが、六ヶ所村再処理工場の処理能力は現在ある高レベル放射性廃棄物の半分しかない。

　二酸化炭素についても、ウラン鉱山の採掘、ウランの運搬、ウランの濃縮に多くのエネルギーを使う。石炭を使ってウラン濃縮をおこなっており、原子力発電所を増やすことではCO_2排出量を削減できない。

　原発は海水温より7℃高い温排水を、毎秒600〜1,500t（トン）放水口から放出している。周辺の海水と混ざりあったり、波や風によって大気中に熱を放出している。国内の全原発が稼働したとすると、は年間約1,000億t（トン）である。日本列島の降雨総量は年間約6,500億t（トン）、川から海へ流れる量は約5,000億t（トン）であり、1,000億t（トン）という温排水が与える環境への負荷は大きいと推測される。

　温排水はCO_2吸収率がわずかに低く、CO_2を大気中へ放出する。大気中のCO_2濃度上昇との因果関係も考えられる。温かい水でより多くの植物や小動物、プランクトンが死滅し、この有機物の腐敗の過程で酸素をさらに消費して、魚のための酸素が減少する。酸素は森林よりも海が作っている量の方が多い。

　原発が取り囲む日本海の海水温は0.6度上昇しており、世界平均の0.2度の3倍となっている。原発の温排水が地球温暖化に影響を与えている。エチゼンクラゲの増殖が問題となっていたが、震災後日本側の原発が停止したことによりエチゼンクラゲも減少した。

　政府は福島第一原発の1−4号機廃炉に4兆円、賠償費用が3兆円、他原発廃炉1.3兆円で合計8.3兆円の税金投入を決定しているが、通常の廃炉でも1基3,000億円必要だとされる。日本では小型炉の原発廃炉を試験的におこなう経験しかない。炉心溶融した原発の廃炉が実現できる技術的めどはたっておらず、予算枠も未知数だと言える。しかも、公共事業費からも予算を回し、新電力にも負担を押し付ける決定をしている。

　原発の経済的優位性という虚偽神話を創るために、安全対策を先送り

し、予想された過酷事故が起きれば、負担は電気料金の値上げや税金投入によって賄われている。最も留意すべきは、福島第一原発は数千万人単位の膨大な被爆者を産み出した。現在、その疾病被害発生途中にあるが、因果関係を認めない故に原発の費用に含まれていないということである。

まとめ

　福島第一原発事故は原発政策を進めている他国にとっても深い影響を与えた。独伊は脱原発へと舵を切った。これは日本と同じく国連の定める旧敵国条項適用国であるので、核武装オプションがあり得ないことも影響していると思われる。イスラエルは国防上の理由から脱原発を決定した。

　ジミー・カーター元大統領（1977−81年）は、構造や設計の複雑さから米国における再処理工場及び高速増殖炉を含む核燃サイクルからの撤退を決めた。カーターは海軍で原子力潜水艦ノーチラス号の設計を担当した経歴を持つ。米海軍は原潜や原子力空母を保有しているので、核技術については詳しい。米原子力規制委員会への人材供給源ともなっている。カーターは1977年日本に対し、日米再処理交渉を通じて日本の核燃サイクル撤退を要請している。これに日本側は抵抗した。当時の大統領補佐官ブレンジンスキーがカーターに対し、日本側の意向を伝え説得した。実質的には米国側が日本に主張させ、カーター大統領を翻意させたと推定される。

　結果、米国はウラン濃縮設備維持しつつも、Puを抽出する再処理施設はすべてを廃止した。オバマ大統領はエネルギー省サバンナリバーサイトのMOX燃料工場計画を、総工費見積もりが当初の50億＄から170億＄に拡大したことを理由に凍結した。一方、日本では六ヶ所村に再処理工場を稼働させつつあるが、高速増殖炉もんじゅや常陽も含めて事故で頓挫中である。にも関わらず、すべてMOX燃料を使用する「大間原

発」を電源開発㈱が建設中である。

　原子力発電に経済的な利点はない。あえて原子力をエネルギー源とする意味があるのは長距離・長時間潜行する潜水艦だけである。その潜水艦も核ミサイルを搭載して、敵国付近の公海を巡回するという核戦略の一翼を担っているから存在しているに過ぎない。原子力潜水艦は蒸気循環を利用するので、蓄電だけで動作する潜水艦よりも静音性に劣り、長距離航行を前提としない限り軍事的優位性が失われている。

　英国核燃料会社は福島原発事故によって日本の原子力政策の不透明感が増すなか、中部電力など10社とのMOX燃料契約を白紙撤回した。セラフィールド再処理工場も閉鎖予定としている。英国学会は2012年ICRPと分かれて独自の研究を進めている。

　日本は米露仏と原子力協定を締結している。米日間の力関係を鑑みれば、日本側に核燃政策において自主的な権利が存在するとは考え難い。米国から提供されたウラン燃料の所有権は米国側にあるとされる。抽出したPuについても、同じであろう。核兵器保有国は核武装する上でウラン濃縮施設を維持しなくてはならない。ウラン濃縮設備を稼働させ続けるためにウラン燃料需要先として原発が利用され、高速増殖炉で再使用することを名目に、原発が生み出す使用済み核燃料からPuを再処理抽出を目指してきた。2012年8月15日「第3次アーミテージレポート」で米国は日本側に原子力政策の維持を求めている。

　核弾頭は5年程度でアメリシウムが増加してγ線が増える上に、不測の核連鎖反応の発生や、爆縮時の不均一発生などによる威力低下のため交換が必要だと言われる。つまり核武装国家は持続的に純度が高いPu239を必要とする。米国はPuの再処理から撤退した。属領植民地にPu生成や抽出作業をおこなわせているとしても不思議ではない。U235の濃縮時よりもPu239抽出時の方が比較にならないほど環境を汚染する。それはワシントン州ハンフォード核施設の汚染状況を見れば一目瞭然である。ハンフォード汚染除去には12兆円の費用が必要だとされている。

第六章　原子力発電が内包する不経済と不道徳

　六ヶ所村再処理施設は2008年稼働停止しているが本格稼働すれば、千葉県付近まで海洋汚染されることが、海流調査で分かっているが、福島第一原発事故を迎えた後となり、すでに酷い海洋汚染が起きてしまった。核を使用したエネルギー源に頼るべきではないことは明白である。米国の核武装に依存する外交戦略も見直すべきである。すでに手遅れではあるが、すべての核無き世界を前提に国体も産業も生活も構築しなおすべきである。

〈参考文献〉

- 内部被曝　岩波ブックレット　矢ケ崎克馬　守田敏也　2012
- IWJ　矢ケ崎克馬琉球大名誉教授インタビュー　2014
  http:/goo.gl/GzUW8
- 日米同盟と原発　中日新聞社会部　2013
- 肥田舜太郎医師講演　2011
- 福島原発の真実　平凡社　佐藤栄佐久　2011
- 原子炉時限爆弾　広瀬 隆　ダイヤモンド社　2010
- フクシマの真実と内部被曝　小野俊一　七桃舎　2012
- 原発と大津波　警告を葬った人々　岩波新書　添田孝史　2014
- 国会事故調査報告書　黒川清委員長　2012
- 「原発事故報告書」の真実とウソ　文藝春秋　塩谷喜雄　2013
- 狂気の核武装大国アメリカ　集英社新書　ヘレン・カルディコット　2008
- 第二次不二越強制連行・強制労働訴訟を支援する北陸連絡会
  http://goo.gl/utkZff
- 内部被曝の真実と尿検査「低線量被曝でも危険」児玉龍彦
  https://goo.gl/xuNhJw
- クリス・バズビー【海外評論】癌だけではない！　放射線、ゲノムの不安定性、遺伝性遺伝子損傷
  http://goo.gl/hBmniV

第一部　マルクスと現代資本主義

- 東京電力福島原子力事故調査報告書（中間報告書）
  http://goo.gl/xS01c
- 「川俣町の東電説明会主催者　佐久間忍さんインタビューの実況」
  http://goo.gl/qnaF0
- チェルノブイリでは1500万人以上死亡　福島原発事故ではいったい何人亡くなるのか？
  http://goo.gl/M61Hm

第二部
現実社会主義の諸問題

第七章

経済システムのトリアーデと社会主義

岩田昌征

はじめに

　平和憲法第9条の下に実質的巨大軍備を有する我が日本国と社会主義憲法の下に実質的巨大資本主義を有する隣国＝党資本主義中国。両者に共通する性は、名実の矛盾を包容する高次の論理が働き得る所にある。ロシアを含めて欧米では、かかる場合、名を改めるか、または実を徹底的に黙殺する。高次の弁証法（？）は働かない。

　かくて、中国ではソ連・東欧・バルカン半島とは異なって、マルクスは死去していない。思わざる姿で長生し隠居している。欧米ではマルクス再生・再発見が語られるが、中国ではその必要がない。

　そんな心象を平成24年9月、第3回日中社会主義フォーラムの終了時に南京にて以下の七言絶句もどきに表現してみた。馬氏とはマルクスのつもり。

	和勿馬揚		和勿馬揚	
	漢驕氏州	裏	漢驕氏州	表
	愛西隠雲		愛西長蒼	
	好極生天		用極生天	
	中経長想		中経長想	
	庸済江鑑		庸済江老	
	仁学陰真		丹学畔鑑	

第七章　経済システムのトリアーデと社会主義

1　市場・計画・協議の基本スケッチ

　第3回（2012年）日中社会主義フォーラムの報告論文「マルクス主義的社会主義の歴史的役割」で論述したように、私の社会主義論は、史的唯物論的社会発展段階論に立脚するのではない。前近代社会（交換・再分配・互酬の融合・混合）から近代社会へ向う発展における三つの近代的理念（自由、平等、友愛）の登場で、それら三理念で引っ張り、に引っ張られ、また三理念を支え、に支えられる三種の経済システム（市場、計画、協議）の自立的出現の歴史的・現在的意味を確認するものである。
　自由⟷市場メカニズム、平等⟷計画システム、友愛⟷協議ネットワーク。
　先ず、市場、計画、協議の仕組みを最も単純な形で図式化し、それぞれの働きを概略しよう。
　経済システムの基本課題は、経済社会における消費（人間の再生産）と生産（人間再生産手段の再生産）の調和を需要（消費＋投資）＝供給（生産）の形で保証することである。

　市場メカニズムの均衡条件
　　α 条件　　需要量＝供給量＝ $q^e(M)$
　　β 条件　　需要価格＝供給価格＝ p^e
　調整の要(かなめ)がS曲線とD曲線の交点に表現されているので、点調整と呼ぶ。

　計画システムの均衡条件
　　α 条件　　需要量＝供給量
　　　　　　　＝ $q^e \gtreqless q^e(M)$
　　β 条件　　⊖の合計＝⊕の合計

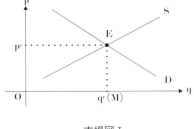

市場図Ⅰ

第二部　現実社会主義の諸問題

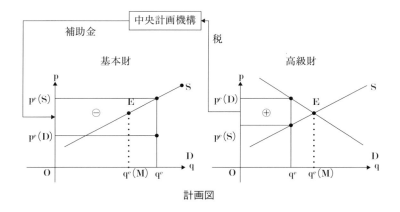

計画図

　調整の要は、⊖と⊕の大きさを規定する矩形の横線と縦線に表現されるので、線調整と呼ぶ。調整が純粋な計画システムによっておこなわれる場合の問題に関しては、第2回（2010年）日中社会主義フォーラムの報告論文「社会主義計画経済から市場経済へ——東ヨーロッパの経験の理論的分析」で論述してある。

協議ネットワークの均衡条件
　α 条件　需要量＝供給量＝q(甲)（q(乙)）＞ $q^e(M)$
　　　　　　需要量＝供給量＝q(丙)＜ $q^e(M)$
　β 条件
$$\int_0^{q(甲)} (D(q) - S(q)) \, dq + \int_0^{q(乙)} (D(q) - S(q)) \, dq$$
$$= \int_0^{q(丙)} (S(q) - D(q)) \, dq$$

　一見すると、あらゆる財において市場均衡量 $q^e(M)$ より大きい q を生産・消費しても

$$\int_0^q (D(q) - S(q)) \, dq = 0$$

168

を満足するようにできる。しかしながら、それは、不可能である。何故ならば、すべての財を市場均衡量以上生産することは、経済全体の資源制約が許さないからである。従って、丙財の存在が絶対に必要となる。

甲財は、甲財の生産者・消費者グループの内部協議で需給が調整できる。

$$\int_0^{q(甲)} (D(q) - S(q)) \, dq > 0$$

であるが故である。乙財は、

$$\int_0^{q(乙)} (D(q) - S(q)) \, dq < 0$$

であるから、内部調整のみに頼れない。甲財と丙財の生産者・消費者グループを巻き込むより広い協議にならざるを得ない。上述のような需給調整ネットワークの要は、S曲線とD曲線の下の０からq（甲or乙or丙）の面積が重要な目安となるので、面調整と呼ぶ。

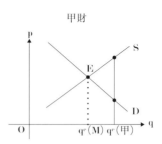
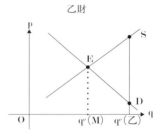
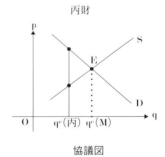

協議図

2 市場メカニズムの不完全優位性

一見して明らかな如く、市場メカニズムによる生産・消費構造の調整プロセスは、極く単純である。従って、その調整費用は、小さい。

計画システムの調整プロセスは、中央計画機関が介在することになり、より複雑となる。従って、その調整費用は、より大きくなる。

協議ネットワークは、各財内部の生産者と消費者による協議、諸財相互間の多面的協議から成り立ち、極端に複雑な調整プロセスであらざる

を得ない。従って、その調整費用が調整結果のプラス効果を打ち消すほどに大きくなることも十分にあり得る。

　要するに、経済システムの維持・作動コストは、その複雑度（単純度）に正（逆）比例する。とすれば、システム・コストが最小である市場メカニズムだけを用いて、社会経済を運営する、それで良いのではないか。かかる結論が出て来そうである。

　ここで、経済学者は、市場メカニズムが解決できない若干の難問を発見する。外部性や収穫逓増（費用逓減）である。

　私は、この種の議論によって市場メカニズム以外の経済システムの活用を説く立場に反対する者ではない。しかしながら、より根源的・より本質的問題が市場メカニズムのなかに隠れている。誰が社会全体の目的関数、すなわち社会的厚生関数を決定するのか、換言すれば、真の社会経済政治的主権者は誰かと言う大問題である。計画システムにおいては、党国家、あるいは民主的政府が決定して、それを中央計画機構に指定する。そこから計画システムが作動し始める。協議ネットワークでは、協議プロセス参加者全員が部分集団の目的と社会全体の目的を模索しつつ、かつそれに導かれて、需要・供給の調整と生産・消費構造の発見に努力する。

　それに対して、市場メカニズムでは、個別的経済主体の目的、すなわち消費者の個人的効用関数と個別生産者の利潤関数だけが働く。社会全体の目的関数なんて、全く不用である。プラスして、初期資産の私的所有の分布が与えられれば、生産と消費の構造は、完全にパレート最適として決定されてしまう。

　ところが、現代経済学に「根岸定理」（1960年）がすでに半世紀以前から存在していた。競争的市場経済の一般均衡点は、あたかもある社会的目的関数（社会的厚生関数）の最大化問題の解であると解釈できる。その社会的目的関数は、各個人の私的目的関数＝個別的効用関数を各人の所得の限界効用の逆数をウェイトとして足し算・合計した形をと

る⁽¹⁾⁽²⁾。

　かかる社会的目的関数を政治経済学的に日常用語に翻訳すると、どういう意味を開示するであろうか。一般に各財（基本財・高級財、甲・乙・丙財）の消費量は、富者の方が貧者よりも大きい。従って、各財の限界効用は、富者の方が貧者より小さい。従って、各財を購入できる所得の限界効用は、富者の方が貧者より小さい。所得の限界効用の逆数は、富者の方が貧者より大きい。すなわち、貧者よりも富者の個人効用が高く評価されるような社会的目的関数が市場メカニズム固有の属性なのである。

　人口の１％が社会的富の 99％を所有する国の市場経済においては、１％の個人的効用が社会的厚生とほぼ同一視される。超富者が社会経済政治的主権者である。

　社会がかかる社会的目的関数を全肯定しているとアプリオリに想定する根拠は、全く存在しない。何か別の真の社会的目的関数を有しているとして、その最大化を体現する生産・消費構造は、市場メカニズムの下のそれとは必ず異なる。ある財は、市場均衡量より大きい。またある財は、市場均衡量に等しい。また別の財は、それより小さい。

　それでは、真の社会的目的関数とは何か。それを発見し、定式化することは、市場にできることではない。また市場の仕事でもない。社会主義的、あるいは民族主義的社会運動、そして政治の任務である。

　かくして、計画や協議が経済社会から消え去ることなく、市場と並んで、然るべき役割を演じざるを得ない。

3　市場メカニズムの格差拡大作用

　最後に、市場メカニズム自体に貧富の差を縮少させる能力が内在せず、かえって増大させる必然性が内在することを市場図Ⅱを用いて説明しておこう

　市場図Ⅱにおいて D 曲線の上部半直線〔DE〕が富者、下部半直線〔ED〕

が貧者を表現する。S曲線の下部半直線〔SE〕が優者、上部半直線〔ES〕が劣者を表現する。売れない〔ES〕と買えない〔ED〕が市場競争における敗者であり、売れる〔SE〕と買える〔DE〕が市場競争における勝者である。点q^eへの垂直点線〔q^eE……〕が勝者と敗者を分ける。たまたま、富者と劣者が大きく重なり、優者と劣者が大きく重なる場合のみ、すなわち、たまたま富者と劣者がほぼ同一人物群であり、優者と貧者がほぼ同一人物群である場合のみ、貧富の格差が小さくなる。しかしながら、富者と優者が重なり、貧者と劣者が重なる社会事象の方がはるかに高い確率で生起するだろう。

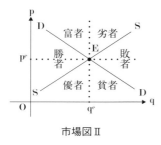

市場図Ⅱ

おわりに

今日、現実面でも思想面でも市場主義が隆盛をきわめている。私は、資本主義的市場を全否定する者ではない。「はじめに」の七言絶句もどきで述べたように、西方経済学のなかの「西極経済学」を排する。第2節と第3節で論述した理由があって、経済社会のなかに社会主義性（計画性と協議性）の濃度を高めたい。七言絶句もどきで言う「中庸仁」や「中庸丹」とは、市場・計画・協議の動態的組合せを指している。

〈注〉
（1）Mario Tirelli, Negishi's approach to Walrasian equilibria Handout 2, 2010 Googleで検索
（2）「根岸定理」に関しては、前田章著『資産市場の経済理論』（東洋経済新報社、2003年）p.75に説明がある。

第八章
ネップ（NEP）、ノップ（NOP）、ネオネップ（NEONEP）
—— 中国のマルクス主義学者・余斌氏の講演を聞いて ——

聽濤　弘

はじめに

　本年（2015年）4月26日、慶應大学で「社会主義理論学会」主催の『さあ「資本論」を読んでみよう』の著者・余斌氏の講演を聞いた。私は中国問題を専門的に研究しているわけではないが、大西広氏（慶應大学教授）によれば氏は中国社会科学院マルクス主義研究院に所属する「40代の俊英」（『季刊中国』117号）である。確かに講演は冴えていた。中国ではかつては『資本論』は必要のないものであったが、いまは必読の書となっているとし、それは中国の現実の反映であると論旨明快に語った。本書の翻訳にあたった若い聡明な女性・荘厳氏（秀明大学）が講演の通訳をすると同時に簡単なコメントをした。彼女は素晴らしい日本語で自分はこれまでマルクスなど読んだことがなかったし読んでもまったく分からなかったが、今回翻訳をすすめるうちにマルクスの洞察力の深さに驚くとともに、中国の輝かしい未来を願うなら『資本論』は必読の書であることが分かったと、感動的とでもいえるコメントをおこなった。大きな拍手が起こった。

　会場からの質問・意見に移ったとき、レーニンのネップをどう評価するかという質問がでた。余氏はいまの中国はレーニンのネップを「遥かに越えて」資本主義化していると述べた。この答えを聞いているうちに

ソ連でレーニン死後、ネップを巡ってノップ（NOP）、ネオネップ（NEONEP）という言葉が現われブハーリンとトロツキーの激しい論争が起こったことを思いだした。またこの論争が重大化したときイタリア共産党のグラムシがスターリンに同党の立場を述べた手紙を送ったことも思いだした。本稿は中国問題を主題としたものではない。しかしこの論争と中国を比較してみると中国問題をみる一つの視角（あくまでも一つの）がでてくるのではないかと思う。いま一般の中国人で中国は社会主義建設をしていると考える人はまずいないであろう。日本でも同様である。したがってこういう問題を論ずるのはマルクス主義者の「知恵の悲しみ」かも知れない。本稿はそのことを意識しつつも論争とグラムシの手紙を想起し、その現代的意味を述べようとするものである。

1 余斌氏とネップ再論の現代的意義

　余氏は質問に答えまず初めに、そもそも中国の「改革開放」路線はレーニンのネップの精神によるものであると述べた。日本でも一時、中国はネップをやっているという見解が広まり、私もそう思ったことがある。しかしもう随分以前からネップとはかけ離れたものだと思うようになっていたので、氏の答えは納得的であった。氏はさらにレーニンは市場経済がもたらす資本主義の活性化・資本主義の復活には「警戒」するよう「注意をうながしていた」と述べた。氏は中国が「資本主義」になったとは規定せず公式見解を踏襲し「社会主義の初級段階にある」としたが、資本主義的部門がレーニンのネップの限界を遥かに超えてすすんでいるという認識を示した（以上、議事録があるわけではないので私のメモ書きによる）。たしかにネップには限界性がある。時間的限界性の問題ではなく（レーニンは、ネップは「一歴史的時代」を必要とするといっていた）、質的な限界性である。余氏の答えには、ある則を超えると資本主義の復活になるという「レッドライン」があることが含意されてい

第八章　ネップ（NEP）、ノップ（NOP）、ネオネップ（NEONEP）

るものと理解した。

　ここから一つのことがいえる。ネップすなわち市場経済導入は必要である。いま日本でも社会主義は市場経済を必要とするという見解がほぼ共有されるようになっている。それではそれが資本主義に逆戻りしない保障はどこにあるのだろうか。それは労働者（人間）の意識性がどう発揮されるかにある。市場経済の無限定な発展は「管制高地」（社会主義部門）でさえ市場経済原理（つまるところ「利益追求」）を基軸に運営せざるをえなくなるということである。余氏はいま中国では「国有企業の改革」が問題になっているが労働者が経営に参加し管理・運営していく方向での改革が必要であると強調していた。

　しかしこの問題も口で言うは易すしで、現実には支配階級になった労働者が自分自身をどう統治するかという極めてむずかしい問題である。スターリンを糾弾していれば答えがでてくるような安易な問題ではない。組織はどのように形成されなければならないのかという、マルクス主義があまり突っ込んで研究したことのない問題である。

　このような意味でネップ再論は中国問題だけでなく、先進資本主義国のわれわれにとっても現代的意味をもっていると思う。そこでネップ論争に移るが現在の中国はネップ期のソ連とは比較にならない経済力をもっている。中国の国営企業の多国籍企業化、アジア・インフラ投資銀行（AIIB）の設立、「一帯一路」建設等々である。ネップを持ち出すこと自体が見当違いのようにも思う。しかし余氏がいうように「改革開放」の出発点はネップであった。それがなぜこうしたものになったのか。ネップ論争を再現してみる価値はある。なおネップといえばソ連ではなによりも農民問題であったが、余氏の講演会ではそれを討論する余裕がなかったことを付言しておく。

2　ネップ論争での用語について

　まずはレーニン死後のネップ論争で使われた用語の解説から始める。論争では「ノップ」、「ネオネップ」という用語があらわれた（参照；ブハーリンの1927年12月の報告「第15回党大会を前にした党と反対派」『ブハーリン選集』 1988年版）。

「ノップ」とは
「ＮＯＰ」とはネップ反対派が使った用語である。〈O〉はロシア語の「オブマン」すなわち「だます」、「欺く」という意味の単語の最初の文字である。〈P〉は「ポリチカ」（政策）ではなく「プロレタリアート」のことである。すなわちネップはソビィエト政権が労働者をだまして資本主義を復活させる「プロレタリアート新欺瞞」政策であるという意味である。レーニン存命中にはもっと直截にＮＥＰの〈E〉は「エックスプルアターツィア」（搾取）のことだとし、ネップを「プロレタリアート新搾取」政策ともじりネップに反対する勢力があった。私はノップという用語はペレストロイカ期にブハーリンの名誉回復がおこなわれ『ブハーリン選集』が発刊されてから初めて知った。さすがに1980年代にもなればソ連の人々にも意味が分からないため編集者は「注」をつけ「プロレタリアートを欺瞞する新政策。党の敵がＮＥＰという言葉をこのように変造した」と解説している。

「ネオネップ」とは
「ネオネップ」（ＮＥＯＮＥＰ）という用語はドイチャーが『武力なき預言者・トロツキー』で使っているので既知のことかもしれないが、文字通り「新・新経済政策」である。なぜもう一つの「新」なのか。ブハーリンはレーニン死後の1925年4月にモスクワの活動家集会で富農を含めてすべての農民に「豊かになろう！」と呼びかけた。よく引用される

第八章　ネップ（NEP）、ノップ（NOP）、ネオネップ（NEONEP）

有名な言葉である。

「全般的に全ての農民に、その全ての層にたいし次のようにいう必要がある。豊かになろう、蓄積しよう、自分の経営を発展させよう。白痴だけがわが国はいつまでも貧乏でなければならないと言うことができる」（「新経済政策とわれわれの課題」　前掲書）。

　ブハーリンは、①農民が豊かになれば「工業製品の需要」が高まり、われわれの工業が発展する、②富農が豊かになり剰余金を銀行に預ければ、銀行は「われわれの銀行」（国有銀行）であるから「われわれの利益」が増え「中農に融資」できるという論拠をあげた（同上）。ドイチャーは「ブハーリンの弟子たち」が、これを「詳しく説明し、新ネップ（ネオネップ）の出現を語り、平和的に富農を社会主義へ統合するのは可能であるという見解を、しきりに述べた」（前掲書）と書いている。

　それだけではなくブハーリンは生産力の発展のために手工業者、商人、ブルジョアについてさえも同様に述べた。ブハーリンはリュードビッヒ・ミーゼスが「マルクス主義的社会主義者が生産力をもっともよく発展させる経済秩序」の必要性を強調していることには「同意」するが、「共産主義者」はそのためには「私的個人的刺激、私的イニシアチブ」が不可欠であることを忘れているという批判を、積極的なものとしてうけとり（ミーゼスを批判しつつも）、ネップとはまさにそういうものだと次のように述べた。

「われわれはすでにネップに移行したので、そのことによって実際にはいま述べた、社会主義に反対して提起されたブルジョア的論拠を克服している。なぜか？　なぜならネップの意味はわれわれが農民、小生産者そしてブルジョアでさえも、その経済的イニシアチブを利用し、そのことにより私的蓄積も許しながら、同時にわれわれは――一定の意味で――彼らを客観的に社会主義的国家的産業と経済全体に奉仕させる点にある」（前掲書）。

　これがブハーリンの主張の基本である。なぜそれがドイチャーがいう

ように「ネオネップ」なのであろうか。レーニンもネップとは「かなりの程度に資本主義の復活にうつることを意味している」と随所でいっている（この引用文は論文「新経済政策と政治教育部の任務」全集㉝）。レーニンは続けてそれは「どの程度にか――それはわれわれも知らない」、「実践」が決めるといっている。しかし明確なことはレーニンはどの「程度」かは分からないが富農（クラーク）も「豊かになろう」とは絶対にいわなかったことである。日本の現代人の感覚でいえば富農とは少々裕福な農民のことと思うかも知れないが、ロシアでは帝政時代から貧農・農業労働者を冷酷無慈悲に搾取する「富農階級」（クラーチェストボ）とも呼ばれ打倒の対象になるものであった。また1925年の第14回党大会から27年の第15回大会までの期間はネップの成功（革命・外国の干渉・内戦で荒廃したロシア経済を建て直した）に特徴づけられる時期であると同時に、農村では富農、都市ではネップ・ブルジョアジー（ネップマン）が活性化した時期であった。それと実効的計画化の開始に特徴づけられた時期でもあった（電化計画など実際にやれることから始める計画を実効的計画という）。この時期にブハーリンは富農も「豊かになろう」、ブルジョアも「私的蓄積をしよう」と強調したわけである。これは明らかにレーニン的ネップからの逸脱であり、彼の主張は「ネオネップ」と呼ばれたのである[1]。これを放置すれば資本主義がますます復活することは不可避である。

　用語解説はこれで終わるが一言せざるをえないことがある。日本の著名なソ連研究者がソ連崩壊後、秘密文書から明らかになったことだとして「ネオネップ」について次のように書いている。ネップとは「ネップの湯あか（ネップマン）の弾圧、その財産没収という経済的テロをともなっていた。……しかしスターリンは政策に行き詰ると、一転してテロをともなうネオネップに政策を転換した」（稲子恒夫編著『ロシアの20世紀』）。秘密文書がでてこようとこまいと「ネオネップ」という用語が産まれたのはいまみてきたとおりであり、テロが始まるのは30年代で

第八章　ネップ（NEP）、ノップ（NOP）、ネオネップ（NEONEP）

ある。また内容的にも富農・ネップマンに一層の宥和政策をとるものであってテロとはまったく無関係である。言葉は抑制したいがソ連が崩壊すると何をいってもいいという風潮はいかがなものかと思う。

　このブハーリンのネオネップにたいしトロツキー、ジノーヴィエフ、カーメネフなど「合同反対派」は強烈に反対し大論争がおこった。

3　トロツキー・ブハーリン論争の公平な見方

　そこでこの論争をどうみるかである。当時のロシアの階級的力関係からみる見方と、現代の中国をどうみるかを基礎にした見方と二つある。第一の点からいえばトロツキーら「合同反対派」はネップの継続を否定したわけではなく、富農・ネップマンへの課税強化、労働者の生活改善（賃上げなど）、工業化計画の推進を主張したのであった。ブハーリンはネップの継続を主張しトロツキーらがそれに反対したというのは、ネップとネオネップの違いをみないまったくの誤解である。

　しかしトロツキーらの主張にも吟味しなければならない問題がある。それは富農がもっていた力である。富農への課税強化を主張しても農村ソビィエトは富農が中農の一部を味方につけ多数派を形成している地域が広範に存在し、中央政府の決定が必ずしも実行できるとはかぎらなかった（多党制でエスエルもメンシェヴィキも活動していたことも銘記されなければならない）。また富農は革命前にはロシアの全商品穀物の50％を供給しており論争が起こったころでも20％を供給していた（1927年）。富農が中農を巻き込み売り惜しみをすれば都市への食糧供給は重大な危機に陥った。トロツキーらの政策を実行するには相当の「荒療法」が必要であったはずである。

　ブハーリン（スターリン）はトロツキーらの路線を実行すれば「労農同盟」が破壊されるとして反対した。一方、労働者の側からの富農やネップマンにたいする不満は拡大していた。このように当時のロシアの階級

的力関係からみた場合、政治情勢の判断と政策立案は非常に難しい問題であったことが分かる。単純な判定はできない。

　現代中国論の見地からすると、生産力発展のためには豊かになれる者から先に豊かになろうという中国の「先富論」はブハーリンのネオネップと非常によく似てる。そのためか中国のマルクス主義学者が書いた『中国を知るための経典——科学的社会主義の理論と実践』（主編　高　放、李景治、蒲国良）には生産関係は「形式」にすぎず、生産力の発展が重要として、トロツキーには「極左、過激」の二つの誤りと一つの「比較的正しい主張」（後述）があったが、「現在からみると、ブハーリン路線は実際上はレーニンの後期における新経済政策の継承であった」と高く評価している。ここにはネップとネオネップの区別はないが、生産力発展を至上目的として「先富論」をとってきた中国にとっては、ブハーリンを評価する理由が分からないわけではない。

　しかしブハーリンにしろ中国にしろ限度というものがあろう。中国人民の生活水準が全体として底上げされたことは積極的意義があるが、異常な格差の拡大は資本主義的「搾取」関係の形成にあることは理論的に明白である。日本の学者でもソ連崩壊後、「搾取」といわず「格差」というのがはやりである。こうなってくるとものの見方に根本的な違いが生まれ、ブハーリン路線を無限定に評価することになる。現に日本の左翼の代表的論客がブハーリン路線でいけばソ連の社会主義建設はうまくいったはずだと説く講演を最近聞いた。ことの単純化である。そこで論争をもう少し深く見る必要がある。ブハーリンの主張は比較的よく知られているが、トロツキーがソ連の社会主義建設にどういう態度をとったのかは一般にはあまり知られていない。公平を期すために紹介する。

トロツキーとネップ

　まずはトロツキーとネップについてである。彼はレーニンより１年早くネップ導入の契機となった農民からの強制的余剰徴発をやめ「累進所

第八章　ネップ（NEP）、ノップ（NOP）、ネオネップ（NEONEP）

得現物税」に換えることを提案した手紙を党中央員会に送っている（1920年２月、「食糧政策と土地政策の根本問題」　出典　季刊『トロツキー研究』第３号）。しかし15人の中央委員のうち賛成は４名だけでレーニンも賛成しなかった（レーニンはおそらくまだ内戦が続いており「戦時共産主義」をやめることはできないと判断したからだと推測される）。１年後の1921年の第10回党大会で強制的余剰徴発廃止が決定されネップが始まった。ネップの真髄はレーニンが主導した市場経済の導入にあるが、そういえるのは手探りの模索を経たいわば「あと知恵」であり、トロツキー提案は彼の一見識を示すものであったといえる。

「一国社会主義」論争の実際について

　ブハーリン（スターリン）との理論論争の第一は「世界革命」か「一国社会主義」かである。周知のとおりブハーリンらは、トロツキーの「世界革命論」は西ヨーロッパ革命の到来なしにはソ連一国での社会主義建設は不可能であるとするものであり、トロツキーに従えば革命ロシアは「ブルジョア国家に変質」すると攻撃した。トロツキーは正確には何を主張したのであろうか。

　トロツキーはもちろん先進国革命の到来を期待しているし一国で社会主義が最終的に勝利することはありえないとした。しかし「ヨーロッパの先進諸国でプロレタリアートが勝利するまでわれわれにとって社会主義建設の可能性がない、という結論を（私から──引用者）引き出そうとするあらゆる試み」ほど「馬鹿ばかしい」ことはないと述べている（論文「一国社会主義の理論」1926年12月。前掲書）。トロツキーが主張していたのは「わが国の発展の全問題をソ連におけるプロレタリアートと農民の国内的相互関係に帰着させる」ことはできず、ソ連が「世界経済の相互依存関係から解放されると考えることは、恐るべき民族的偏狭」（同上）であるということであった。

　これは今日でも、しかも民主的変革についてさえいえることである。

1985年にミッテラン大統領が登場し「社会主義」的政策（かなり大規模な国有化）をとったところ、ヨーロッパ資本家連盟がフランスからの資本の引き上げなどの圧力を加え潰してしまった。問題は「一国的」なことと「世界的」なこととの関連性のもとで「勝利したプロレタリアート」がどういう政策を立てるかである。ブハーリン、スターリン、トロツキーも遅れたロシアを工業化しなければならないという点では一致していた。問題はそのテンポと財源についてであった。この具体的な問題をみないと『一国社会主義』論争は抽象論だけに終わってしまう。

工業化のテンポについて

ブハーリンは農民が豊かになるに応じた「亀の歩み」のテンポ（第14回大会での発言）を主張したことはよく知られている。トロツキーは工業化のテンポについて次のように述べている。「われわれはテンポを自由に選択できるわけではない。なぜなら、われわれは世界経済の圧力のもとで生き、成長しているからである」、「<u>世界経済の資力を巧みに利用</u>（下線—引用者）する場合にのみわれわれは自国の発展を最大限に促進することができる」（「われわれは経済的独立を達成できるのか」1927年3月論文　同上）。

先の中国の書物がいうトロツキーの「比較的正しい主張」とは第一に「世界経済の資力の利用」という点にあった（次に工業化推進も正しいとしている）。後にソ連ではこのトロツキーの主張はロシアを外国に「売りとばす」ものとして糾弾された（レーニンと利権については後で述べる）。

そのうえでトロツキーは論争相手のブハーリンを次のように批判した。「ブハーリンはいまだに、世界経済へのわが国経済の依存関係を純形式的にしか承認していない。彼は孤立した発展という……空想的な図式に固執している。われわれに課せられる発展のテンポは国際的に制約されたものであるということを彼は理解していない。軍事的干渉の他に、技

第八章　ネップ（NEP）、ノップ（NOP）、ネオネップ（NEONEP）

術的優位性に基づく安い価格というはるかに強力な干渉も存在していることを理解していない」。したがって「『亀の歩み』という眠気を起こすような反動的理論」とは闘う以外ない（同上）。

また別の論文で「工業の指導的な役割を確保するよう要求する人々は、超工業化論者である」などといって非難するのはまったく見当外れであると述べている（「社会主義的蓄積の法則、計画原理、工業化のテンポ、そして――無原則」1926年5月論文。同上）。

工業化の財源について

トロツキー、ジノーヴィエフ、カーメネフらの「合同反対派綱領」（1925年）は工業化の財源を次の点に求めた。①行政改革による国家予算の再編成（これはレーニンも主張していた）、②富農、ネップマン、投機分子への課税の強化、③農民から徴収した農産物（とくに小麦）の輸出である。これは至極妥当なものだと思う。

ところが政治的にはトロツキー派に属する経済学者・プレオブラジェンスキーが農民を「搾取」して工業化をおこなうことを主張し、これを「社会主義的原始蓄積の法則」と呼んだ（『新しい経済』）。この主張がトロツキー自身の経済政策であるかのようにみなされた。トロツキーはこれはブハーリンが、プレオブラジェンスキーと自分の言葉とを「文学的略奪としかいいようのない方法」で結びつけ「プレオブラジェンスキーは正真正銘のトロツキズムである」と断定したブハーリンの捏造であると述べている（論文「われわれは経済的独立を達成できるか」同上）。私もかつて両者を同列視していたことがあったので、この際はっきりさせておきたい。

計画経済と市場経済の問題について

最後にE・Hカーは論争は「ネップの基礎である市場経済」か、それとも「計画化」か、その「非両立性が明るみにだされた」問題であった

と述べている（『ロシア革命』）。この問題でトロツキーは次のように主張していた。彼は計画経済の意義を強調すると同時に、計画の「誤算を適時にあきらにする」有効な手段としての「市場経済」の役割を指摘した。「国家行政と市場」との「計画的な組み合わせ」が社会主義経済運営に不可欠であると説いた（以上、「ソ連の経済情勢についてのルイコフ決議案の修正」、同上）。これは現在でも計画化と市場の関係についての一論点となっている。

　ブハーリンとの論争でのトロツキーの主張の基本点は以上のようなものであった。これを「ブルジョア国家への変質」を狙う「反革命路線」であると非難、攻撃することは絶対にできない。あくまで理論上、政策上の問題であった。

「正確な理論」か政治判断か

　私はトロツキー路線でいけばソ連での社会主義建設は成功していたとか、ブハーリンのようにやれば首尾よくいったとかいうつもりはない。レーニンが存命していたら「正解」があったという問題でもないであろう。ここに「正確な理論」があったとは思われない。非常に矛盾に満ち満ちた社会での難しい選択の問題であった。これは内外の力関係をみながら政治的判断をくだす以外ない問題である。トロツキーは後のことだがロシアの社会主義建設はロシア共産党の政治局が「七人のマルクス、七人のレーニンによって構成されていたとしても」克服できない困難と矛盾に満ちたものであると述べている（論文「危険信号」1933年　出典『トロツキー研究』4号）。歴史とはそういうものなのであろう。

　論争の結末はスターリンがトロツキーを、次いでブハーリンも行政的に排除すると「富農絶滅」をかかげあの暴力的農業集団化を強行し、農民の搾取による「超々工業化」路線を推進する結果となったことは周知のとおりである。プレオブラジェンスキーは自分の路線が採用されたとして感激し、スターリンの軍門に屈した。

第八章　ネップ（NEP）、ノップ（NOP）、ネオネップ（NEONEP）

4　中国問題と関連して

　これまでも若干触れてきたことではあるが、中国は生産力の発展をなによりも重視する立場から「先富論」をとった。ブハーリンの「ネオネップ」もそうであった。放置すればますます資本主義活性化を不可避とするものである。しかし中国の場合は「ネオネップ」とも大きく違う点がある。

　中国は生産力発展のために1990年代に入ってから大規模に外国資本を導入した（できた）ことである。ソ連では外国資本の導入はできなかった。レーニンも外国資本の導入を歓迎したが、なによりも利権契約にあたって外国が持ちだす要求を拒否せざるを得ず、入ってきた外国資本は極めて僅かでしかなかった。1922年のジェノバ通商会議とハーグ会議で利権交渉がおこなわれたが帝政ロシアの債務の返還、国有化された外国人企業の返還などの要求がだされた。また別の機会だがアーカート（イギリスの鉱山実業家）との交渉ではイギリス政府がロシアにとって死活的重要性をもつダーダネルスク海峡問題の国際会議にソヴィエト・ロシアが参加するのを許さないという条件をもちだした、等々である。またソヴィエト政権側は利権企業はそこで働くロシア人労働者の状態を「外国の平均的基準に達するまで改善する義務を負う」、「労働組合と協定を結ぶ義務がある」などの条件をつけた（レーニン「全ロシア労働組合中央評議会の共産党グループ会議での利権についての報告」全集㉜）。

　中国も慎重であった。深セン特区から初め地域を限定したり、内容的にも合弁会社方式をとった。しかしそれが生産力の発展に資することが分かると地域も沿海部から内陸部へ拡大し100％外資も認めるようになった。レーニン時代とは違い植民地体制が崩壊し世界の力関係が大きく変ったことは事実であり単純な比較はできない。資本輸出を即「植民地主義」とすることはできず、それがもつ生産力的・文明的機能（それはレーニン時代にもあった）の役割を正当に評価しなければならないで

あろう。

　しかしその側面と資本の論理とは別である。ネップとネオネップの区別なしに、かつ外国資本を大規模に系統的に導入することは資本主義の復活に導く（中国の工業生産での外国資本の占める割合は25％以上、輸出入総額では50％以上）。この側面は資本がもつ本性からの必然であり、それを否定することは誰にもできない。

　日本の中国論のなかには資本主義化がすすんだとしてもまず生産力が発展し文明化がすすめばそれでいいではないかとか、グローバル化時代の経済相互依存関係のもとでは必然のこととする議論がある。こういうことでいいのだろうか。また中国は社会主義でも資本主義でもない「第三の道」を求めているのだとする議論もある。資本主義後の社会システムをどう描くかは現代の大きな課題であり、さまざまな探求があってしかるべきである。しかし「第三の道」論は史的唯物論にかかわる社会発展の新理論が確実に成立することが理論的に証明されなければならないであろう。

　中国では外資導入を巡って「資本主義か社会主義か」の党内論争がおこなわれた（参考：馬立誠　凌志軍著『交鋒——改革・開放をめぐる党内闘争の内幕』 1999年）。また市場経済を巡って試行錯誤がおこなわれてきた。しかし外国資本の大量導入を期に事態が根本的に変化し市場の論理が最優先するようになった。これが余斌氏が指摘する、中国はレーニンのネップを「遥かに越えた」ものになった大きな要因であった。いま中国の国有企業は多国籍企業化してる。これは外国資本導入への対抗であるとみなされることがあるが、中国指導部自身が認めているようにそれは「市場の拡大」と「資源の獲得」のためであり、「資本の論理」を超えたものではない。

　ネップは農民問題でもある。しかしここでは以下の指摘だけにとどめる。人民公社が農民に支持されなかったため「改革開放」路線によって解体されたのは正当なことである。中国がこれからまた「共同化」をお

こなうことは考えられない。しかし13億の人口のうち9億人が農民戸籍者であり、中国問題の核心は農業・農民問題にあると思う。どうするのか今後が注目されるところである。

5　グラムシのスターリンあての手紙

　余斌氏は中国の前途を憂慮している。日本の進歩的・良心的人々の多くも現在の中国の状態と将来について懸念をもっている。そういう意味でグラムシがスターリンにあてた手紙を想起したい。グラムシは先述したあの時期にソ連共産党の最高指導者に直言した稀有な共産主義者であった。

　スターリンはトロツキーらとの論争が激化すると、トロツキーを党から除名（1927年）する以前から、「合同反対派」の集会にやくざ者を投入し集会を暴力的に潰したりしていた。当時の日本のマスコミがこれをどう報道したか知らないが、ヨーロッパのマスコミでは大問題となった。グラムシは事態を重大視し1926年10月、スターリンあてに書簡を送っている（正確にはイタリア共産党政治局からソ連共産党中央委員会あての書簡）。

　手紙は冒頭で「論争の激しさは、兄弟諸党の介入を必要としている」と述べ、これはソ連共産党の「大会での投票の数的結果とは無関係な」重大事態であるとして以下、3点を指摘している。第一に「国際的ブルジョアジーのもっとも有力な新聞と政治家」は、この激烈なソ連指導部の論争と軋轢はソ連を「臨終に導く」ものであるという「確信」を大々的に語っている、と指摘している。「ブルジョア出版物」は「ソビィエト国家はいまや確実に純資本主義国家になりつつある」ことを「反対派ブロックのもっとも有名な指導者の主張」によって「客観性をもたせよう」と努めている。イタリア共産党員のソビィエトにたいする共感は「なお無限である」にもかかわらず、このことはムッソリーニ・ファシズム

との闘争に重大な障害をつくりだしている。国際的にも世界の諸党の「有機的統一」にとって重大である。「ロシアの活動家の義務は、國際プロレタリアートの利益の枠組みでのみはたすことができ、またはたさなければならない」ことを「あなたがたは忘れて」しまってる。したがって「ソ連共産党のもっとも責任ある同志たちに注意を促すことは、國際共産主義者としてのわれわれの義務であると信ずる」。

　第二に論争の中身に関してイタリアも農民が勤労大衆の多数を占める国であり、教会の伝統、農民への伝道の組織化、労働者の思想状況等々、ロシアより「はるかに複雑」な国であり、いまの論争は「明日のわが党にかかわる」問題であると述べている。しかしソ連共産党は第14回党大会以降、ロシア問題をコミンテルンの各支部に持ちこまないように要請している(2)ので詳論はさけたいとしつつ、全体として「イタリア共産党の多数派」はソ連共産党の「多数派の政治路線が基本的に正しいと考えている」としている。「反対派」の立場には「労農同盟」の重要性より「同業組合的精神」を重視する「誤り」が含まれていると述べている。

　たしかに支配階級になった労働者が従属階級であるはずの社会の構成員より「劣った生活状態」にあることは「歴史上かってなかった」矛盾である。労働者にたいし「諸君は支配者か、それともひどい服装とひどい食事をしている労働者か？」、支配者は「毛皮ずくめでこの世の財貨のすべてを意のままにしてるネップマンか？」、「君たちはなんのために闘ったのか？」という「デマゴギー」を容易にとばせる。しかし労働者が占めている「歴史的に特別な位置」の「精神」すなわち労働者は全社会の解放者であるという労働者のヘゲモニーを確立しなければならないはずである。だがわれわれは多数派をも反対派をも「扇動したり宣伝したりすることは欲していない」と述べている。

　第三にネップのもつ矛盾する社会のなかで活動する党にとっては「統一と規律」が重要であることを指摘している。同時にそれが「機械的で強制的なものであってはならない」としている。「ジノーヴィエフ、ト

第八章　ネップ（NEP）、ノップ（NOP）、ネオネップ（NEONEP）

ロツキー、カーメネフの同志たち」は、わがイタリア共産党を教育しその誤りを訂正するために「力強く貢献し」た「われわれの先生である」としたうえで、自制心を発揮するよう求めている。なぜなら「多数派が、闘争において相手を叩きのめそうとせず、行き過ぎた措置を避けるつもりであることを、われわれは確信したいからです」（下線―引用者）と述べている。最後は改めて党の統一を切望し分裂は「致命的」になると訴え書簡を終わっている（『グラムシ問題別選集』3）。

　実に慎重な言い方ではあるがスターリンに直言している。ソ連での社会主義建設はソ連一国の問題ではなく西ヨーロッパの運動との統一として捉えるべきであり、そのためにも両派とも自制して欲しい、そうしなければ重大事態が起こる、それはなんとしてでも避けて欲しいというところに手紙の最も肝心な点があると思う。

　モスクワにいたトリアッティはブハーリンなどには手紙を見せたがスターリンには渡さなかった。グラムシはトリアッティを「官僚主義」として強く批判する電報を打っている。

　中国はどうなるのか。指導部が真のところ何を考えているのか、私にはわからない。余氏を含め中国のマルクス主義学者が中国指導部にどれだけ影響力をもっているのかも知らない。ただわれわれがその場限りの「場当たり主義的」中国論を展開し、結果として傍観に陥るのは避けたいと思う。グラムシの書簡がもつ歴史的重みを感じさせる。

おわりに

　マルクスは「過渡期」は「政治的」であるといった。そこには経済的法則があるわけではない。さまざまな問題を内外情勢を考慮し政治的に判断して道を開いていく以外ない。「20世紀の社会主義」はそれを誰かが決め社会に強制したため内外の諸矛盾を社会に蓄積し崩壊していった。決めるのは「社会」である。そのためには社会が判断できる社会的・政

治的システムをつくることが不可決である。社会主義は民主主義を必然の前提とするものである。そうしてこそ支配階級となった労働者が自分自身を統治できるようになる。

いまは非マルクス主義者の水野和夫氏の『資本主義の終焉と歴史の危機』がベストセラーになる時代である。しかし氏は資本主義につぐ「別のシステム」が見えないという。マルクス主義者の仕事はますます重要になっている。「20世紀の社会主義」の歴史はわれわれの知恵を嘲ったかもしれないが、もしわれわれがそこで低迷し「新しい社会主義」の探求を怠れば、将来の歴史はわれわれの知恵のなさを嘲るであろう。

〈注〉

（１）『ブハーリン選集』の編集者の「注」によれば富農も「豊かになろう」というスローガンが出版物で批判をうけると、ブハーリンは『革命の仮面を付けたシーザー主義』と題するパンフレットを出し「この定式は党が農村の福祉向上の道で堅持しなければならないまったく正しい命題の、疑いもなく誤った定式であった」と書いている。スターリンはブハーリンとブロックを組んだが陰ではこれは「われわれのスローガンではない」（E・H・カー『ロシア革命』）といい、後にブハーリンの「右翼的偏向」として利用した。スターリンは狡猾に計算する人物である。

（２）コミンテルンは1926年1月13日付けでソ連共産党内の「反対派」は第14回大会で「否認された」ので、ソ連共産党は「ロシア問題についての討論をコミンテルンの隊列内に持ち込むことは望ましくないと考える」という書簡を全支部に送っている。

第九章

中国経済と国有企業試論
―― 社会主義理論研究の観点から ――

瀬戸　宏

1　問題の所在

　中国国有企業については、日本国内でも数多くの論文が書かれている。しかし2010年代の今日、中国は現在も社会主義であると主張し、その重要な根拠の一つとして国有企業が今日でも中国経済の中核を占めていることを挙げているにもかかわらず、社会主義理論研究の観点から中国国有企業を分析した研究は、今日ではほとんど存在しない。私は中国経済の専門家ではないが中国と社会主義の関係に関心を持っている者として、国有企業の歴史と現状を概観し、中国国有企業と社会主義の関係考察を試みることとする。中国経済専門家のご批判、ご教示をお願いしたい。
　中国革命の成功により、1949年10月1日中華人民共和国が成立した。中華人民共和国は、成立の当初はその指導者たち自身も社会主義国とは考えてはいなかったが、それが社会主義を志向する国家であったことも自明であった[1]。その社会主義は、ソ連を模範とするものであった。1930年代中期にソ連で確立したとされる社会主義体制は、ソ連型社会主義またはスターリン体制と呼ばれる。ソ連型社会主義が社会主義の代表的形態か、ソ連はそもそも社会主義社会であったのか、今日では多くの議論があるが、ソ連自身が自己の国家体制を社会主義だとみなし、多くの人も賛同していたのは否定できない事実である。

そしてソ連型社会主義の経済面での基本単位が国営企業であった。生産手段の国有化、公有化は、社会主義の根本問題の一つである。

なお中国では、国有企業は社会主義市場経済提起による1993年の憲法改正までは国営企業と呼ばれていた。本稿では原則として、1992年までを国営企業、それ以降を国有企業と呼ぶことにする。

2　毛沢東時代の中国国営企業──その成立と基本特徴

中国では、中華人民共和国成立に伴い、現在に繋がる最初の国営企業が生まれた[2]。1949年段階の国有企業は、革命根拠地、解放区以来のごく小規模なものを除けば、主に国民党政府系企業（官僚資本）や外国資本企業を没収したものであった。1949年末までに政府に没収された企業数は銀行が2400余り、工鉱業関係が2,858に達したという[3]。この時期の中国経済は新民主主義経済と呼ばれ、政府は共産党が指導する労働者権力だが、生産力向上のために集団化など社会主義政策は実行せず、私企業の存在を広範囲に認めるものであった。これは、毛沢東が1940年に「新民主主義論」で提起し、1945年中国共産党7回大会で党の基本政策となったものである。なお1949年前後の人民日報記事をみると、1945年以降東欧各国に生まれた共産党・労働者政党政権国家をも新民主主義と呼んでおり[4]、1940年代から50年代にかけての中国共産党は、新民主主義は中国一国に限定されずいわゆる人民民主主義と同義の国際性を持った概念だと考えていたことがわかる。

1950年代初頭の中国では、私企業が国営企業を量的にはるかに上回っていた。しかし1949年当時国有・国営化された企業には基幹産業が多く、中国政府はこれで中国経済を制御する能力を得た。1949年末当時、電力生産量の58％、原料石炭生産量の68％、鉄鋼生産量の97％、機械および機械部品の58％が国営企業であり、さらに全国の鉄道および近代的交通手段、銀行、対外貿易の大部分を国営企業が占めた。1952年段

階では、国営企業が工業生産に占める割合は52.8％以上、全国商品流通のうち国営商店が占める比重は60.5％に達し、国営経済は中国経済の主要な経済基礎となっていた[5]。

　中国共産党の当初の構想では新民主主義段階は10年から20年程度続くことになっていた[6]。しかし、1952年中国経済が抗日戦争以前の水準に回復すると、中国共産党は1953年より「過渡期の総路線」（過渡時期的総路線）を打ち出し、社会主義化を進めることになった。毛沢東が過渡期の総路線に初めて触れたのは1952年9月とされる。その後党内討論を経て1953年8月に公表された。この当時は、労働者階級が権力を掌握した以上主要生産手段の国有化、社会主義化は早い方がよいという考え方が支配的で、共産党の路線転換に強い疑義が生じることはなかったのである。1953年から始まった第一次五ヵ年計画も、中国経済の社会主義化を目指す経済計画としてその趣旨が宣伝された。第一次五ヵ年計画期間中、ソ連の援助を受けて大型国営企業が創設された。第一次五ヵ年計画時に作られた国営企業は、第一汽車製造廠、首都鉄鋼公司など今日でも中国を代表する大企業が多い。そのプロジェクト数は156に及ぶ。ソ連の援助を受けた結果、国有企業制度もソ連に似たものとなった。一業種は原則として一国有企業であり、一企業で生産の全工程をまかなうというものである。

「社会主義への過渡期」も15年前後続き三つの五ヵ年計画が必要とされていた。これは1955年7月に李富春（当時、国務院副総理、国家計画委主任）が第1期全国人民代表大会第二次会議で第一次五ヵ年計画を説明した報告でも確認された[7]。ところが、「過渡期」の中長期性が全国人民代表大会という国家の最高権力機関で確認されて1ヵ月もたたない1955年7月31日に毛沢東が社会主義化、集団化を速める提起をおこない[8]、中国はわずか1年後の1956年に社会主義化を達成した。社会主義化は早い方がよいという観念に当時の中国共産党も支配され、下部党員は圧倒的に毛沢東の提起を受け入れたのである。

私企業は公私合営という形態をとってほぼすべて国営化された。公私合営化は過渡期の総路線が提起された1953年から始まっていたが、それが加速されるのは1955年後半以降である。社会主義計画経済の実行には、主要生産手段を国有・国営化することが不可欠だと考えられていたのである。1956年には、元の民間企業工業生産の99.8％がすでに公私合営化企業によるものであった。主要生産手段の私的所有が実質的に廃止され、全人民的所有が国営化によってなされたのである。第一次五ヵ年計画期間の1953年から57年にかけて、工業生産の成長率は18％に達し第一次五ヵ年計画策定の14.7％を上回ったこと[9]も、早期社会主義化方針の正しさを証明していると受け止められた。

　公私合営化後、資本家には企業資産の５％の定額利息が1956年１月から７年間支払われることになった。この利息はかなり高額であるが、資本家は企業の管理権を実質的に失った。資本家の活動を抑えるためか、純粋な国営企業よりも公私合営企業の方が、一般に国家管理は厳格だったと言われる[10]。中国に於ける「私企業」「資本家」の存在は、この定額利息関連だけとなった。定額利息支払いは1963年には３年延長されたが、文革中の1966年９月には再延長はおこなわれず、公私合営企業はこの時に完全に消滅した。純粋な民間企業がその存在を認められなかったことは、いうまでもない。

　こうして、1956年以降国営企業は中国経済の支配的形態となった。この時期の国営企業の特徴は、国営の名にふさわしく国家が企業を直接管理したことである。経済運営を国家計画に基づいて計画的におこなうためであった。国家管理は中央政府管理と地方政府管理に分かれ、1957年では中央政府直接管理企業は9,300余り、国営企業数の約16％に達していた[11]。各企業の生産総額、従業員数、給与総額、給与体系、内部人事などはすべて国家管理であり、個々の企業が独自に変更することはできなかった。国営企業管理のため、国務院（政府）の機構は膨大になった。文革直前の1964年段階では、工業関係の部（省）だけで第一から

第八までの機械工業部など14に達している。国家管理部門は毎年年度計画を企業に通知し、各企業はそれに基づき3ヵ月毎の実施計画を作成し、管理部門の批准を得て初めて実行することができた。1956年に国家計画委員会（ソ連のゴスプランに相当する政府機関）が直接管理する指令的生産品目は380種余りであり、国家計画委員会が毎年制定する生産指標は数千に達した[12]。その結果、油餅（お好み焼きに似た中国の伝統的軽食）店のような数人単位のごく小規模な企業まで、国家管理と指令的計画の範囲に含まれた。油餅作りに必要な油と小麦粉は重要な生活物資だからであった。

　これが、1956年に確立した中国社会主義国営企業の基本的性格であった。中国のある研究者は、この時期の国営企業の性格を「そろばんの玉」と呼んでいる。各企業は独自に動くことはできるが、その範囲と方向は厳格に規定されている、ということである。この国営企業運営形態は、ソ連の経済管理に学んだものであった。スターリン体制の経済、企業形態は計画的に国家投資を集中させることができ、中国のような経済の遅れた国で短期間に工業を発展させるにはかなり大きな効果を発揮した。しかし、その矛盾も明らかであった。

　国家機関が、生産、財務、人事、労働条件、給与、物資、販売、従業員福利などをすべて管理する方式は、現場の企業管理者や労働者大衆が経済、社会の実情に応じて創意性を発揮し企業運営、生産活動を改善しようとしてもそれを不可能にした。ここから、官僚主義が発生していく。

　国営企業従業員の給与体系も、政府によって統一されていた。各企業の経営、さらには中国経済全体が改善されないため、結果的に長期にわたって低賃金が続くことになり、上述の官僚主義とあいまって労働者の積極性を大きく損なった。生産手段の共有者として主体的に生産を担う意識が欠如し、受動的態度が強まり、与えられた生産指標（ノルマ）をこなすだけの被雇用者意識が蔓延するようになった。労働者だけでなく、管理者も含めた企業全体が、このような意識にとらわれてしまったので

ある。

　このような経済体制の結果、需要と供給の関係には大きな食い違いがしばしば生じ、慢性的な物不足が生じた。中国では1956年以降も貨幣経済は維持されていたが、食料、布、食用油などは切符制となり、金があっても自由に買えるわけではなかった[13]。中国全体の経済発展も遅延した。

　もちろん、問題の所在は早くから認識され、中国国内でもその克服が繰り返し訴えられていた。すでに1950年代から国営企業改革の必要性が討議されていた。文化大革命中も含めて何度か企業改革が提起された。その主要内容は、企業管理権限下放（下部への権限委譲）の是非であった。当時の中国は計画経済堅持という大前提があり、結局効果をあげることはなかった。

　しかし中国共産党、中国政府が官僚主義克服、労働者の創意性発揮のために取った方針は、1970年代末までは、明らかに今日的な企業改革の精神とは別のものであった。労働者階級の主体意識喪失、生産意欲低下は階級意識の衰弱によるものと考え、政治宣伝、「階級闘争」強化によってその克服をめざしたのである。1960年代初めからソ連などで取られ始めた経済改革を、中国は激しく批判した。当時の中国共産党には、企業などの自主性を強め労働者に報奨金を出し商品経済発展に道を開くことは、社会主義の原則を破壊する"修正主義"だと映ったのである。雷鋒のような、自己を社会主義建設全体のなかの"歯車、ねじ釘"とすることに喜びを見出す人間像が模範とされた。1950年代後半から1960年代前半の中国は、ソ連とは逆にスターリン体制の特徴をより純化することによって問題を克服しようと試みたのである。その帰結が文化大革命であった。その結果については、すでに周知のことであるので繰り返さない。

　ただ、文化大革命による鎖国政策、ソ連などとの関係悪化は、国営企業にとって思いがけない作用をもたらした。戦争の危機による内陸部の工場建設、移転、地方政府の小規模工場建設などによって、業種内で複

数の国営企業が存立することになったのである。これは、文革終結後の改革開放政策実施後、各産業に新たな企業が参入することを可能にし、文革終結後の企業発展の可能性を開くものとなった[14]。

今日から見れば、ソ連東欧のフルシチョフ改革、コスイギン改革からチェコ・プラハの春に至る流れと中国の大躍進から文化大革命に至る流れは、方向は正反対であったが、共にスターリン体制の矛盾克服をめざした試行錯誤の現れとみることができる。中国・ソ連東欧の歴史的経験は、スターリン体制は経済的に遅れた国で短期間に社会主義を打ち立てる有効な手段であると同時に、行き詰まる必然性をも有していることを示していると思われる。

スターリン体制は計画経済と共産党一党独裁が緊密に結合し下部末端の労働者農民市民の関知できない場所で計画が作られ決定され、これが官僚主義をはびこらせ体制そのものを行き詰まりに導く大きな原因となっていた。しかし、もし経済情報が公開され、下からの提案積み上げと原案修正が可能な民主主義が保証された状況下で経済計画が策定され実行されていたら、結果はどうだったのだろうか。スターリン体制に行き詰まる必然性があったとしても、計画経済それ自体が本質的に成り立たないと断定するのは時期尚早ではなかろうか[15]。この問題は本稿の執筆内容をはみ出すので、ここではこれ以上の記述は控えたい。

3　改革開放政策と国営・国有企業

10年におよぶ文化大革命は、中国を基本的に停滞に陥れたまま1976年に終結した。中国共産党は1978年12月開催の11期三中全会で"階級闘争を綱とする"路線を終結させ、それに替えて経済建設・生産力向上を基本とすることを路線として決定した。そして経済のみならず中国の社会分野全体にわたって改革開放がうちだされた。ここで注意しておきたいのは、改革開放は初めから確定した方針があって今日に到達した

のではなく、生産力向上の大前提の下で改革の終着点が徐々に変わっていったことである。

A、計画経済の時期

1978年12月、中共11期三中全会。改革開放政策が開始された。三中全会コミュニケには「価値法則の役割を重視」という表現がみられるが、市場という言葉はどこにもなく、計画経済堅持はこの段階では当然のこととされていた。

三中全会直前の1978年10月、改革派の趙紫陽が第一書記をしていた四川省で、6の地方国営企業を選んで経営自主権拡大の試みがおこなわれた。その内容は、企業が生産目標を超過達成した場合、その利潤を企業内で保留し、従業員に少額の報奨金を出してよい、という、今日からみればささやかなものであった。これが国営企業改革の開始とされる[16]。この試みは成果を上げ、1979年5月、中央政府は北京、上海、天津から八つの国営企業を選んで自主経営権拡大の試みをおこなった。翌年の1980年には経営自主権を与えられた国営企業は6,000以上に達したという。

一方、農村での生産請負制承認と並び、都市での個人企業も認められ始めた。これが、今日の中国での民間企業の始まりである。個人企業承認は、待業青年と呼ばれた都市青年失業者対策の意味合いも大きかった。

なお、供給維持のための新たな巨大国営企業創立（宝山鋼鉄廠など）や技術導入のための外国企業との合弁企業樹立も、この時期に決定された。

1982年9月、中共12回大会。この大会は文革処理をほぼ終了させた党大会だが、大会での政治報告では、「計画経済を主とし、市場調節を補助とする原則を正確に貫徹させなければならない」とされていた。この段階では、計画経済堅持は依然として中国共産党の基本路線であったが、市場の役割を無視できなくなっていることも理解できる。この期間

に、企業自主権拡大は全国化していった。

　中共12回大会では個人経営の役割も承認され、直後の1982年12月に制定された中国憲法も「法律が規定する範囲内の都市農村労働者の個人経済は、社会主義公有経済の補充である。国家は個人経済の合法的な権利と利益を保護する」（第11条）と明記された。公有制以外の経済形態が、1956年以後の中国で初めて保障されたのである。これ以降、個人経営は急速に普及していったが、従業員は7人まで⁽¹⁷⁾などの制約もあった。

　1984年10月、中共12期三中全会。この中央委員会は「中共中央の経済体制改革の決定」⁽¹⁸⁾と題する文書が採択され、計画的商品経済が正式に提起されたことで知られている。商品経済の承認は、商品が現れる場である市場の承認につながるものであった。しかし、この段階ではまだ計画と市場のどちらが優先されるかは、明記されていなかった。

　この「決定」はまた、企業の活力を高めることを経済体制改革の中心とすることも、打ち出していた。所有権と経営権を分離することが提起され、国営企業は国家の計画と管理に服従するという前提のもとで、企業は多種多様な経営方式を採用することが認められた。具体的には、企業保留資金、企業内幹部の自主的任免、従業員採用権、報奨金額決定権、国家が許す範囲内での製品価格決定権などである。これ以後、工場長（社長）責任制、企業破産法制定（いずれも1986年）などの改革が進んでいった。

　8人以上の従業員を雇用する私企業（非公有制企業）の存在も、この段階で公認された。

　1987年11月、中共13回大会。この大会は「社会主義の初級段階」を提起した。13回大会報告は「計画的商品経済とは、計画と市場が内的に統一された体制である」と述べ、計画と市場のどちらが優先するか、の判断は避けた。しかし生産力向上が大前提とされるなかで、市場優先の情況は着実に進行していった。翌1987年には憲法が改正され、憲法

11条の"個人経済"は"私営経済"と書き換えられた。私企業の存在が法的にも追認されたのである。

私企業公認によって、中国には株式会社も生まれた。1956年社会主義化達成以後の中国最初の株式会社は1984年11月創立とされる[19]。

このような改革の進行は、経済過熱を招き、1988年には大幅な物価値上がり現象が起きた。また当時の中国には国有企業などの生産価格（計画価格）と市場での価格が併存する価格の双軌制と呼ばれる現象があった。一部の官僚層が自己の特権によって安価な計画価格で物資を入手し市場には割高な市場価格で横流しして高額の利ざやを稼ぐ腐敗現象が広範に起きた。官僚による物資横流しを「官倒」、それに関与する官僚や悪徳商人は「倒爺」と呼ばれた。これが翌年の六四天安門事件につながっていく。天安門事件以後、一時経済引き締め政策が取られたが、1992年2、3月の改革開放を再度促す鄧小平南巡講話によってこの情況は打破された。ただし経済引き締め期間中であっても、1990年上海証券取引所開設、91年深圳証券取引所開設など市場経済化は進んでいった。また価格の双軌制は引き締め期に、基本的に解消された。

1980年代の時期の特徴は、一巨大国有企業が生産を独占するのではなく、複数の国有、公有企業が競争することで供給と消費の拡大による成長が続く構造が確立したことである。競争にあたっては市場が欠かせず、80年代後半には、商品・市場を優先する経済運営をすべきだ、という意見も相当に出されている。しかし、全体としては、1956年に確立した経済体制は相当に変化しつつもなお維持されていたといえよう。国営企業の体制も、自主権は大幅に認められてはいたが、経営構造の基本的性格は変わらなかった。

B、社会主義市場経済移行の時期

1992年10月、中共14回大会。この大会は社会主義市場経済を提起し、計画と市場のどちらが優先するかの論争に決着を付け、市場優先を明記

した。14回大会を受けて翌年、憲法が改正され、計画経済を削除、市場経済を明記した。

しかし市場経済が提起されたからといって、中国経済の主体は私企業だと中国共産党が認めたわけでは決してない。14回大会報告は次のように述べている。

「社会主義市場経済体制は、社会主義基本制度と一つに結合しているものである。所有制構造上は、全人民制所有を含む公有制と集団所有制経済を主体とし、個人経済、私営経済、外資経済を補助とする。多様な経済要素を長期にわたって共に発展させる。（中略）国有企業、集団企業やその他の企業をすべて市場に進出させ、平等な競争を通して国有企業の主導的役割を発揮させる。」

このように、社会主義市場経済においても、全人民所有である国有企業は経済上主要な地位を占めることが明記されている。そしてここに、中国が現在も社会主義国だと主張する最も大きな根拠の一つがある。中共14回大会から24年たったが、中国共産党のこの面での主張は、今日も変わっていない。2015年8月決定の「中共中央・国務院の国有企業改革を深化させることについての指導意見」[20]には、「公有制の主体地位を堅持し、国有経済の主導役割を発揮させる」とあり、中共14回大会報告と基本的に同じ認識を示している。

中共14回大会報告には、いま一つ特徴があった。"国営企業"が"国有企業"と言い換えられているのである。国家は企業を保有するが、経営までおこなうわけではない、という考えの反映である。これを受けて、翌1993年憲法が改正され、"国営企業"は"国有企業"に書き換えられ、国有企業という名称は法的にも確定した

1993年11月開催の中共14期三中全会。14回大会決定を具体化する「社会主義市場経済体制を確立する若干の問題についての中共中央の決定」[21]が採択された。ここでは、社会主義市場経済体制確立には約10年を必要とすること、国有企業の役割をいっそう発揮させるために現代企業制度を

樹立すること、小国有企業については、民間や個人に払い下げ民営化することもありうることなどが提起されている。

　現代企業制度とは、企業資産関係の明確化、法律に基づく自主経営、独立採算が基本的内容である。資産関係の明確化とは、国家に属する企業内国有財産と出資者の投資によって形成された企業資産・法人財産権を分離し、法人財産権は民事上の保護と責任を伴うというもので、後の中共 15 回大会で提起された国有企業株式会社化に発展するものであった。

　このほか、1997 年中共 15 回大会までの過程では、1995 年の労働法施行が注目される。労働法は職業選択の自由保障を明記し[22]、これによって長く中国社会主義の特色とされてきた大学卒業生の分配制度は終了することになった。

　このような南巡講話以降の経済改革の結果中国は高度成長が続き、ＧＮＰを 2000 年までに 1980 年の 4 倍化するという改革開放政策開始当初の目標は 1995 年に繰り上げ達成され、その後も高成長が続いた。

　1997 年 10 月、中共 15 回大会。この大会は、経済成長をより促進するため国有企業について非常に重要な決定をおこなった。国有企業の株式会社化である。15 回大会報告は次のように述べている。
「株式制は現代企業の資本組織形態の一種で、所有権と経営権の分離に役立ち、資本主義はこれを利用することができ、社会主義もこれを利用することができる。株式制は公有か私有かを一面的にみることはできない。株式が誰の手にあるかを見ることがカギである。

　株式が国家や集団の手にあれば、明らかな公有制を備えており、公有資本の支配範囲の拡大および公有制の主体的役割の増強に役立つ。」

　国有企業の株式会社化などによる民営化の背景には、国有企業に膨大な過剰人員による賃金支払い圧力があったり、破産がないことによる負債の累積の存在があった。国有企業主導経済成長の限界が見えだしたのである。中共中央、政府は、この状況を国有企業民営化によって乗り切

ろうとしたのである。

　実際に15回大会では国有小企業は完全に民営化する方針が打ち出され、実行された。国有小企業民営化は、すべての国有企業を国家が管理するのは困難だとの観点から、特に経営不振の多い国有小企業を民間に払い下げるなどの手法で民営化し、国家は大中の国有企業管理に集中しようとするものである。1980年代に農村経済をリードした郷鎮企業も、1990年代後半から21世紀初頭の時期に基本的に私企業化された。しかし民営化の過程では、不当に安価な価格で払い下げられるなど国有資産が私物化され腐敗の温床になった場合が少なくないことが指摘されている[23]。この国有小企業民営化の経験が、今日まで国有大企業民営化が進まない理由の一つとなっている。より大きな規模で国有資産の流失・私物化が進むのではと警戒されているのである。

　また過剰従業員問題解決のために、下崗（持ち場を離れる、一時帰休）という名称の人員整理が強力に進められた。15回大会報告はこうも述べている。

「合併奨励、破産規範化、一時帰休者の分流、人員削減による公益向上および再就職プロジェクトを実行し、企業の優勝劣敗の競争メカニズムを構築する。……これは一部の従業員に一時的な困難をもたらすだろうが、根本から言って、経済の発展に役立ち、労働者階級の長期の利益に合致するものである。」

　中国共産党の方針が人員削減推進であったため、労働者は労働組合などの支援も無く個別に分断され削減を受け入れざるを得なかった。しかし実質的に解雇された労働者の不満は社会の低層に蓄積された。中共15回大会から2年後の1999年4月には、法輪功信者による中南海事件が起きている。社会低層に充満する不満が新興宗教の土壌になったことは明らかであった。このような社会格差の拡大とそれへの不満蓄積が、21世紀に入って中国共産党が科学的発展観、和諧社会建設——格差是正に方針転換した重要な要因の一つだと思われる[24]。

このように国有企業の多くは1990年代後半以降株式会社化されたが、大中企業の場合は国有という形態は堅持されていた。株式会社化の当初には国有企業の株式が、制度上も証券取引所で売買できる「流通株」（流通股）と国家所有の「非流通株」（非流通股）に分かれていた。これは、政府が企業を直接管理することはなくなったが、企業に対する政府（共産党）の支配は依然として可能であることを意味してもいる。株式の過半数（実際には約3分の2）を政府が管理し、政府が必要と認めた場合には株主総会で経営者の決定や交替ができる構造になっているのである。「流通株」と「非流通株」の区分は株式として不正常であるという批判が高まり[25]2009年以降廃止され、制度上は国有企業はいつでも国家所有株式を市場に上場・放出し完全民営化できることになった。しかし後述するように2016年現在、国有企業の大規模な株式上場・放出はおこなわれていない。

中共15期四中全会。中国共産党15回大会翌年の1999年9月開催のこの会議では、15回大会決定を補足、具体化する「国有企業改革と発展に関する若干の重大な問題についての中共中央の決定」[26]を採択し、国有企業改革はさらに一歩進んだ。

「決定」は、「党委書記と会長は同一人が担当してもよい。会長と社長は、原則として分離する」と述べ、中国で長い間隠れた争点であった社長と党書記のどちらの判断が優先するかという問題に一定の整理をした。

「決定」はまた、国家の安全に関わる分野、自然資源独占の分野、重要な公共的製品・サービスを提供する分野、中心的産業・ハイテク産業のなかの重要な中心的企業については、国有経済が制御しなければならないとした。

これ以降の国有企業の状況は第4節で考察することにし、その背景となる中国経済の21世紀の歩みを簡単にみておくことにしよう。

2001年中国はＷＴＯに加盟した。日本の中国経済学者には、ＷＴＯ加盟をもって計画経済から市場経済への転換完成の指標とする人もいる[27]。

第九章　中国経済と国有企業試論

　2006年、第十一次五ヵ年計画が実施された。社会主義化実行の指標となった1953年の第一次五ヵ年計画以来の経済計画だが、その中国語名称に大きな変更があった。"五年計画"から"五年規画"へと変わったのである。政府は経済全体を計画せず指導するだけだ、という考えの反映である。

　2008年のリーマン・ショックによる世界規模の景気後退を、中国は4兆元（約60〜70兆円）という巨大公共投資の経済刺激策で乗り切った。これにより中国は2010年には日本を抜いてＧＤＰ世界第二の経済大国となったが、その後遺症も大きかった。過剰公共投資によるバブル（泡沫）経済とその崩壊の危険性が内外のマスコミを賑わせた。高経済成長推進政策によってもたらされたひずみも大きく、リーマンショック以前の2007年10月中共17回大会では、すでに格差是正を目指す調和（和諧）社会が提唱されていた。格差拡大など社会矛盾が無視できない段階に進んだのである。薄熙来が任地の重慶で「重慶モデル」と呼ばれる弱者重視の政策を打ち出し、強い注目を集めたのもその反映であろう[28]。

　2012年中共18回大会で習近平体制が成立した後、2013年11月中共18期三中全会が開催され、「改革を全面的に深化させる若干の重要問題についての中共中央の決定」[29]を採択し、2020年までの改革目標が決定された。この決定は公有制と非公有制を共に発展させる混合所有制という概念を提出し、注目された。国有企業の株式上場・放出も明記された。しかし非公有制強化の方針はあっても、国有企業の株式大量上場・放出──完全民営化についての記述はなく、逆に「公有制経済を少しも動揺することなく強固にし発展させ、公有制の主体としての地位を堅持し、国有経済の主導的役割を発揮させ、国有経済の活力、制御力、影響力をたえまなく増強させなければならない」と国有企業強化の方針が明記されていた。混合所有制という概念には曖昧さがあり、中国国内でも議論を呼んでいる[30]。18期三中全会で国有企業改革が進まなかったことに強い失望感を表明した外国の中国観察家もいる[31]。

2010年代に入って、中国経済の高成長はしだいに陰りをみせるようになった。経済成長率の低下は2012年から始まった。高成長は終わったことを示す新常態という用語が、2014年ごろから使われるようになった。2014年5月9日、10日に習近平総書記が河南省を視察した際の発言が、新常態の最初の使用例とされる。2015年3月、全人代での李国強首相の政府活動報告は公式に中国はすでに新常態のなかにあることを確認し、中国経済は中成長に入ったと述べた。経済高度成長時代は終わったのである。

4 21世紀中国経済と国有企業

　国有企業が工業生産額に占める割合は1999年の49％から2006年には31％に下がっている[32]。今日では、割合だけをみればさらに低下している筈である。しかし、基幹産業、軍事産業、代表的大企業はほぼすべて国有企業であり、国有企業が今日の中国経済に決定的な位置を占めていることは、誰も否定できないであろう。

　21世紀の中国、すなわち国有企業の株式会社化が実行されて以降の国有企業と総称される企業群の性格は一様ではなく、2016年5月時点で大別すると下記の4種類があり、複雑な内容になっている。中国経済──社会主義市場経済の現段階の複雑さを反映しているのであろう。

1、特殊法人企業。企業全部が国家所有に属し、法人登記はしているが非会社（非公司）制の経済組織である。交通、環境など非営利事業に奉仕する企業とされている。狭義の国有企業ともされる[33]。
2、国有独資公司。国家が全額出資の株式会社である。
3、国有腔股公司。国家出資の株式が企業を制御できる[34]株式会社である。株式は売買される。
4、国有参股公司。国家あるいは国有企業の出資が過半数に達しないものである。国有大企業の子会社、孫会社や外資などとの合弁企

業に多い。国家が企業の支配権を持ってはいないが、その経営に国家あるいは親会社の国有企業が影響力を発揮することはできる。厳密にはすでに国有企業ではないが、国家ないし国有企業が影響力を及ぼせるということでこの種の企業も国有企業経済に含めることがある[35]。

　国家統計局編『中国統計年鑑——2015』によれば、2014年段階で中国全国で特殊法人企業は13万216法人、国有腔股という名称の広義の国有企業[36]は26万3,348法人とされている。企業総数は1,061万7,154とされているから、広義の国有企業は全企業の2.5%である。

　この約26万法人のうち、国務院国有資産監督管理委員会管轄の国有企業は2016年段階で112社である。金融関係は国務院財政部管轄になっており、24社である。この計136社が央企と略称される中央直属企業で、その約半数の重要な企業が重要骨干国有企業と呼ばれている。国務院国有資産監督管理委員会とは、中央所属の国有企業を所管し監督する政府機関で、2003年に創立された。地方各級政府にも国有資産監督管理委員会があり、管轄企業がある。日本でも著名な首都鋼鉄公司や青島ビールは、地方政府管轄の国有企業である。

　中央所属の企業の役員任命権は中共中央企業工作委員会が保持している。正確には中共中央企業工作委員会の指名を受けて政府が任命する。中共中央企業工作委員会とは、1999年に国有企業改革決定を受けて作られた中国共産党中央の機関で、その職責は共産党、政府の方針が重要な国有骨干企業内で貫徹されることを保証し、重要骨干企業の経営指導部人事を管理し、彼らを監督することにあるとされる。重要な国有骨幹企業には、中国工商銀行、中国銀行、中国建設銀行、中国農業銀行などの金融機関、中国石油天然ガス集団公司、中国中煤能源集団公司、などのエネルギー関係会社、首鋼総公司、中国兵器工業集団公司、中国船舶重工業集団総公司など中国を代表する著名な企業が並んでいる。中国石油天然ガス集団公司、中国兵器工業集団公司、中国船舶重工業集団総公

司は、もともと石油工業部、兵器工業部、第六機械工業部（船舶工業関係）という名称の政府機関であったものが1980年代から90年代にかけて企業化されたものである。

共産党の地方組織にも企業工作委員会があると思われるが、共産党組織の公開度は政府より低いのでその実態は明らかではない。

中国国有企業の形態を整理すると、次のようになろう。

国務院や地方政府国有資産監督管理委員会の下に、××（集団）有限公司という名称の国有持ち株会社がある。その下に、子会社として××股票有限公司などという名称の事業会社がある。多くの場合事業会社の下にさらに孫会社、ひ孫会社があるが、下に行くほど経営を国家が直接には支配できない国有参股公司が増える[37]。

2016年現在、国務院国有資産監督管理委員会直属の企業はすべて独資企業か株式の50％以上を国が保有する国有企業である。第3節で述べたように現在の中国の企業制度では、指導部が必要と判断すれば国有大企業の株式はいつでも上場・放出できる、すなわち完全民営化できることになっている。

しかし、国有大企業株式の大量上場は、中央直属企業を見る限り2016年10月現在おこなわれていない。2012年中国共産党18回大会前夜や2013年中共18期三中全会前夜に、主要国有大企業の株式大量上場——完全民営化決定がなされるのでは、という観測が外国ジャーナリズムでおこなわれたが、そのような決定はなかった。18期三中全会は国有大企業の株式上場自体は認めたが、国有企業体制の堅持も同時に打ち出している。

ただし、中央直属企業のような大きな存在では無いため目立たないが、地方政府所属国有企業のうちその地区の共産党・政府指導部に「改革派」が優勢な場合は、その地区所属の国有企業株式放出が進んでいるとも言われる。また中央直属企業でも、子会社、孫会社の事業会社段階での株式放出を巡って激しいせめぎ合いが続いているとも言われる[38]。国有

企業株式放出は、現在と将来の中国をみる上での大きなポイントであることは間違いない。

　中国の国有企業、特に国有株式会社は資本主義社会の企業経営からみれば異質な存在であり、国有企業が重要な位置を占める中国株式市場も、資本主義の常識では極めて不正常な株式市場と言うことになる。政府が支配する国有企業の株式が大きな位置を占め、株式市場に政府がいつでも介入できるからである。しかし、ほかでもないこの「不正常」にこそ中国共産党が現在も社会主義であると主張する重要な根拠がある。共産党を代表とする労働者階級権力が、市場経済にもかかわらず必要な場合には経済にいつでも支配・介入できる、と理論づけられるからである。

　中国の経済学者として日本で主に紹介される「改革派」経済学者あるいはその影響を受けた日本の中国経済研究者の大半は、国有大企業民営化の遅れを経済改革の遅れ、「保守派」の抵抗の結果として否定的に捕らえるのが普通である。しかし「改革派」経済学者が中国経済学者のすべてでは無く、中国では国有企業の役割や社会主義市場経済か純粋な市場経済かを巡って経済学者の間で論争が、社会主義市場経済概念が提起されて以来長く続いている。その背景には、中国国内の社会主義要素を保持しようとする勢力と純粋な市場経済（資本主義）を目指そうとする勢力の対立がある。21世紀初頭までの経済学者の論争については、新自由主義の立場に立つものではあるが、関志雄『中国を動かす経済学者たち』（東洋経済新報社　2007）などが参考になる。それ以後も、たとえば中国社会科学院マルクス主義研究院機関誌『マルクス主義研究』には、国有企業私有化（民営化）に強く反対する論文が、いくつも掲載されている[39]。

　中国共産党・中国政府の国有企業改革に関する現時点での最新の方針は、2015年9月13日に公表された「中共中央・国務院の国有企業改革の深化に関する指導意見」（決定日付は同年8月24日）である。この「指導意見」でも、「ためらうことなく国有企業を強く優れたものにし大き

くする」[40]ことが表明されている。習近平政権の国有企業改革の方向性は、国有企業民営化ではなく、国有企業強化にあると考えてよいであろう。

「指導意見」で注目されるのは、「国有資産流失の防止を強化し監督する」ことに１節を割いていることである。国有資産流失とは、文字通り国有資産が流失して消滅していくことである。その原因は国有企業経営の失敗など運営上の原因もあるが、その相当数は国有企業幹部らによる国有資産横領・私物化である。

2015年２月以来、習近平政権は反腐敗取締の重点を国有企業特に中央国有企業に置くことを宣言し、実際に国有大企業幹部の取り調べ、逮捕が相次いでいる。これも、国有企業の勢力を弱めようとする意図では無く、国有企業経営を健全化させようとする努力の現れと考えるべきであろう。もし、国有企業幹部取り調べ・逮捕者続出をもって国有企業弱体化の意図とみる[41]なら、習近平政権が進めている反腐敗自体が、中国共産党・中国政府を弱体化させようとしているものだ、ということになってしまうであろう。

終わりに——中国国有企業改革と社会主義

国有大企業民営化が進まないことをどうみればいいのか。「保守派」の妨害によるものであり嘆かわしいことだと感じる人もいれば、中国国内社会主義擁護勢力の努力・闘争の結果であり、好ましいことだと考える人もいるであろう。社会主義理論学会が2015年４月に学術交流で日本に招いた中国のマルクス経済学者余斌（中国社会科学院マルクス主義研究院マルクス主義原理研究部主任）は「改革の真の方向は、公有制を整備することであって私有制時代に戻ることではない」[42]と述べている。

いずれにせよ、中国国有企業改革が論者の中国観・社会主義観を問うものであることは確かであろう。

第九章　中国経済と国有企業試論

〈付記〉
・本稿は、瀬戸宏「中国市場経済の現段階と社会主義—国有企業の役割を中心に—」（『社会主義』2012年2月号）を基礎に、それを大幅に修正加筆したものである。

〈注〉
（1）周恩来《人民政協共同綱領草案的特点》（1949年9月22日）、《周恩来選集》上巻、人民出版社、1980年）。
（2）章迪誠《中国国有企業改革編年史1978～2005》（中国工人出版社、2006年）。以下、本文の記述は同書によるところが大きい。
（3）中共中央党史研究室編《中国共産党歴史第2巻（1949～1978）》上冊（中共党史出版社、2011年）53頁（第1章、中華人民共和国的成立和鞏固新政権的闘争）。
（4）李何《新民主主義的波蘭》（《人民日報》1949年7月29日）など。
（5）《中国共産党歴史第2巻（1949～1978）》上冊178頁、第4章回復国民経済与各項建設的展開。
（6）毛沢東《在中共中央政治局会議上的報告和結論》（1948年9月）、《毛沢東文集》第5巻（人民出版社、1996年）収録。
（7）李富春《関於発展国民経済的第一個五年計画的報告》、《人民日報》1955年7月8日掲載。
（8）毛沢東《関於農業合作化問題》、《毛沢東文集》第6巻（人民出版社、1999年）
（9）《中国共産党歴史第2巻（1949～1978）》上冊363頁。
（10）章迪誠《中国国有企業改革編年史1978～2005》3頁。
（11）章迪誠《中国国有企業改革編年史1978～2005》2～3頁。
（12）章迪誠《中国国有企業改革編年史1978～2005》3頁。
（13）中国での食料切符（糧票）通用期間は1955年から1993年まで。張艶国・彭白雲《論新中国糧票制度的興廃》（《求索》2013年11期）。
（14）大橋英夫、丸川知雄『中国企業のルネサンス』、岩波書店、2009年。
（15）余斌（中国社会科学院マルクス主義研究院）は、これまでの国有企業改革で

は権力の移譲は管理層までで労働者にはほとんど移譲されなかったことを指摘し、真の公有制の国有企業では、労働者は企業の管理層を監督する意欲を自然に持つことに注意を促し、労働者が真の国有企業の主人公とするため、6項目の提案をおこなっている。

　　　余斌『さあ「資本論」を読んでみよう』(こぶし書房　2014年、中国語原題《45個十分鐘読懂的〈資本論〉》) 260頁。

(16) 章迪誠《中国国有企業改革編年史1978～2005》17頁。

(17) 個人経営者が雇用できる従業員は7人までという規定は、その後も長く国務院制定「個体工商戸条例」に明記されていたが、2011年4月改定でこの制限はなくなった。なお、7人の根拠は『資本論』第一巻第三編第九章「剰余価値の率と剰余価値の量」にある。山下勇男氏(HOWS) のご教示による。

(18) 《中共中央関於経済体制改革的決定》

(19) 章迪誠《中国国有企業改革編年史1978～2005》112頁。

(20) 《中共中央・国務院関於深化国有企業改革的指導意見》

(21) 《中共中央関於建立社会主義市場経済体制若干問題的決定》

(22) 第3条　労働者享有平等就業和選択職業的権利、(後略)。その後の労働法改正でも引用部分に変更はない。

(23) 中国知網(CNKI)で"国有資産流出"を標題に含む論文を検索すると2836本がヒットし、この問題に強い関心が寄せられていることがわかる。

(24) 丸川知雄『現代中国経済』(有斐閣アルマ、2013年) 306頁によれば、中国のジニ係数は中共15回大会前後に危険領域と呼ばれる0.4に達し、その後も格差拡大が続いている。

(25) 大橋英夫、丸川知雄『中国企業のルネサンス』

(26) 《中共中央関於国有企業改革和発展若干重大問題的決定》

(27) 加藤弘之『中国経済学入門』(名古屋大学出版会　2016) 16頁。

(28) 重慶モデルについては、瀬戸宏「薄熙来の『重慶モデル』とその失脚をどう評価するか」、大西広編著『中成長を模索する中国』(慶応義塾大学出版会　2016)収録、を参照されたい。

(29) 《中共中央関於全面深化改革若干重大問題的決定》
(30) 混合所有制について公有制主体堅持の立場から概念整理した論文に、王佳菲《"混合所有制経済"若干問題弁折》がある。中国共産党新聞網掲載 http://theory.people.com.cn/n/2014/0922/c83850-25710369.html　2016年5月20日閲覧。
(31) 「2013年11月に発表された三中全会の決議で、私が最も失望したのは、国有企業の改革が充分に推し進められなかったことである。」丹羽宇一郎『中国の大問題』（ＰＨＰ研究所　2014年6月）23頁。
(32) 大橋英夫、丸川知雄『中国企業のルネサンス』69頁。
(33) 国家統計局編『中国統計年鑑——2015』は、国有企業の項の注釈で国有独資公司、国有腔股公司は含まないとしている。
(34) 「国有腔股公司」とは国家が制御できる株式会社。注39参照。
(35) 「合弁会社を所有する親会社は国有企業だから、統計上はこれらの企業の生産も国有経済の一部に計上されることになるが、その中には実質的に民営と変わらない企業が多数含まれていることがわかる。」（加藤弘之『中国経済学入門』105頁）
(36) 国有腔股の内容が、国家が株式の過半数を保有しているのか、企業を制御できる株式比率（通常は30％以上）かは不明。
(37) 丸川知雄『現代中国経済』（有斐閣アルマ　2013年）205頁、207頁参照。
(38) ある公有制主体堅持派の中国人経済研究者が2016年5月に筆者に語った談話。
(39) 代表的なものに、陳亮《国有企業私有化絶不是我国国企改革的出路——兼与張維迎教授商榷》（《馬克思主義研究》2012年5期）、何干強《在深化改革中做強做優做大国有企業》（《馬克思主義研究》2016年2期）などがある。
(40) この表現の来源は習近平の講話とされる。
(41) 「現在の中国が前述のように『1970年代半ばの日本』であるのであれば、そこで存在した日本の国家独占は現在の中国にもあるはずであり、それならば、中国の国有石油企業集団や鉄道、軍需企業、電力企業がその国家独占ということになる。そして、それらは実際に不効率であるばかりか、国家との癒着

で不当な利益を上げ、政治をコントロールしてきた。だからこそ、これら企業集団のトップは現在の反腐敗闘争で『打倒』されなければならないのである。」(大西広「高成長から中成長への移行に伴う中国の模索」、大西広編『中成長を模索する中国』序章)

もし現在の国有企業腐敗幹部摘発を大西氏の指摘のように国有企業弱体化をめざすものであるとみるなら、それは中国国内の社会主義要素弱体化であり、その目的は現在の中国社会を大西氏が主張する「社会主義をめざす資本主義」から「社会主義をめざさない資本主義」へと導くということになるのではなかろうか。

(42) 余斌『さあ「資本論」を読んでみよう』256頁。

第十章

現実社会主義をめぐる対話

田上孝一

はじめに

　社会主義理論学会ではこの間、中国の研究者との交流を深めて、日本と中国両国で数次にわたって社会主義の研究フォーラムを開催し続けている。そうしたなかで2013年度には社会主義理論学会を研究基盤とした科学研究費補助金を受け取ることができた（基盤研究Ｃ課題番号25360022）。この科研費に私も分担研究者として参加させていただいた。科研費の採択課題が中国特色社会主義に対する地域研究ということもあり、これを機に、改めて毛沢東選集全巻を読み返し、短い研究ノートではあるが、初めて毛沢東を主題にした論考に挑戦してみた[1]。

　この過程で、俄かではあるが中国革命史も勉強してみて、社会主義やマルクス主義、そして私の専門的な研究テーマであるマルクスの哲学に関して、改めて思うところが多々あった。そこでここでは、対話編の形を取りながら、突き詰めた専門的論考ではなくて軽いエッセー風な読み物として、社会主義について私が重要だと思う幾つかの論点に触れてみたいと思う。

　対話者は二人で、同世代の友人である。

第二部　現実社会主義の諸問題

1　現実社会主義とは何だったのか

　——しかしあれだな、ソ連が崩壊して早20年が過ぎ、2016年は25周年ということになる。だからといって誰もどこでも記念行事がおこなわれるなんてこともないだろうね。もうすっかり過去の歴史だ。そんな過去の、「失敗したプロジェクト」だと、世間一般では思われている社会主義に、相変わらずこだわり続けてる君は随分な変わり者だということになるだろうね、これまた世間一般の基準では。

　——別に意地になってこだわっているというわけでもないよ。そもそも我々の世代はソ連や中国といった現実社会主義に対する幻想は全くなかったわけだし。実際大学に入ったころにペレストロイカが始まり、大学院生のときにソ連は消滅してしまったしね。社会主義に惹かれたといっても、ソ連型の社会主義をいいと思う余地なんかなかったよ。

　——それなのにマルクスを選んだわけだろ？　君は。まさに世間ではソ連ともどもそっぽを向かれていた人物をわざわざ。研究対象に。

　——その点では確かに変わっていたというか、妙な自負があったね。ソ連が崩壊したこれからこそ、真のマルクスの復興だみたいな。その意味で、私の場合は始めからストレートにマルクスであって、上の世代のようにレーニンや毛沢東を経由するということではなかったね。

　——やはり偏見とかは強かったんじゃない？　マルクスを研究することに対して。

　——当時はただがむしゃらに研究していたから、周りのことは余り気にしなかったけれど、今振り返ると確かに強かったと思うよ。偏見。90年代半ばから大学でマルクスを講義し始めたけれど、最初の内はマルクスや社会主義への嫌悪感を示す学生は少なくなかった。それがいつごろからだろうか、何時の間にか生理的な反発のようなものは消えて、むしろ共感を示す学生が増えていった。

　——時間の作用だろうね。何しろ今や学生にとって、ベルリンの壁と

いうのも歴史の教科書で習う話で、ドイツが二つあったというのは学校で暗記させられる情報になってしまった（笑）
　——確かにベルリンの壁のことを講義で話すと受けるよ。とまれ、ソ連や東欧圏という現実社会主義は今や自分の生まれる前の昔話になってしまった学生には、かつてのような偏見など持ちようがないわけだ。それで、むしろ新鮮なわけだ。マルクスの話なんかは。
　——いよいよ君の時代になったわけだ（笑）
　——どうかな（笑）ともあれ、僕としては昔も今も全く一貫して変わりない。社会主義に対するスタンスというものが。別にイデオロギー的にどうこうというのではなくて、単に合理的に考えて、資本主義というものが永遠に続くとは考えられないだけだ。人間は必ずしも合理的にのみではなく、多くの矛盾した点を抱え、合理性に欠ける行動をしがちな存在だと思うが、それにしても資本主義をこのままずっと続けさせるほど非合理な存在でもなかろうという気がする。実を言うと、我々のような者に対して、今時社会主義という「時代遅れ」なものにこだわる愚かな物好きみたいな揶揄がよくなされるわけだが、僕からするとむしろ逆で、なぜ人々は資本主義みたいな合理性の欠如したシステムにかくも絶対的な信頼を置いているのか。なぜこの社会秩序が永遠に続くと当たり前のように信じているのか、そちらの方こそが謎なんだ。
　——しかし実際にソ連は崩壊したわけだし、資本主義が勝利したということだろうよ。
　——確かにあれが社会主義だったならばそうだろう。しかしあの社会は社会主義とは、少なくとも資本主義の次にくるはずの、より優れた社会としての社会主義とは言えないだろうね。
　——では何だというのだ。社会主義ならぬ「国家社会主義」、はたまた「国家資本主義」とでも言うのか？
　——社会主義とは何なのか、それをどう定義するのかというのは、簡単なようでいて実は結構難しい問題だ。一番簡単な方法は、その国の自

己規定をそのまま受け入れることだ。ある国が憲法で自国の体制を社会主義と規定していれば、それでもう社会主義だという話。これならば確かにソ連は社会主義だったし、ソ連の崩壊イコール社会主義の失敗ということになるだろう。しかしもちろんこんな無批判的なのは学問以前の態度だ。ある社会がどういう社会であるかどうかというのは、その社会のスポークスパーソンの自称ではなく、その社会の実態に即して規定されなければならない。

　——じゃあどうやって規定するというのだ？

　——社会主義がどのように規定されるにせよ、それが資本主義と根本的に違った社会だという点は確かだろうよ。そうでなければその社会は資本主義か、資本主義と大して変わらないということになる。資本主義と大差ない社会ならば、それを社会主義と呼ぶのはおかしい。資本主義か、資本主義のような社会と言った方がいい。

　そこで問題となるのは、実は資本主義とは何かということの方だ。

　資本主義が何であるかということは、社会主義が何かという問題に比べれば、幾分容易だろう。市場や自由競争、私的所有に貧富の格差といった、資本主義に共通して見られる現象は幾つもあり、それらが資本主義の基本的な要素となっているのは自明だからだ。しかしここで重要なのは、こうした資本主義の見られる諸要素のなかで、どれが重要なのか、特に、それによって資本主義が本質的に規定されるような基底的な要因は何かという問題だ。こうした本質的な概念規定をおこなうためには、観察される現象の列挙だけでは不可能で、視座となる理論が必要だ。

　——ではどういう理論が視座となるんだ？

　——それこそがマルクスなわけだよ。当然といえば当然ではあるが。ただ、マルクスに依拠するといってもマルクスのどこを重視するかが問題になる。

　——『資本論』にしてからも、膨大な紙枚を使って資本主義の仕組みを説明しているにもかかわらず、当の資本主義の定義それ自体はおこ

なってないしな。
　——ところが必ずしもそうとは言えない。確かにマルクスは読者に安易な速断を与えないために、全体を読み通さない限り真髄が伝わらないような叙述を心がけている。スターリンが愛用したようなカテキズム的な作法は避けている。とはいいながら、叙述の所々に明らかに定義的な文言を滑り込ませている。例えば第1巻第23章第1節の末尾で資本主義を、対象的な富が労働者の発展欲求のために存在するのではなく、反対に労働者が価値増殖のために存在する生産様式と位置付けた上で、人間は宗教では頭の作り物によって支配されるが、資本主義では手の作り物によって支配されると喝破している。
　——まるで『経済学・哲学草稿』みたいだな。
　——まさにそういうことだ。無論『経済学・哲学草稿』と『資本論』が同じだなどと言いたいのではない。そこには長年の研究の蓄積に裏打ちされた、認識の深化がある。しかし、当の研究対象そのものの、つまり資本主義の本質規定それ自体は、基本的に同じ論理によっておこなわれているということだ。労働生産物が労働者から疎外されるということが、資本を資本たらしめる要だ。そして労働生産物の疎外は、労働者が労働過程それ自体から疎外されていることの結果に過ぎない。つまり労働過程が疎外されているか否かが、その社会を資本主義にする本質的な要素だということになる。
　——そうなるとソ連はどうなるのだ？
　——だからソ連において現実の労働過程がどうであったかということが、あの社会が社会主義であったかどうかのメルクマールになるということだ。どこをどう贔屓目に見ても、あの社会で労働過程が労働者自身によって制御され、労働者の労働過程からの疎外が克服されていたなどという話にはならないだろう。
　——それはそうだろうな。労働者じゃなくて共産党官僚が支配していた社会だからな。

——共産党官僚、その上層部はノーメンクラツーラといわれる特権層だったわけだが、労働者によって選挙されて選ばれたわけではない彼らが、社会主義の美名の下、労働者の代表を僭称していたのが、動かせざる事実だ。労働過程は労働者じゃなくて官僚によって支配され、都市の労働者は狭い集合住宅に住んで低い消費水準に甘んじていた。それに対してノーメンクラツーラには庶民のものと比べるとはるかに立派なダーチャ（菜園付き別荘）があてがわれていたし、特別の売店でいつでも新鮮な食材を手に入れることができた。労働者はおなじみの行列で乏しい物資にあえいでいたのに、党官僚どもは並ばずに贅沢ができたという図だ。

——酷いな。もっとも、すでにレーニンも大層なダーチャを持っていたというしな。

——レーニンの時点ですでに作動し始めたメカニズムがスターリンによって完成させられたということだろうな。

——ということは、ソ連は社会主義じゃなくて資本主義ということになるのか？

——そう言っても大過ないだろうな。ただ、我々の社会と全く同じ構造だったかというと、疑問は残る。資本主義においては労働者は労働過程から疎外され、疎外された労働生産物は資本へと転化する。ソ連のような現実社会主義においても労働者は労働過程から疎外されていて、労働生産物の処遇は労働者の協議によって決まるのではなく、労働過程から切り離された官僚の統制に拠る。この点ではソ連もまた資本主義だと言える。しかしマルクスは、ある社会の性格を規定する際に、疎外の有無のみならず、生産の目的というものも重視していたように思う。

——資本主義は何を目的に生産活動がおこなわれ、社会主義では人々は何を目的に生産するのかといった話しだな。

——その通りだ。資本主義の目的とは何か。それはまさに目的がないところにある。資本を蓄積すること自体が目的であって、何かのために

資本を増やすのではなく、自己増殖それ自体を目的にした運動だ。言ってしまえば、がん細胞みたいなものだ。ひたすら増え続けて止むことがない。がんの場合は身体全体の死によって消滅するが、資本主義の場合はどうなのか。人類文明全体を道ずれにするかもしれない。

　——大げさな気がするな。もっともこれまでの資本のあり方だとそういう推論は自然ではある。多分資本主義が文明そのものを滅ぼすことはないだろうが、資本主義のままで持続可能な文明が実現できるとも想像し難い。資本主義といっても、今とはだいぶ変わった形になってるんだろうな。

　——とまれ、資本主義が利潤それ自体を追求する社会だという認識は揺るがないだろう。ではソ連はどうなのか。やはり無目的な利潤追求社会だったのか？　それは一寸考え難い。資本主義では資本蓄積に有利な政治勢力への絶えざる政権交代劇が繰り返されるが、ソ連ではそういうことがあったのか。ないだろう。むしろすべての政策の基本は、ノーメンクラツーラの既得権益を維持し、場合によっては増大させるためにあったわけだ。つまりこの社会の基本性格は、資本蓄積にではなくて、政治支配それ自体にあったというべきだろう。資本主義では資本蓄積に打撃を与えるような経済政策が意図的に選択されることはありえないし、そういう政策は常に政治選択の失敗だと総括される。しかし現実社会主義はどうだったか。ノーメンクラツーラとその首領である政治指導者の恣意的な経済政策による生産基盤の破壊が、権力の威信を高めるために度々繰り返されてきたのではないか？　どんな独裁者でも資本主義経済の上に君臨している限りは、文化大革命のような長期間の生産力破壊[2]をおこなうことはできないだろう。

　——ではソ連は資本主義でも社会主義でもない第三の社会ということになるのか？

　——それもまた定義の問題だろうな。あくまで労働過程の疎外的性格という点に依拠すれば資本主義だし、生産の目的を考えれば資本主義

とは異なる。重点の置き方によって変わってくるわけだ。しかしここで重要なのは、いずれにしても現実社会主義は社会主義ではなかったという点だ。しかもこの点がマルクスの理論によって確証されるということ。これはつまり、ソ連の崩壊は社会主義の不可能性の実証ということでもなければ、マルクスの理論的有効性の失効を意味するわけでもないということだ。むしろマルクスの理論こそがソ連のような現実社会主義の基本性格を明らかにできる指標になるということだ。

　――なるほどな。マルクスの評価に関してはともかく、ソ連の崩壊イコール社会主義の失敗とはいえないという点は確かだろうな。ソ連の崩壊が意味するのは、社会主義一般の不可能性ではなくて、ソ連型の社会主義――それが資本主義なのかどうなのかは措くとして――の不可能性を意味するということだな。最近は社会主義研究界隈のみならず一般の読書界でも資本主義の限界を訴える書物が多く現れてきているが、それらに共通しているのはオルタナティヴを提起できないことだ。ソ連＝社会主義という通俗的常識に囚われてしまっているせいだろうな。

　――その意味では、通俗的偏見に囚われずに、社会主義の本義に立ち返り、マルクス本来のヴィジョンを明確にするという作業は大切だろうな。一見教条主義的だが、こういう原理的な反省を踏まえない方が、無反省的に旧来の教条を踏襲することに帰結するだろう。その結果としてむしろ教条主義的に社会主義不可能論や反マルクス論を吹聴することにもなる。そういう実例はよく目にする。残念なことに。

2　現代中国をどう考えるか

　――ところで、ソ連と東欧は崩壊してしまったが、崩壊しないで生き延びている「社会主義」もある。その筆頭はもちろん中国だが、これはどう考えればいいんだ？　そもそも今の中国は社会主義なのか？

　――これこそ定義の問題だろうな。中国には国際会議で何度か訪れて

第十章　現実社会主義をめぐる対話

るんだが、確か最初の訪中のときだったと思うが、通訳をしてくれた現地の女子学生に、中国は社会主義なんですかと聞かれたよ（笑）彼女はあくまで日本語を勉強しているだけで、社会主義を研究しているわけではない。だから社会主義とは何かという理論も知識もない。あるのは社会主義とされる中国での生活実感で、彼女の日常からは自国のどこが社会主義なのか実感できないという話だ。だからマルクスだの社会主義だのを研究してる日本の大学の先生に、率直な疑問を投げかけてみたという寸法だ。

　――今の中国の若い世代の実感なんだろうな。一体どこが社会主義なんだという。

　――無論外側から観察してる我々から見ても今の中国のどこが社会主義なのかはかなり謎だ。だからこそ定義の問題ということになってくる。現在のようであってもなお中国を社会主義だと見たい向きからすれば、主要銀行をはじめとする重要企業が国営であることに着目したりする。また、資本主義を否定する勢力である中国共産党が政権を握って全面的に支配している社会なのだから、資本主義ではありえないという議論も可能だろう。ただこの場合はマルクスとは逆に、上部構造が土台を基本的に規定するという話になってしまうがな。

　――中国共産党自身の自己規定はどうなってたんだっけ？　確か社会主義の初級段階としての市場社会主義なんだという話だよな。

　――正確には市場社会主義ではなくて社会主義市場経済という表現を使っているようだが。どちらにせよ、実に融通無碍というか、どうとでも取れるという意味では、実によくできた自己規定だ。かなりの知恵者なんだろうと思うよ。中共のイデオローグは（笑）

　――何だか分かったような分からないような概念だもんな。

　――資本主義のように見えても初級段階ではあるが社会主義であり、社会主義といっても初級段階の市場社会なので、資本主義のように見えることもあるという話だ。両方面で正当化ができるわけだ。

――しかし市場社会主義というのは社会主義なのかという古典的な疑問が起きるな。当然。
　――これもまた定義の問題だ。市場というのが本来、社会主義にとって好ましくない要素なのは確かだろう。なければないに越したことはない。しかし現実社会主義の経験は、市場に替わる分配メカニズムを構築し、効率的にワークさせることの難しさを実証したと言える。必要悪としての市場が社会主義段階でも残らざるを得ないという問題意識は正当だし、真正なものだ。ここで改めて考えたいのが、何がその社会を基本的に社会主義的なものにするのかという、社会主義のメルクマールの問題だ。我々は労働の疎外の有無にそれを見た。労働者が自らの作り出した生産物を自らのコントロールの下におけるのかどうか、そのために労働過程からの労働者の疎外がどの程度縮減されているかが、社会主義化の成果だと考えたわけだ。この観点からすると、市場は労働生産物の自律的運動を促進する志向性を持つため、疎外の克服にとって障害となるが、かといって市場の存在そのものが直ちに社会主義の否定とまではいえないということになる。というのも、労働者が協議により市場の動向を十分にコントロールできれば、市場を主として合理的な分配装置として利用するということも、理論的構想としては可能だからだ。
　――しかしアナーキーにそれ自体で自律的に作動するのが市場というものだろう？
　――資本主義ではそれが市場の真骨頂だろう。だから市場に介入する際も、市場の自律性を損なわない範囲でおこなわれるのが原則だ。しかし市場社会主義になると、そうではないのだろう。
　――しかしそうすると、そんな社会主義的「市場」は、そもそも市場と言えないのではないか？
　――まさにそれが問題だろう。市場と社会主義はいわば、弁証法的な緊張関係にあるわけだ。言葉としてこういうのは易いが、具体的な内実は歴史的な実践によって試行錯誤されてゆく他ないのだろうと思う。一

つ確かに言えることは、市場は簡単になくせるものではないし、無理して早急になくそうとするべきではないということだろう。ある社会を社会主義と見るかどうかとは別に、人類はこれからもかなり長い間市場と付き合わざるを得ないということだ。

　——残念ながらそういうことになるだろうな。

3　中国革命の暗黒面

　——ところで、君の専門研究分野は初期マルクスや環境倫理学といったもので、中国ではなかっただろう？　それが近ごろは中国についてあれこれと考えてるみたいだが。

　——もちろん素人が少しかじっている程度だ。ただ何度か中国を訪れ、分担ではあるが中国研究の枠組みで科研費を使わせて貰ったりした関係上、少しは積極的に中国について勉強してみようかという気になったわけだ。

　——それで毛沢東について書いたわけか。

　——あくまで荒削りな研究ノートに過ぎないがな。哲学専攻者として中国にかかわるのだったら、やはり毛沢東、特にその中心思想である矛盾論の検討は避けられないだろうと思った次第だ。

　——それでどうだったんだい？　思いの他に好評だったらしいが。

　——いや本当に意外で、自分本来の専門研究論文よりも受けがいいので、複雑な気分だ（笑）とはいえ、これを書くために改めて外文出版社版の選集を1巻から5巻まですべて読み直したし、幾つかの研究文献も紐解いてみた。さらに、やはり背景を知らなければいけないので、中国革命史も一通り検討してみた。大変だったが、実に得ることの多い、有意義な学習経験だった。

　——どんなところがためになったんだい？

　——今ごろ気づいたのかと嗤われそうだが、歴史というのは単純な白

黒でも、全が悪を徴するといった類でもないということだな。これを痛感したよ。

　——どういう意味？

　——中国革命というのは、国民党という悪を共産党という善が斃した的な、中共公式史観では割り切れないものがあるということだ。かといって、逆が正しいわけでもない。基本的に善悪の対決とはいえない気がする。中国人民からすれば、どちらも本当は選びたくない選択肢であったが、他に選択の余地がなかった。結果的には白より赤の方がまだましというか、基本的に両方とも悪であるが、中共の方が「より小さな悪」という面があったのではないかということだ。小さな悪は、巨悪に対して相対的には善になる。その意味では、共産党の勝利は敗北より望ましかったのだろうが、正義が悪を打ち負かしたという感覚で中国革命を見るのは、不可能ではないかということだ。もちろんこれはあくまで素人的な感想であり、厳密な歴史判断ではない。ただこの「割り切れなさ」の感覚が、歴史の難しさや複雑さという、言わば当たり前のことを、改めて肝に銘じさせてくれたということだ。

　——これまた何だか分かったような分からないような話だね。ともあれ、どうしてまた、そんな風に思うようになったんだい？

　——多くの日本人がそう思ってるし、中共公式史観でもそうなってるわけだが、毛沢東は建国後の政策、特に大躍進[3]と文化大革命によって中国社会と人民に大きな災いをもたらしたが、しかし何と言っても中国を人民共和国として建国した国父であり、革命を勝利に導いた功績は、その後の失政を補って余りあるという見方、これを受け入れるのは無理ではないかと思うようになったということだ。この公式的史観の前提は、建国までは歪みなく正しかった毛沢東が、建国後に逸脱してしまったという立場だ。「殿のご乱心」的説明だ。

　——確かにそういう見方は今でも常識というか、多数意見だろうね。

　——この説明方法はフルシチョフのスターリン批判と似ている。ス

ターリンはレーニンから逸脱した、レーニンは常に正しいが、スターリンは誤りを犯したというのが、フルシチョフ的批判の水準だ。ここにはスターリン主義の根をレーニンに探るという観点はない。そこまで批判をラディカル化するとソ連共産党のアイデンティティ自体を掘り崩すことにもなりかねなかったからだ。スターリンにとってのレーニンに当たる人物は毛沢東には存在しないので、建国前後で毛沢東自身を二分割したわけだ。建国前の毛沢東がレーニンで、建国後の毛沢東がスターリンに当たる。建国後を断罪することによって建国前を放免し、それによって中共のアイデンティティを傷つけないようにする。これが中共公式史観での、根本的に限定された毛沢東批判ということだ。しかしこれは無理ではないか。スターリン主義の根がレーニンその人にあったように、大躍進や文革の根は建国前の早い段階の毛沢東の理論と実践に、すでにはっきりと存在するのではないかということだ。

——しかし蒋介石軍の腐敗に対する八路軍の規律の高さ、長征を耐え抜いた革命戦士たちの不屈の精神性などは、今でも語り草になっているわけだが。

——確かに八路軍が略奪行為を厳しく戒めたというのは、歴史的事実だろう。さまざまな証言が残されている[4]。しかし、そうした美談の反面、ほとんどタブー視されてきた逸脱行為もあったということだ。

——毛沢東が革命根拠地で粛清をしていたという、右翼やアンチ中国の輩が声高に叫んでる類か。

——まさにそれだ。ただ、右翼やアンチは専ら毛沢東個人のパーソナリティ、その残虐性や非人間性に問題を還元しがちだが、ことはそんなに単純ではない。粛清をおこなったのは毛沢東だけではないし、毛沢東よりも激烈な粛清に手を染めた者もいる。個人の専横という面も確かにあったのだが、主要には当時の中国共産党の方針自体の問題だし、粛清を是とし、その激化を招き寄せてしまった当時の情勢や党の作風の問題だ。毛沢東にせよ誰にせよ、同じ地位と政治状況にあったのなら、誰で

も毛沢東や他の革命指導者と同じように、同志殺害に走ってしまったのではないかということだ。
　——まるでカルト教団みたいだな。
　——まさにそのまるでカルトなのだ。我々はオウム真理教や連合赤軍の同志殺しを特殊な小集団に固有な病理現象だと捉えがちだが、はるかに大規模な集団である中共の革命根拠地内でも、全く病理的な粛清劇が展開されていたということだ。
　——どういう話だ？
　——革命戦争という極限的な緊張状態のなかで、疑心暗鬼が蔓延したということだ。反革命の裏切り者、スパイが大量に紛れ込んでいるのではないかという。この全体的な不安状態と、自己の方針をごり押ししたい指導者の野心が結び付いて、敵対者に反革命の汚名を着せ、縦に粛清し捲くったという寸法だ。
　——酷いな。どういうやり口だったんだ。スターリンみたいにトロツキストとか言ってたのか？
　——そのレッテルももちろんあった。社会民主党というのも。しかし一番多かったのはAB団というラベルだ。
　——何だそれ？
　——諸説あるが、「アンチ・ボリシェビキ」の略というのが一番有力だそうだ。これはかつて確かに実在したのだが、革命根拠地でラベルとして愛用されたころには実体のない幻に過ぎなくなっていた。
　——丸ごとでっち上げだというのか？　どうしてそんなことができたのだ。
　——うんざりすることに、ひたすら拷問によって偽証させていたらしい。拷問の苦しさの余り自分がAB団だと認める。そして出鱈目に知っている名前を挙げる。名前を挙げられた者は身に覚えがなくても責め苦の余り自白し、さらに出鱈目に名前を挙げる。この出鱈目の連鎖によって、雪だるま式に犠牲者が増えてしまったのだ[5]。

——酷いな。しかしどうしてそんな惨状が展開されたのだ？
　——本当にどうしてなのか、こっちが知りたい。さまざまな原因が絡み合って、とても一言では尽くせないだろう。とはいえ、やはり何よりも、全く当たり前のことながら、人命が軽視されていたということが最大の原因だろう。人命が重視されていれば、粛清といっても肉体的抹殺は最大限避けられていたはずだ。根拠地や軍隊から追放すればいい。しかし中共根拠地で起きたことは、追放や監禁に比べて、余りに頻繁に処刑がおこなわれたこと、余りにも簡単に人が殺されたということだ。
　——やはり戦時体制ということも大きかったのではないか？
　——そうだろうな。常に外に向かっては殺し殺されるをやってるわけだから、殺すという行為自体が日常茶飯になってしまっているというか。また、平時と違って、監禁するというコストは全く馬鹿にならない負担だったのだろう。実際追い詰められて根拠地を放棄して長征に出た時には、足でまといということで、監禁刑の者も大量に処刑されてしまったというしな。
　——さもありなんという話だが、事実かどうか。もっとも証拠を残すはずもないので、当然闇に葬られてしまったのだろうが。それにしても我々のように平和ボケした日常を送っている者には、外敵に攻められているというのに、どうして一人でも貴重な味方を次々と消し去っていったのか、わけが分からんところがあるな。
　——そうなんだよ。どうして味方を殺して戦力をそぐような真似をするのか。むしろできるだけ団結して敵に立ち向かわなければいけないんじゃないかと思うわけだが、どうにもそうではないらしい。それはまだ余裕があるというか、本当に追い詰められていない段階のようなんだ。本当に追い詰められると、恐怖が内側にも向かって、内なる敵を作り出して、自らを純化しようとするみたいだ。スパイはもちろん、味方であっても動揺分子が紛れ込んでると、そこから全体が脆弱になり、終には敵に打ち負かされるというように考えるようだ。つまり追い詰められれば

追い詰められるほど、組織を少数精鋭にして、純粋な「鋼鉄の軍隊」に鍛え上げる必要があるみたいに考えるようなんだ。

――しかし、追い詰められているということは、すでに数的に敵に比べて少数になっているわけで、なおさら少数にするのは自滅行為ではないのか？

――まさにそうで、根拠地によっては粛清のし過ぎでほとんど壊滅状態になってしまったところもあるという。粛清の行き過ぎは長征の大きな原因ともなったというんだ。

――何とも不可解だな。しかしもうこれは一種の病理現象で、集団ヒステリーの類なんだろうな。

――そうだろうな。おかしなことに、革命運動を理解するためには、社会心理学も勉強する必要があるみたいな感じだな。

4　現実社会主義の教訓――歴史に学ぶ――

――ともあれ、すでに長征前という早い段階から同志への粛清が蔓延していたという事実がある以上、建国までの偉業と建国後の逸脱という公式的毛沢東観は維持不可能だろうな。

――その後の整風運動も「病を治して人を救う」という美名の下におこなわれたが、実際には治癒不可能とされて粛清されてしまった者は夥しい数に上るといわれる。スローガンを真に受けて率直に発言した者のなかには、それが徒となって反革命規定されてしまった人々も少なくなかったということだ。建国後の百花斉放百家争鳴運動でも、無礼講だと言われたのに、その後の反右派闘争の掌返しで、反対派が一網打尽にされてしまった。こうしてみると、毛沢東は建国前も後も、一貫して粛清によって自己の権力を維持強化していたことが分かる。その総仕上げというか、最後にして最悪なのが文化大革命ということになろうか。これは余りにも酷かったし、戦争中のように隠蔽することなどできるはずも

ないので、毛沢東の逸脱として批判せざるを得なかった。しかもその主要な責任は林彪や４人組に被せて、毛沢東本人には免罪符を与える形になっている。

――どうして毛沢東はそんなにも擁護されるのだ？

――結局中共自身のアイデンティティの問題だろうな。毛沢東を完全に否定することは、中共及び人民共和国自体の正当性を失ってしまうということになるからな。それは絶対にできないわけだ。

――なるほどな。それにしても君はさっきから毛沢東や中国革命に対して手厳しいが、まるで嫌中右翼のように、中共及び人民共和国自体を否定しているような感じだが。

――そういう意図はないんだ。先ず何よりも、現在の中国は中国人民自体が選んで作り上げたものだ。中共が単なる赤匪で、毛沢東が暴君に過ぎないのならば、革命に勝利することなどできるはずがない。確かに多くの逸脱や大きな誤りもあっただろうが、何よりも中国の人民自身、特にその多数を占める農民層の厚い支持があったからこそ革命が勝利したのだし、今日に至るも政権は転覆しなかったわけだ。それに、では国民党はどうだったのかという問題もある。こちらは内部粛清に無縁な清廉潔白な政治勢力だったかというと、とてもそんな話ではない。そして何よりも、中共の勝利は中国のさまざまな旧弊を打破する役割りを果たした。革命の勝利は確かに解放だったのだ。

――だったらなぜ敵に塩を送るような真似をするのだ？

――だからこそだよ。社会主義の未来を信じるからこそ、いらぬ幻想を抱かずに、真実を直視する必要があるからだ。過ちを繰り返さないように、歴史から学ぶということだ。

――しかしまさにその歴史が、社会主義の不可能性を実証しているのではないか？

――だからこそ社会主義とは何であり、現実社会主義とは何であったかということだ。我々が社会主義を求めるのは、資本主義が持続可能だ

とは思われないからだ。かといって、現実社会主義のような社会主義は選択肢になりようがない。それにそもそも現実社会主義は規範的な意味での社会主義ではなかった。むしろそれはそうあってはならないような社会であり、反面教師だ。無論だからといってそこに何ら積極的な要素が無いというわけでもない。現実社会主義には大きな負の側面だけではなく、明らかに進歩的な面もあった。これらの現実社会主義の全体的な実像を明らかにして、先ずはそれを事実として受け止めるという態度が大切ではないかということだ。

——言いたいことは分かるが、粛清や弾圧の歴史を見ると、どんな社会主義であっても可能性がないような気もしてくるな。

——しかし資本主義にも未来はないだろう。後100年くらいで人類が滅んでいいというのなら別だが。だから我々に残されている選択肢は、いかにかつての轍を踏まずに、資本主義を卒業するかということしかない。人類が滅亡していいというのでなければ、革命的な変動は不可避だろう。いかにこの変動を滑らかに乗り切り、かつての現実社会主義で現出したような、非人間的な抑圧を生み出さないかが重要だ。

——だったらどうすればいいんだ？　とはいえ、マルクス主義は未来予言ではないからな。図式的にこうすればいいという話にはならんわけだよな。

——やはり具体的な歴史情況のなかで考え、実践するということに尽きるが、とはいえ一般的な方針としては、幾つかの規範的な提言は可能だろうと思う。先ずは、可能な限り平和的で合法的な手段に訴えるというのが第一だろう。始めから暴力革命ありきというのは手段と目的を取り違えた逆さまな議論だ。誰も無駄な血を流したくないし、必要もなく流すべきではない。だが状況によっては暴力的な手段の行使も避けられない場合もある。例えば選挙によって合法的に社会主義への体制変革が決まり、かつ資本主義を変革するという決議内容が国際社会の承認を得ているにもかかわらず、反対勢力が非合法に武力で対抗するというよう

な場合だ。反民主主義を暴力的に貫こうとする反動勢力には、対抗暴力は必要だろう。

――所謂9・11、ピノチェトのクーデタみたいな事例には事欠かないしな。

――もし不幸にも変革に際して暴力的な手段が用いられ、場合によっては三権分立が一時的に停止し、古代ローマの独裁官のような個人や機関に権力が集中することが必要になっても、そのような事態は明らかに異常な状態なんだから、早急に解消するようにしないといけない。

――それが元々の意味のはずだよな。プロレタリアート独裁の。

――少なくともマルクス自身ではそうだったはずだ。マルクスはプロレタリアート独裁を、資本主義から社会主義への変革の時期に、不可避的に通過せざるを得ない状態だとしている。つまりあの唯物史観の定式に対応しているわけだ。定式をどう読んでも、この移行期はごく短い一時期のようにしか読めないはずだ。

――何しろ独裁なので、法律が正常に機能してないわけだからな。

――だからマルクスは、プロレタリアート独裁を社会主義へ到るための必要悪と捉えた。プロレタリアートがやろうが誰がやろうが独裁は独裁なんだから、それ自体は善くないものに決まっている。しかし現実政治の力学からは、こうした必要悪は避けられないだろうというリアリズムの表明というのが、マルクスの真意だろう。独裁は独裁でも、プロレタリアの独裁はブルジョアジー独裁のような少数者の独裁ではなくて、多数者による独裁だからいいのだという意見もあるが、たとえ多数者を代弁しているとしても、実際に政策実行するのは少数の権力者で、しかも独裁なんだから一々選挙に図ってチェックを受けるわけではない。多数がやろうが少数がやろうが、独裁は独裁だ。独裁自体が望ましくないのだ。

――その意味では、マルクスの後継者たちはとんでもない取り違えをしたということになるな。

――全く驚くべきことに、そして恐るべきことに、そういうことにな

るな。その意味でエンゲルスはこの点を正確に掴んでいたということになるだろう。
　――おや、エンゲルスに批判的な君が珍しいな（笑）
　――あくまで是々非々だよ（笑）確かに幾つもの論考で論じたように、エンゲルスの否定的な役割りは多大なものがあった。ただこの革命的変革という論点に関しては、エンゲルスは問題を極めて正確に捉えていた。つまりマルクスは全く手段的な議論をしていたのだというように。どうしても仕方がなく、他に選択肢がないからやるのがプロレタリアート独裁だし、ひいては暴力革命自体も、必要悪以上のものではない。もし状況が許せば、やらないにこしたことはない。あのエンゲルス晩年の、「フランスにおける階級闘争」序文の但し書きは、マルクスの基本精神を継承したものだということだ。
　――しかしあれは後の社会民主主義の、所謂修正主義の源泉だと評価されてるのだが。
　――だからもうそういうレーニン主義的な史観を辞めないといけないわけだ。修正主義だの教条主義だのという、旧来のレッテルを御破算にして、それこそ是々非々で、マルクスの理論を批判的に継承し、発展させるということだ。
　――もう内ゲバみたいな真似をする時代ではないわけだしな。どんな理論であっても有効だというのなら貪欲に吸収すべきだろう。今時ブルジョア哲学批判みたいな類をしても、失笑を買うだけだしな。
　――その意味ではもうすっかり失速してしまったが、分析的マルクス主義はその理論内容においては穴だらけだが、非マルクス主義的な哲学や経済学の方法論を貪欲に吸収しようとするその探求精神においては、模範的といえるだろうな。
　――まあそうだな。話を戻すと、これまでの現実社会主義の展開、特にその革命運動の内部において、余りにも不必要な暴力の発揮が多過ぎたことをどう捕らえ返すかということだな。

——だからマルクスのプロレタリアート独裁概念に起きたような転倒[6]、独裁なのにプロレタリアートがする独裁だからいい、プロレタリアートは多数派だから、実際に少数の革命家が独裁権力を振るっても、多数を代表しているからいいのだというような議論、ここから暴力は暴力でも革命的暴力だからいいんだという、粛清を正当化するような論理回路が開かれたこと、これが問題ではないかと考えるわけだ。

　——本当にそういう理屈だったからな。言うまでもなく最もあけすけなのは、「革命は暴動である」という毛沢東のスローガンだったわけだが。

　——だからこれからは、物事を粉飾なく文字通りに受け止めるということ、独裁は独裁だし、暴力は暴力だということ。それはできる限りなくすべきだし、どうしても必要な場合は必要最小限に留めるように努力しないといけないということだな。

　——何ともありふれたというか、陳腐な意見のようだが、こういう陳腐さこそが、むしろ大切なんだろうな。

　——単純であること、率直であること、こういう美徳が社会主義的変革を目指す主体に求められているんじゃないかと、常々思ってるんだよ。

おわりに

　どうであろうか。対話編という体裁をとってはいるものの、一読して分かるとおり、実際には著者である私（田上）自身のモノローグでしかない。その意味ではとてもプラトンのひそみに倣うなどとはいえない、体たらくな代物に過ぎないが、それでも堅苦しい論文調でない分だけ、幾分は読み易いというメリットはあったのではないかと思う。

　対話のなかでも言ったが、マルクスや社会主義は、私が大学院に進んで本格的に研究を志した時分は、まさに「死んだ犬」状態だった。ところが昨今では、若い世代のなかにマルクスへの熱い視線を送る者が少なくないように見受けられる。また、マルクスを研究しようとする若手が

僅かながらも増えつつあるようにも思われる。

　ところがそれら若手の多くが、現実社会主義への批判的分析をマルクス研究に媒介させるという問題意識が希薄なのではないかという印象を受ける。我々の世代まではソ連とマルクスの違いを言わないと話を聴いてくれない人が多かったが、今やその違いは当然のものとして受け止められているのかもしれない。だとすれば喜ばしいことだが、反面その結果として、旧態依然の議論を何か新しい理論だと錯覚してしまうような作風が醸成されつつあるように危惧される。某所である「最新」のマルクス研究が紹介されていたが、旧態依然なマルクス＝エンゲルス一体説[7]なことに驚かされた。

　このような錯誤を防ぐためには、現実社会主義が依拠していた指導理念、それはスターリンであったり毛沢東であったりしたのだが、これと理念の実現とされた現実社会主義の具体的現実との関係、そしてこれらの指導理念がマルクス自身の思想とどの程度関係したりしていなかったりするのかという分析をする必要がある。その上でマルクス研究をおこなうようにすれば、防げる錯誤ではないか。この意味で、現実社会主義への批判的分析は、現代における社会主義的オルタナティヴを構想するためにのみならず、マルクス研究を正しくオリエンテーリングするためにも必須の前提ではないかと思われるのである。

〈注〉
（１）研究ノート「毛沢東の矛盾論について」（『東京電機大学総合文化研究』第12号、2014年12月）、所収。
（２）文化大革命の実態については、董国強編著、関智英＋今野純＋大澤肇編訳／解説『文革――南京大学14人の証言』（築地書館、2009年）における当事者の証言が生々しい。
（３）大躍進については、フランク・ディケーター、中川治子訳『毛沢東の大飢饉』草思社、2011年、参照。

（4）一例として、山口盈文『僕は八路軍の少年兵だった』草思社、1994年、参照。
（5）AB団粛清をはじめとする中共革命根拠地での内ゲバの惨劇については、福本勝清氏の先駆的研究（『中国革命への挽歌』亜紀書房、1992年・『スーパー・エッセイ　中国共産党外伝―― 歴史に涙する時』蒼蒼社、1994年）が重要であるが、何よりも小林一美氏による決定版的労作『中共革命根拠地ドキュメント―― 一九三〇年代、コミンテルン、毛沢東、赤色テロリズム、党内大粛清―― 』御茶の水書房、2013年が参照されるべきだろう。なおこの問題に関しては、渡辺一衛会員もかつて社会主義理論学会の論集で取上げていた。「富田事件とAB団―― 中国初期革命運動における粛清問題の教訓―― 」、社会主義理論学会編『二〇世紀社会主義の意味を問う』御茶の水書房、1998年、所収。ちなみに前掲『文革』によれば、文革の過程でAB団を髣髴とさせる「5・16兵団」という実在しない陰謀組織がでっちあげられ、粛清対象者へのレッテル張りに悪用されたという。文革の根がすでに革命根拠地にあったことを示唆して余りある。
（6）この転倒に関しては、簡単な研究ノートではあるが、次の拙稿で取り上げた。「マルクスのプロレタリア独裁概念について」（『東京電機大学総合文化研究』第13号、2015年12月）、所収。
（7）マルクスとエンゲルスを素朴に一体視しないという問題設定が、マクシミリアン・リュベルやデヴィッド・マクレラン以降の「マルクス学」の前提だったはずだが、この前提は必ずしも踏まえられてはいないというのがマルクス研究の現状のようだ。この論点に関してはこれまで多く書いてきた。例えば人間概念を扱った次の拙稿を参照されたい。「マルクス人間論の可能性と限界――マルクス主義哲学史における人間概念の変遷―― 」（杉山精一編『歴史知と近代の光景』社会評論社、2014年）、所収。

〈付記〉
・本稿は、日本学術振興会科学研究費補助金［基盤研究（C）課題番号16K03532（分担者）］に基づく研究成果の一部である。

おわりに

　社会主義理論学会は、年一回の研究集会の他に定例研究会を年二回から三回開き、社会主義の理論と社会主義運動の現状に関心を持つ大学内外の研究者間で、活発な意見交換の場となることを目標に活動を続けている。また、社会主義に関係するさまざまなシンポジウムを主催若しくは協賛団体として協力することも視野に入れている。近年は特に中国の研究者との学術交流に力を入れ、日中両国で「社会主義フォーラム」を定期的に開催している。最近では2016年3月5日と6日の両日に、慶應義塾大学で第5回日中社会主義フォーラムを主催した。このように、本学会では国際的な学術交流にも努めている。

　およそ学会や研究会ならば、本来年一回以上定期的に刊行される機関誌を持つべきだが、残念ながら小規模で予算の限られた本会では、社会主義理論学会「会報」という、不定期に発行する会員向けニュースがあるのみである。そこで本会では機関誌の代わりに、論文集を数年に一度出版することを目指している。本書はその第五弾である。

　本書は社会主義理論学会の委員会にて「世界資本主義の危機の深化と新たな社会主義」との統一テーマを設定し、社会主義理論学会の会員に原稿を募り、一書と成したものである。そのため執筆者は全員会員である。編集に際しては、会員の研究発表の場という論集の主旨を尊重して、事前に各執筆者に細かな指示はおこなわずに、統一テーマに沿って自由に書いて貰った。統一テーマとの関係上、当初は『資本主義の危機と社会主義』のようなタイトルになるはずだったが、マルクスを前面に出すべきだという委員会での討論を踏まえて、『マルクスと21世紀社会』に決定した。集まった原稿の内容に即して、「マルクスと現代資本主義」・「現実社会主義の諸問題」の二部構成とした。

　社会主義理論学会は、会員資格を大学関係者に限定することはなく、社会主義に理論的な関心のあるすべての人々に門戸を開いている。

おわりに

　本書を読んで関心を持った読者が、会のホームページ http://sost.que.jp/ などを参考にして各種催しに参加し、さらには入会されることを期待する。

　末筆ではあるが、出版を快諾していただいた本の泉社の比留川洋社長と、編集を担当してくださった田近裕之氏に感謝申し上げる。

2016年11月
田上孝一

入会の呼びかけ

　社会主義理論学会への入会を呼びかけます。

　近年における世界および日本内外の状況は、社会関係と思想における民主主義的発展を、切実に要請していると言えます。

　国際関係・政治・経済・文化・教育・スポーツ・家族・地域・健康、そして地球環境と自然にかかわる諸問題は、私たちに従来の枠組みを越えた、新しい方向提示を求めています。社会主義の理論と思想は、これらの課題に応えなければなりません。

　1980年代末に起きたソ連・東欧圏の崩壊は、社会主義の理念と運動に深刻な影響をもたらしました。世界的に資本主義市場経済永続論が風靡し、また一部には社会主義の理念そのものへの自信喪失と放棄が生じました。しかし世界資本主義はその後ただちに深刻な危機に陥り、今再びそのオルタナティブとして社会主義理念が見直されつつあります。

　本学会は1988年に創設され、すでに10年を越える研究活動を積み上げてきました。私たちはその実績の上に立ち、さらに活動を発展させる決意を新たにしております。

　私たちの目標は、自由で民主主義的な社会主義を共に志向する人々が、それぞれの立場の違いを認めあいながらも、たがいに学び、交流し、協同して新たな創造的研究に取り組むことです。

　民主主義と社会主義の実現を願い、その思想と理論・政策の研究に関心を持つ学者・研究者・活動家・学生・市民のみなさんが、本学会に参加されることを呼びかけます。

1999年4月

（社会主義理論学会第10回総会決定、会報第37号［1999.7.2］掲載）

社会主義理論学会会則

（名称および目的）

第1条　この会は社会主義理論学会と称する。

第2条　この会の所在地は事務局長の自宅とする。

第3条　この会は、日本および世界の自由で民主主義的な社会主義の創出に資するため、社会主義に関する思想・理論・政策・運動を自由に研究することを目的とする。

第4条　この会は上記の目的のために下記の研究活動と事業を行う。

（1）以下の分野の研究活動

1　社会主義の原理（社会、国家、民族、生産と消費、企業、地域社会、家族と性、文化・思想、自然と環境など）

2　社会主義の歴史（思想、理論政策、運動）

3　現代における、社会、政治、経済、教育・文化、理論・思想・意識、諸々の社会運動、についての分析と積極的見地の提示。

（2）以下の事業

1　年1回の研究集会をはじめ、各種の研究会の開催。

2　研究機関誌・紙の発行。

3　研究成果の出版・普及。

4　海外との研究交流。

5　その他必要な事業。

第5条　この会は、自立した研究能力をもつ市民で、目的に賛同し、会則を認め、会費を納める者をもって会員とする。

第6条　本会の入会希望者は、会員2名以上から推薦並びに委員会の審議及承認を必要とする。

（総会および役員）

第7条　総会は年1回定期に開催する。ただし委員会が必要と認めた

とき、あるいは会員の6分の1以上の要求があるときは、臨時総会を開く。
第8条　定期総会は会の活動および会計について審議し、その報告を承認し方針を決定する。
第9条　この会は、次の役員をおく。委員、会計監査。
第10条　委員および会計監査の選出方法は別に定める。委員および会計監査の任期は1年とする。ただし再選を妨げない。
第11条　委員は委員会を構成し、総会の決定に従って会の運営にあたる。委員会の召集は代表委員がおこなう。
第12条　委員会は代表委員若干名、事務局長1名を互選する。

（会費その他）
第13条　会員は会費として年3,000円を納入する。
第14条　この会の会計は、会費、事業収入、寄付金でまかなう。
第15条　この会則は総会において出席者の3分の2の賛成をもって改正することができる。会則に明記されていない事柄について細則を設けることができる。

（1988年10月29日　採択・施行）
（1991年4月29日　一部改正）
（2007年4月29日　一部改正）
（2014年4月29日　一部改正）

社会主義理論学会論文集既刊

◎社会主義理論学会編『二〇世紀社会主義の意味を問う』
　御茶の水書房、1998年
　◆ 第一部　シンポジウム
　・司会者あいさつ　西川伸一
　・加藤哲郎「二〇世紀社会主義とは何であったか」
　・大藪龍介「二〇世紀社会主義研究の基礎視座」
　・伊藤誠「ソ連経済の経験とこれからの社会主義」
　・司会者まとめ　石井伸男
　◆ 第二部　論文
　・上島武「ソ連とは何だったのか」
　・村岡到「社会主義＝計画経済は誤り――ソ連邦の経済建設の教訓――」
　・木村英亮「中央アジア社会主義の二〇世紀」
　・山口勇「変貌した中国とその行方――中華人民共和国存続の可能性――」
　・渡辺一衛「富田事件とＡＢ団――中国革命運動初期の粛正問題の教訓――」
　・竹森正孝「社会主義と自主管理――改めてユーゴ自主管理社会主義の意味を問う――」
　・松田博「イタリアにおける「自治体社会主義」とグラムシの社会主義像」
　・柴山健太郎「二〇世紀の欧州社会民主主義の検証――ドイツ社民党（SPD）の党史の幾つかの問題に寄せて――」
　・社会主義理論学会　研究会、研究集会の歩み
　・あとがき　大藪龍介

◎社会主義理論学会編『21世紀社会主義への挑戦』
　社会評論社、2001年
　・序文　上島武

- ◆ 第Ⅰ部　理論的反省と新構想
- ・田畑稔「アソシエイショナルな革命と新しい世界観」
- ・大嶋茂男「これからの社会主義とアソシエーション・協同組合——利潤追求の市場競争原理主義でなく，生命地域の共同創造を基本原理に」
- ・国分幸「一国一工場体制から利潤分配制の連合社会へ」
- ・竹内みちお「『労働証券制社会主義』論」
- ・村岡到「〈連帯社会主義〉をめざす〈則法革命〉」
- ・石堂清倫「20世紀の意味——「永続革命」から「市民的ヘゲモニー」へ」
- ◆ 第Ⅱ部　21世紀の課題と社会主義
- ・斎藤日出治「ポストモダニズム時代の社会主義戦略」
- ・田上孝一「マルクス哲学の可能性——環境問題に寄せて」
- ・小杉修二「地球温暖化問題と平等主義——有限な地球と持続可能な社会」
- ・論争：中国式の資本主義・社会主義観と21世紀社会主義
- ・Ⅰ　山口勇「凌星光氏の現代資本主義論・社会主義観批判」
- ・Ⅱ　凌星光「疑問・批判への回答と中国の行方，世界社会主義」
- ・社会主義理論学会：研究集会・研究会の歩み
- ・あとがき　石井伸男

◎社会主義理論学会編『グローバリゼーション時代と社会主義』
　ロゴス社、2007年
- ・はしがき　上島武
- ◆ Ⅰ　グローバリゼーションの新しい展開と社会主義
- ・斉藤日出治「グローバル時代の社会主義像——社会的個人の再発見」
- ・瀬戸岡紘「世界の支配者としてのアメリカ中産市民」
- ・岡本磐男「日本経済の停滞と社会主義の新しい展望」
- ・田上孝一「マルクスの社会主義と現実の社会主義」
- ・村岡到「階級論の検討——〈近代民主政〉理解の一前提」
- ◆ Ⅱ　社会主義の歴史的総括のために

- 上島武「渾身の五〇年——E・H・カーのソ連研究」
- 石河康国「福本イズムと『労農』派の形成」
- 渡辺一衛「二重の三権分立構造をめざして」
- あとがき　田上孝一
- 社会主義理論学会会則　研究の歩み（2001年4月～2007年4月）
- 執筆者の紹介

◎社会主義理論学会編『資本主義の限界と社会主義』
時潮社、2012年

- はじめに　西川伸一
- ◆第1部　資本主義の行き詰まり
- 第1章　鎌倉孝夫「体制」変革の理論と実践
- 第2章　森本高央　証券化資本主義の破綻が招くドル基軸通貨体制の終焉
- 第3章　瀬戸岡紘　近代社会と市民にかんする一般理論序説——新しい社会主義像を構想する手がかりをもとめて
- ◆第2部　中国の経験を振り返る
- 第4章　大西　広　毛沢東、文化革命と文化の次元
- 第5章　瀬戸　宏　戦後日本の中国研究——日本現代中国学会を中心に
- ◆第3部　社会主義の新たな可能性
- 第6章　田上孝一　マルクス疎外論の射程——新たな社会主義構想のために——
- 第7章　山崎耕一郎　労農派社会主義の原点と現在——山川均論を中心に——
- 第8章　紅林　進　ベーシックインカムと資本主義、社会主義
- 第9章　松尾　匡　リスクと決定から社会主義を語る
- おわりに　田上孝一
- 入会の呼びかけ・会則・論文集既刊・研究会の歩み・執筆者略歴

◎社会主義理論学会会報(2012年以降)

　第67号(2012年4月10日発行)、第68号(2013年4月15日発行)、第69号(2013年12月10日発行)、第70号(2012年4月20日発行)、第71号(2015年4月10日発行)、第72号(2015年10月15日発行)

◎社会主義理論学会2016年度役員

　共同代表：岡本磐男(東洋大名誉教授、経済学)・西川伸一(明治大学、政治学)

　事務局長：田上孝一(立正大学、哲学)

　委　　員：大西広(慶應義塾大学、経済学)・紅林進(ジャーナリスト)・斉藤日出治(大阪産業大学、経済学)・佐藤和之(佼成学園、経済学)・瀬戸宏(摂南大学、中国現代文学演劇)・平岡厚(元杏林大学、生化学)・村岡到(NPO法人日本針路研究所)・山根献(『葦牙』編集者)

　会計監査：平松民平

研究会の歩み（2012年7月～2016年10月）

* **第60回研究会（2012年7月22日）**
  ・共通テーマ：重慶モデル、薄熙来事件を考える
  ・瀬戸宏「重慶モデルの理論背景」
  ・大西広「南街村、華西村との対比における重慶モデルの特徴について」

* **第3回中日社会主義フォーラム**
  （2012年9月2日―5日：南京師範大学）
  ・マルクス古典と当代社会主義理論
  ・共同主催者：社会主義理論学会・中国人民大学マルクス主義学部・武漢大学マルクス主義学部・中山大学社会科学教育学部・揚州大学マルクス主義学部・南京師範大学マルクス主義研究院
  ・瀬戸広「21世紀社会における労働者政党の必要性」
  ・兪良早「中国革命と欧州革命に関するマルクスの『両極相連』思想」
  ・周建超「人類社会発展の多様性と中国の特色ある社会主義について」
  ・鎌倉孝夫「『資本論』に基づく社会主義」
  ・王永貴「マルクス・エンゲルスのイデオロギーの本質的特徴への深い究明」
  ・境　毅「ソ連崩壊の原理的根拠の解明と『資本論』初版本文価値形態論の意義」
  ・劉　誠「レーニンの新経済政策と中国社会主義市場経済論」
  ・鄭吉偉「レーニンの新しい経済政策に対する再検討――ソ連の歴史相案に対する海外学者の解釈を兼ねて論ずる」
  ・田上孝一「生産力の質と疎外」
  ・秦　宣「中国の特色ある社会主義が科学的社会主義に対する理論的貢款」
  ・宋　儉「中国の特色ある社会主義の本質的特徴について」
  ・岩田昌征「マルクス主義的社会主義の歴史的役割」

- 李　輝「核心的価値観を構築している社会主義の本質について」
- 葉啓績「マルクス主義的社会発展観に対する科学発展観の『三次元的革新』」
- 大西広「株式会社による『社会化された企業による社会』としての『「社会主義』」
- 鐘明華「持続可能な発展　平等　新人　Saral Sarkarのエコ社会主義の価値要望」
- 曹亜雄「当代における新しい社会運動の特徴と動向」
- 石井孝夫「広松渉の『東北アジアが歴史の主役に』という最後の提言について」
- 余双好「中国の特色ある社会主義理論体系の普及計画を実施する実践ルートとの問題」
- 王慶五「中国理論、中国問題と中国道筋」
- 松井暁「現代規範理論とマルクス（病気不参加のため瀬戸宏代読）」
- 許宝友「レーニン、スターリンと資本主義発展の不均衡の法則」
- 王進芥「党内民主機能に関するレーニンの重要認識及びその現実的啓示」

＊第61回研究会（2012年11月4日）
- 紅林進「ベーシックインカム、その意義と限界」
- 瀬戸宏「第三回中日社会主義フォーラム報告」

＊第62回研究会（2013年2月9日）
- 松井暁「自由主義と社会主義の規範理論」
- 社会主義理論学会編『資本主義の限界と社会主義』（時潮社）合評会
- コメンテーター：岡本磐男

＊第24回研究集会（2013年4月29日）
- 統一テーマ：未来社会と社会主義を考える

- 聴濤 弘「福祉国家と社会主義」
- 藤岡 惇「大地への回帰を軸にした社会」

*第63回研究会（2013年7月14日）
- 鈴木宣弘「TPP交渉参加の欺瞞と日本の針路」
- 菅孝行「権力の宗教性をめぐって――資本主義と闘うことと国家と闘うことの間」

*第64回研究会（2013年10月6日）
- 中村宗之「直立二足歩行の経済学」
- 竹内晴夫「電子マネーの展開と貨幣論争」

*第4回日中社会主義フォーラム（2013年12月21日・22日：慶応義塾大学）
- 中国特色社会主義の行方と理論問題
- 主催：社会主義理論学会
- 共催：慶應義塾大学東アジア研究所
- 科学研究費補助金「中国特色社会主義の多角的研究」プロジェクト
- 鎌倉孝夫「目指すべき社会主義原理の確立――中国特色社会主義の理論的課題として」
- 兪良早「中国特色社会主義の歴史的必然性と基本精神」
- 張乾元「中国特色社会主義の道の航路標識」
- 大西広「社会主義の技術的基礎――労働条件の改善が生産力を発展させるようになることの意味――」
- 譚毅「国情と伝統――中国特色社会主義理論の特色の由来」
- 松井暁「過渡期における階級と国家」
- 郭文亮「継承と創新：中国特色社会主義の権力制約監督理論の構築」
- 陳崎「改革開放期の中国政党制度と新社会階層機能の整合の分析」

- 田上孝一「疎外論としての実践的唯物論——マルクス主義哲学の新たな体系化のために」
- 龍柏林「理性・価値・文明：中国特色社会主義の三重解読」
- 村岡到「中国の政治体制は〈党主政〉」
- 秦宣「現代中国政治制度の特徴を論ず」
- 劉誠「中国多党協力制度の包容性研究」
- 岩田昌征「経済システムのトリアーデと社会主義」
- 孫建社「グローバル化、多様化と中国特色社会主義」
- 徐一睿「中国の地域間格差を考える―県レベルデータを中心に」
- 朱小玲「建国以来の中国共産党農村貧困離脱開発の歴史的回顧と経験の示唆」
- 戴玉琴「農村基層民主政治の発展価値の三Ｄ方向度」
- 瀬戸宏「中国特色社会主義・新民主主義・開発専政」
- 曹亜雄「ソ連モデルの現代的反省」

＊第65回研究会（2014年2月9日）
- 平岡厚「子供が安心してインターネットを利用できる社会としての社会主義」
- 瀬戸宏「第四回日中社会主義フォーラム総括」

＊第25回研究集会（2014年4月29日）
- 共催：中国特色社会主義科学研究費プロジェクト
- 統一テーマ：中国社会主義の現段階
- 王京濱「目下中国経済の構造的脆弱性と李コノミクス」
- 大西広「中国の政治改革について」

＊第66回研究会（2014年7月27日）
- 森本高央「原子力発電が内包する不経済と不道徳」

- 平松民平「非物質的財の生産について考える――生産力の質的発展の先端でのモノづくり――」

* 第67回研究会（2014年11月2日）
- 共通テーマ：ウクライナ問題
- 石郷岡建「なぜウクライナ危機が起きたのか？　その背景と今後」
- 蓮見雄「ウクライナ問題の現代的意義――パワーシフトの加速？」

* 第68回研究会（2015年2月8日）
- 鎌倉孝夫「『資本論』の株式会社論――社会的所有への過渡といえるか」
- 岩田昌征「経済システムのトリアーデと社会主義」

* 第26回研究集会（2015年4月26日）
- 『さあ「資本論」を読んでみよう』著者余斌氏講演会
- 主催：社会主義理論学会、基礎経済科学研究所東京支部、科研費「中国特色社会主義の多角的研究」プロジェクト
- 後援：独占研究会
- 協賛：こぶし書房
- 余斌「『さあ「資本論」を読んでみよう』（荘厳・角田史幸訳、こぶし書房）について」
- コメント：角田史幸、荘厳、瀬戸宏

* 第69回研究会（2015年7月5日）
- 共通テーマ：成熟社会と社会主義
- 碓井敏正「成熟社会と社会主義」
- 大西広「社会民主主義、無政府主義、反成長主義、平和主義、民族主義とマルクス主義」

＊第 70 回研究会（2015 年 11 月 1 日）
- 田畑稔『増補新版　マルクスとアソシエーション』（新泉社、2015 年）について
- 報告者：田畑稔
- コメンテーター：榎原均

＊第 5 回日中社会主義フォーラム（2016 年 3 月 5 日、6 日：慶應義塾大学）
- 中国社会主義の多様性
- 主催：社会主義理論学会・科研費「中国特色社会主義の多角的研究」プロジェクト
- 大西広「高成長から中成長に向かう中国——マルクス派最適成長モデルによる予測」
- 張光明「民主、市場と社会主義」
- 聽濤弘「社会主義の多様性か混乱か」
- 李延明「柳暗けれども花明るくまた一村：自然主義のマルクス主義」
- 田上孝一「マルクス理論の基本構造——マルクスのマルクス主義のために——」
- 鎌倉孝夫「株式会社は社会主義の必然的通過点か——中国・株式会社の基本的問題点」
- 邱海平「中国特色社会主義の性質問題研究」
- 松井暁「マルクス主義と三つの倫理学」
- 王進芬「中国特色社会主義を理解する三つの次元」
- 瀬戸宏「重慶事件と重慶モデル再考」

＊第 27 回研究集会（2016 年 4 月 24 日）
- 統一テーマ：ロシア革命 100 年を前に
- 森岡真史「ソヴィエト社会主義の形成過程における模索と選択」

・村岡到「ソ連邦の崩壊とマルクス主義の責任」

＊第 71 回研究会（2016 年 6 月 26 日）
　・西川伸一「自民党総務会とはいかなる会議体なのか」
　・聽濤弘「どう見る。米日中関係、日ロ領土問題、ウクライナ問題」

＊第 72 回研究会（2016 年 10 月 2 日）
　・オマール・エベルレニ・ペレス「キューバの経済と社会：社会主義モデルの変革の現状と課題」
　・コメンテーター：クラウディオ・モンゾン
　・通訳：新藤通弘

　1988 年創設時から 2001 年 2 月までは『21 世紀社会主義への挑戦』、2001 年 4 月から 2007 年 4 月までは『グローバリゼーション時代と社会主義』、2007 年 7 月から 2012 年 4 月までは『資本主義の限界と社会主義』に収録。

〈執筆者略歴〉

西川伸一（にしかわ　しんいち）
1961年生まれ。社会主義理論学会共同代表・明治大学政治経済学部教授。政治学専攻。博士（政治学）。
主要著書：『オーウェル『動物農場』の政治学』（ロゴス、2010年）、『裁判官幹部人事の研究』（五月書房、2010年）、『最高裁裁判官国民審査の実証的研究』（2012年、五月書房）、『これでわかった！　内閣法制局』（五月書房、2013年）、『城山三郎『官僚たちの夏』の政治学』（ロゴス、2015年）

鎌倉孝夫（かまくら　たかお）
1934年生まれ。埼玉大学・東日本国際大学名誉教授。経済学（『資本論』）専攻。経済学博士。
主要著書：『資本論体系の方法』（日本評論社、1970年）、『資本主義の経済理論』（有斐閣、1996年）、『『資本論』で読む金融・経済危機』（時潮社、2009年）、『『資本論』を超える資本論』（編著、社会評論社、2014年）、『帝国主義支配を平和だという倒錯』（社会評論社、2015年）

平松民平（ひらまつ　たみへい）
1946年生まれ。T&C社　エンジニア。

紅林　進（くればやし　すすむ）
1950年生まれ。社会主義理論学会委員・フリーライター。
主要著書：『議員定数削減NO！――民意圧殺と政治の劣化』（共著、ロゴス、2011年）、『資本主義の限界と社会主義』（共著、時潮社、2012年）、「モンドラゴン協同組合の経験」（『もうひとつの世界へ』No.14、ロゴス、2008年）、「社会主義的変革の可能性と困難性」（『プランB』No.23、ロゴス、2009年）

大西　広（おおにし　ひろし）
1956年生まれ。慶應義塾大学経済学部教授・北東アジア学会会長・World Association for Political Economy副会長。経済学専攻。経済学博士。
主要著書：『資本主義以前の「社会主義」と資本主義後の社会主義』（大月書店、1992年）、『環太平洋諸国の興亡と相互依存』（京都大学学術出版会、1998年）、『マルクス経済学（第２版）』（慶應義塾大学出版会、2015年）、『中国の少数民族問題と経済格差』（編著、京都大学学術出版会、2012年）、『成長国家から成熟社会へ』（共編著、花伝社、2014年）

平岡　厚（ひらおか　あつし）
1948年生まれ。社会主義理論学会委員・元杏林大学准教授。生化学専攻。理学博士。
主要著書：『現代文明の哲学的考察』（共著、社会評論社、2010年）、『神々への道』（共訳、国書刊行会、2013年）、「ある少女タレントのtwitter周辺における『両極現象』の発生と、その社会的背景について」（杏林大学研究報告教養部門31巻、2014年）、「『HPVワクチンの副反応』問題について」（Journal of the JAPAN SKEPTICS、2017年）

執筆者略歴

森本高央（もりもと　たかお）
1971年生まれ。会社役員。
主要著書：『資本主義の限界と社会主義』（共著、時潮社、2012年）、「アベノミクスは国民の生活を破壊する」（『葦牙』第39号、同時代社、2013年）

岩田昌征（いわた　まさゆき）
1938年生まれ。千葉大学名誉教授・セルビア科学芸術アカデミー外国人会員。経済学専攻。経済学博士。
主要著書：『比較社会主義経済論』（日本評論社、1971年）、『労働者自主管理　ある社会主義論の試み』（紀伊國屋新書、1974年）、『現代社会主義の新地平』（日本評論社、1983年）、『ユーゴスラヴィア　衝突する歴史と抗争する文明』（NTT出版、1994年）、『二〇世紀崩壊とユーゴスラヴィア戦争　日本異論派の言立て』（御茶の水書房、2010年）

聽濤　弘（きくなみ　ひろし）
1935年生まれ。国際問題研究。
主要著書：『ソ連はどういう社会だったのか』（新日本出版社、1997年）、『カール・マルクスの弁明』（大月書店、2009年）、『レーニンの再検証』（大月書店、2010年）、『マルクス主義と福祉国家』（大月書店、2012年）、『マルクスならいまの世界をどう論じるか』（かもがわ出版、2016年）

瀬戸　宏（せと　ひろし）
1952年生まれ。摂南大学外国語学部教授・社会主義理論学会委員。中国現代文学演劇専攻。博士（文学）。
主要著書：『中国の同時代演劇』（好文出版、1991年）、『中国演劇の二十世紀　中国話劇史概況』（東方書店、1999年）、『中国話劇成立史研究』（東方書店、2005年）、『中国話劇成立史研究』（中国語版、陳凌虹訳、厦門大学出版社、2015年）、『中国のシェイクスピア』（松本工房、2016年）

田上孝一（たがみ　こういち）
1967年生まれ。社会主義理論学会事務局長・立正大学人文科学研究所研究員。哲学・倫理学専攻。博士（文学）。
主要著書：『マルクス疎外論の諸相』（時潮社、2013年）、『マルクス疎外論の視座』（本の泉社、2015年）、『環境と動物の倫理』（本の泉社、2017年）、『権利の哲学入門』（編著、社会評論社、2017年）、『政府の政治理論――思想と実践』（共編著、晃洋書房、2017年）

マルクスと21世紀社会（せいきしゃかい）

2017年3月1日初版　第1刷　発行

編著者　社会主義理論学会（しゃかいしゅぎりろんがっかい）
発行者　比留川　洋
発行所　株式会社　本の泉社
〒113-0033　東京都文京区本郷2-25-6
電話 03-5800-8494　FAX 03-5800-5353
http://www.honnoizumi.co.jp/
DTPデザイン　田近裕之
印刷　亜細亜印刷　株式会社
製本　株式会社　村上製本所

©2017, Society for socialism theory　Printed in Japan
ISBN978-4-7807-1606-1　C0036

※落丁本・乱丁本は小社でお取り替えいたします。
　定価はカバーに表示してあります。
　複写・複製（コピー）は法律で禁止されております。